KB051534

공공공간을 위하여

공공공간을 위하여

어떻게 우리의 공적 공간을 회복·지속·확장할 것인가

ⓒ 서울대학교 SSK동아시아도시연구단, 2017

초판 1쇄 펴낸날 2017년 6월 28일
지은이 서울대학교 SSK동아시아도시연구단 기획·김동완 엮음
펴낸이 이건복
펴낸곳 도서출판 동녘

전무 정낙윤
주간 곽종구
책임편집 이환희
편집 구형민 최미혜 사공영 김은우
미술 조정윤
영업 김진규 조현수
관리 서숙희 장하나

교정 정호영
인쇄 · 제본 영신사 **라미네이팅** 북웨어 **종이** 한서지업사

등록 제311-1980-01호 1980년 3월 25일
주소 (10881) 경기도 파주시 회동길 77-26
전화 영업 031-955-3000 편집 031-955-3005 전송 031-955-3009
블로그 www.dongnyok.com **전자우편** editor@dongnyok.com

ISBN 978-89-7297-881-7 93300

공공공간을 위하여

서울대학교 SSK동아시아도시연구단 기획 · 김동완 편저

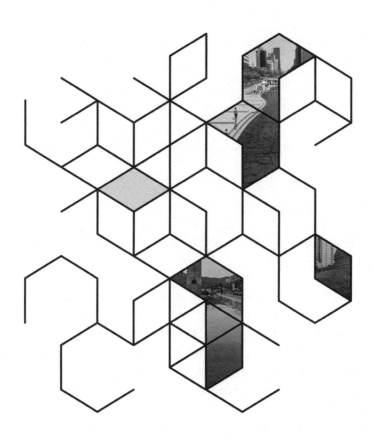

동녘

일러두기

이 책에 실린 글 다수는 학술지에 실렸던 논문을 단행본 형식에 맞게 수정 및 보완한 것이다. 출처는 다음과 같다.

3장: 김현철, 〈성적 반체제자와 도시공간의 공공성: 2014 신촌 퀴어퍼레이드를 중심으로〉,《공간과 사회》25(1), 2015; 한윤애, 〈'축제적 전유'를 통한 공공공간의 재구성: 핀란드 '레스토랑 데이'를 사례로〉,《공간과 사회》25(1), 2015.
4장: 김동일·지주형·김경만, 〈한국의 문화장과 사회공간의 환류 효과에 관한 연구: 국립현대미술관·리움·대안공간을 중심으로〉,《사회과학연구》23(2), 2015.
5장: 김동완, 〈'날것'으로서의 공공공간과 타자의 복원: 로열 페스티벌 홀을 사례로〉,《공간과 사회》24(3), 2014.
6장: 김현철, 〈성적 반체제자와 도시공간의 공공성: 2014 신촌 퀴어퍼레이드를 중심으로〉,《공간과 사회》25(1), 2015.
7장: 한윤애, 〈'축제적 전유'를 통한 공공공간의 재구성: 핀란드 '레스토랑 데이'를 사례로〉,《공간과 사회》25(1), 2015.
8장: 황진태, 〈2008년 촛불집회시위의 공간성에 관한 고찰〉,《경제와 사회》90호, 2011.

머리말

2016년, 광장이 열렸다. 전국에서 봇물 터지듯 거리로 나온 인파가 저마다의 광장을 만들었다. 억눌렸던 울분이 열린 광장으로 쏟아졌다. 10만 인파가 50만, 100만을 거쳐 200만으로 늘었다. 권력자와 측근의 비리를 성토하는 목소리는 그간 한국 사회를 짓눌렀던 부정의不正義를 하나씩 끄집어냈다. 대통령 탄핵은 그동안의 침묵을 깨뜨리는 도화선이었다. 다시 타오른 촛불은 세월호를, 작업장을, 학교를 광장으로 불러 모았다. 지금까지 자신들을 죽게 내버려둔 권력의 부당함을 증언하고 고발했다. 그렇게 광장은 촛불과 함께 찾아왔다.

광장이 된 장소는 본래 그 자리에 있었다. 가장 많은 인파가 모였다는 광화문광장이나 인근의 청계광장은 이미 광장으로 이름 붙여진 공간이다. 광장, 공원, 도로, 어느 곳이건 촛불의 장소는 대부분 공공 공간이다. 그렇다면 거대한 전환을 이끌어낸, 동시에 전환적 사건이 만들어낸 광장은 이미 거기에 있던 광장과 무엇이 다른가? 그저 그곳에 있을 뿐이던 장소는 어떻게 공적 공간公的空間, public space으로 되살아났는가? 촛불이 꺼지고 난 후에도 광장은 지금처럼 우리 곁에 있을 것인가? 결국 관건은 촛불이다.

이 책에서 저자들은 각자의 시선으로 공적 공간의 공공성公共性을 문제 삼는다. 혹자는 당연한 걸 괜히 트집 잡는다 핀잔할지 모르겠다. 공원이나 도로가 지천에 있는데 새삼스레 딴죽 거는 일이 아닌가. 맞는 말이다. 공적 공간 혹은 공공공간公共空間은 공공성을 지닌 공간이다. 공공성은 공공공간의 존재 이유로 여겨진다. 그러나 그 광장에 촛불이 없다면 어떻게 될지 생각해보라. 촛불의 가호 아래에서만 광장인 것은 아닌가? 혹시 우리가 알고 있는 공공공간은 죽어 있지 않은가? 촛불로 상징되는 시민의 참여와 발언이 없다면 광장은 그저 그런 콘크리트 덩어리일 뿐이다.

촛불의 공간은 개방적이고 보편적이다. 누구나 자신을 드러내고 발언한다. 이런 모습을 일부 보수 인사들은 "촛불은 인민, 태극기는 국민"이라며 비난한다.[1] 참으로 절묘한 말이다. 촛불을 든 인민을 북한 추종 세력이라 몰아붙이고 싶었겠지만, 거꾸로 지난 100년을 관통하는 국가주의 신앙을 고백하는 꼴이다. 지난 현대사에서 우리는 국가를 통하지 않고서는 스스로를 호명하지 못했다. 오로지 국민으로만 살았고, 국민이어야 했다. 나보다, 우리보다 국가가 먼저였다. 공적인 삶은 오직 국가 안에서만 가능했다. '공적인 것'은 서구의 'the public'을 번역한 것으로 '인민people'이나 '공동체community'라는 의미를 내포하고 있다. 그러나 한국에서 '인민'과 '공동체'는 공공성의 귀퉁이 자리에도 놓이지 못했다. 공적 공간은 그저 국가의 공간일 뿐이었다.

공적 공간에서의 발언과 행위에 늘 공공의 안녕과 질서 논리가 따라붙는 것이 우리의 현실이다. 문제는 거기서 그치지 않는다. 민주화와 지방자치가 가져온 공적 공간의 가능성은 신자유주의의 드센 공세에 직면했다. 가능성은 현실의 열매로 이어지지 않았다. 국가의 공간이 지나간 자리는 자본의 공간이 채웠다. 국민에서 소비자로 지위가 변했으니 만족할 만한 일일까? 소비자의 유일한 자유는 구매의 자유다. 구매력 없는 자는 시장 바깥으로 밀려나게 마련이다. 무엇보다 돈으로 환원되는 소비자 정체성에 공공성이 끼어들 자리는 없다.

한국의 도시에서 공적 공간은 국민이거나 소비자여야 누릴 수 있는 죽은 공간이었다. 공적 공간을 결핍한 도시에서 우리는 발언하지도, 행위하지도 못했다. 그런데 공적 공간의 결핍은 중의적이다. 첫째는 절대적인 면적의 결핍이다. 인위적인 공간이 없을 때에는 자연이 제공하는 공적 공간이 있었다. 한강변에서 수많은 인파가 피서를 즐기던 시절, 아무런 제약 없이 한강에 뛰어들던 시절이 불과 50년 전이다. 그러나 한국의 근대국가는 인적이 닿을 법한 거의 모든 자연을 길들였다. 본래 근대국가가 그런 것일 수도 있지만, 한국의 경우는 특별히 무자비했다. 강과 산은 물론 들과 개천까지. 도로와 아파트를 위해서라면 가릴 것이 없었다. 1966~1970년 동안 서울시장으로 재임했던 김현옥이 불도저로 유명했다지만, 그 후로도 수많은 불도저가 뒤를 이었다. 이렇게 개발주의 도시화는 속도와 선의 미학으로 자연을 제거했다. 자연이 베풀던 자유와 관용은 콘크리트 덩어리에 갇혔다. 생각해보라. 개발은 자연을 제거하는 행위이다. 스스로 놓여 있는 그대로의 자유, 각양각색의 자유가 빚어내는 다양성은 개발이라는 공간 생산 과정에 투입되어 사라졌다.

자연을 축출하고 인공으로 대체하는 행위는 동서고금 어느 도시에서든 관찰되는 일이다. 그런데 서구 국가는 '종種으로서 인간'이라는 개체군을 관리하는 차원에서 다양한 인공물을 도시(서식지)에 배치했다. 그중에는 도시에서 축출된 자연을 모사한 것도 있었다. 바로 공원이다. 공원은 인공물이다. 잘 알려진 뉴욕의 센트럴파크는 길의 곡선은 물론 돌 하나까지도 철저한 계획 아래 만들어졌다. 인위적 자연, 유사 자연으로서 공원은 비자연적인 도시의 삶에 제공되는 임시거처였다. 근대 도시의 표본처럼 여겨지는 서구의 도시에서 공원과 같은 공적 공간의 공급은 도시 공동체 전반의 존속을 위해 반드시 필요한 공적 과업이었다.

한국의 발전주의국가는 절묘한 방식으로 이 문제를 비틀었다. 인공의 자연물을 제공하는 것이 인구 과밀의 상황에서 최소한의 숨 쉴 곳을 제공하기 위한 국가적 과업이었지만, 한국의 발전주의국가는 그 책임을 다하지 않았다. 그런데 이상하게도 도시는 무너지지 않았다. 빽빽하게 들어선 집과 광활하게 뻗은 도시 속에서도 한국인은 잘 살아남았다. 아파트, 특히 단지형 아파트는 이 어려운 일을 가능하게 한 묘책 중의 묘책이었다. 발전주의 경제 성장은 국가의 의도적 불균등 발전 전략을 요체로 한다. 경제 행위에 참여하는 주체는 경제 정책에서 파생되는 지대를 추구한다.[2] 아파트 단지형 도시화는 발전주의의 계산 방식에 전적으로 부응했다.

국가는 주택 공급을 민간에 맡기고, 공급자와 수요자 모두의 지대 추구 행위를 제도화했다. 아파트 지구를 지정하고 개발 행위에 특혜를 보장했다. 주택청약과 선분양 제도는 개발업자의 시장리스크를 상쇄했다. 반면 주택 구매자는 언제나 분양가 이상으로 되팔 수 있다는 경험칙을 따랐다. 아파트에 입주하는 순간 아파트 단지 부속의 인프라를 배타적으로 향유한다는 이점도 있었다. 인프라 공급 비용을 본인들이 부담하고 있지만 큰 문제는 아니었다.[3] 여러 제도적 장치들이 톱니바퀴 물리듯 원활히 작동했다. 정부는 인프라 공급 비용을 민간에 떠넘기면서도 원하는 도시 모델을 찍어낼 수 있었다. 재생산 비용을 거의 지불하지 않으면서도 도시 통치에 만전을 기할 수 있었던 발전주의 통치술은 "투기적 도시화speculative urbanization"[4]로 완성되었다.[5]

투기적 도시화는 상상 가능한 대부분의 공적 공간을 집어 삼켰다. 공터, 폐부지를 그냥 두지 못하는 것이 한국인의 본성인 양 대부분의 빈 땅은 사라졌다. 그럼 우리의 결핍은 투기적 도시화가 낳은 절대적 공간 결핍인가? 절대적인 면적의 부족은 중요한 결핍이다. 하지만 흔히 생각하는 공적 공간이 아니더라도, 설혹 그것이 사적 공간이라 하더라도 자유로운 발언과 행위가 찬연했던 역사적 공간도 있다. 프랑스혁명의 산실이었던 카페나 영국 노동계급의 사랑방인 퍼브pub 등이 대표적이다. 공적 공간 면적의 절대적 결핍이 기본적인 제약은 되겠지만, 공적 공간의 결핍 그 자체를 결정하지는 않는다. 진짜 문제는 다른 데 있다.

우리 모두는 저마다의 장소에서 타인과 관계를 맺고 교류하면서 나름의 경험을 생성하고 일상을 누리는 공간적인 실천을 행한다. 프랑스 학자 르페브르는 이것을 '삶의 공간lived space'이라 말한다.[6] 격자형으로 만들어진 콘크리트 도시 경관에서도 사람들이 살아내는 삶의 궤적은 새로운 복잡성을 만들어낸다. 공적인 것의 결핍이 당연시되는 시대적 제약이 존재한다 하더라도 공적인 공간을 창출하려는 발언과 행위는 끊이지 않는다. 특히 거리와 같은 공적 공간은 나름의 조화를 찾으며 다채로운 행위와 신체를 수용한다. 때로 무질서에 장악당하기도 하지만 거리의 공공성은 시대를 넘어 생존해왔다. 그러나 국가, 특히 권위주의국가는 이 같은 '날것' 그대로의 거리를 불순하게 여겼다. '날것'인 신체, '날것'인 행위는 각자가 주인으로 존재한다는 증거이다. 국가는 자신을 드러내는 '날것'으로서의 주체를 용납하지 않는다. 국가가 시도하는 '거리 길들이기domesticating street[7]는 '정상'과 '비정상'을 구분한다. '날것'의 신체, '날것'의 행위는 '비정상'으로 호명되어 훈육의 대상, 정상화의 대상이 된다. 길들여지지 않는 신체는 혐오의 대상, 사회적 질병으로 낙인찍혀 내쳐졌다.

'날것'을 배제하고 규율하는 일은 서구의 행정국가에서도 오랜 기간 이뤄졌다. 그들의 국가 통치에서도 '불순한 신체'는 지속적으로 생산되었다. 다만 우리의 지난 100년은 일제 강점기와 냉전 체제라는 극단적인 정치 환경에서 국가권력의 규율이 더 오랜 시간, 더 강력하게 작동했다는 차이가 있다. 비근한 예로 '경범죄 처벌법'을 생각해보자. 일제 강점기에 생겨나 해방 후 점점 규제를 늘리며 몸집을 불려온 '경범죄 처벌법'은 거리로 상징되는 자유와 저항의 공간을 국가가 어떻게 길들여왔는지를 극명하게 드러낸다. 거리에서 장발족의 머리를 자르거나 자를 들고 미니스커트를 단속했던 지난날의 모습은 국가의 공적 공간 규율 방식을 보여주는 풍경이다. 권위주의국가는 무채색의 단순한 공간을 희망했다. 우리의 공적 공간은 국가 규율로 가득 채워졌다. 어떤 잡풀도 자라지 못하는 '국민' 단일종의 경건한 질서야말로 공적 공간 최후의 미덕처럼 여겨졌다.

시대가 바뀌고 민주주의와 개성의 시대가 도래한 듯했다. 하지만 우리가 걷고 쉴 공간은 좀체 찾아볼 수 없었다. 1980년대부터 1990년대 전반까지 유일한 해방구였던 거리는 이제 자본에 잠식되기 시작했다. 1980년대를 대표하는 공적 공간이 시청 앞이나 광화문 네거리였다면, 1990년대와 함께 등장한 곳은 압구정 로데오로 대표되는 상업 공간이었다. 어찌 보면 당연한 결과였다. 오랜 기간 국가의 신민으로 살면서 미처 인민의 공중을 구성하지 못한 시점에 자본의 위세에 눌렸기 때문이다. 특히 IMF 구제금융은 자본에 종속된 삶을 불가항력처럼 받아들이게 했다. 자본은 신자유주의의 세례 속에서 상상 가능한 모든 공간을 상품화시켜 임대할 권리를 부여받았다.

주거 연구로 잘 알려진 박해천은 2000년대 젊은 세대가 소비하던 노래방, DVD방, PC방, 찜질방 등 '방' 상품을 초단기 부동산 임대라고 지적했다.[8] 공간 소비는 비단 청년들의 삶에만 한정된 것이 아니다. 세대를 넘어 대중적 소비공간으로 자리 잡은 커피 전문점만 봐도 알 수 있다. 우리는 행위하기 위해 그에 적합한 공간을 소비한다. 도시는 행위에 맞는 기능공간을 구매력이 있는 자에게 판매한다. 구매력이 떨어지는 사회적 약자는 도태되고 밀려난다. 교환가치를 상실한 노인들이 떠밀려 퇴적된 탑골공원은 상품화된 도시의 단면이다.[9] 행위하고 발언할 공간이 쪼개지고 상품화되었다. 공공공간의 결핍은 해결될 기미를 보이지 않는다. 도시는 그저 소비자만을 (재)생산하고 있다.

발전주의국가는 공적 공간 생산 직무를 유기했다. 그나마 남은 공적 공간은 유무형의 상품으로 팔려나갔다. 부족한 공적 공간은 다시 상업자본에 임대 시장으로 개방되어버렸다. 우리는 초단기 임대를 통해서만 교류하고 소통할 수 있는 도시에서 살고 있다. 그 결과는 무엇인가? 사회학자 엄기호가 말하는 "단속사회"는 공적 공간을 결핍한 한국 사회의 한 단면이다.[10] 그가 말하는 '단속'은 중의적이다. 한편으로는 타자에게 곁을 주지 않고 동류同類와의 소통에 집착한다는 의미에서의 단속斷續이고, 다른 한편으로는 자기를 드러내지 않고 스스로 검열한다는 의미에서의 단속團束이다. 편 가르기와 각종 포비아로 시끄러운 한국 사회에서 '단속'의 문제의식은 중요하다. 단속은 타자가 사라진 결과이기 때문이다. 문제는 타자의 말, 행위, 신체에서 격리된 도시 생활에 있다.

우리는 발언하고 행위할 공간, 심지어 가만히 앉아서 담소를 나눌 공간을 왜 갖지 못하는가? 이 책에서 제기하는 질문은 우리가 엄연히 공적이라 인식하는 공간이 본질적으로 행위의 자유, 발언의 자유, 마주침과 소통의 기회를 제한하는 이유가 무엇인가이다. "잔디가 아파요", "정숙" 같은 일상적 규제나 허가받은 시위를 차벽으로 막는 경찰 행정이 공공공간 본연의 모습은 아닐 것이다. 우리는 공공공간을 바라보는 관점에 중대한 변화가 필요하다는 것을 절감했다. 한나 아렌트와 앙리 르페브르의 세례를 받은 비판적 연구자들은 공공공간의 가치중립성을 의심했다.[11] 그것은 하나의 신화이자 이데올로기였다. 신체를 배제하고 행위를 규율하는 권력의 '매개mediation'가 공공공간을 동질화시킨다. 안과 바깥, 여기와 저기, 우리와 그들을 가르는 경계가 작동하는 하나의 영토이다.[12]

공공공간에 씌워진 중립성의 가상假象은 정치 과정을 은폐한다. 섬세한 매개의 기술을 작동시켜 공공공간을 빈 곳으로 착각하도록 만든다. 경계의 논리는 경계 안을 바깥과 구분하며, 한 가지 색으로 채운다. 공공공간에서 일어나는 동질화 과정에서 모든 타자는 제거된다.

권력은 때로는 폭력적으로, 때로는 세련된 방식으로 공공공간의 신체를 검열하고 훈육한다. "빨갱이"처럼 몰아세우기 좋은 구실이 있다면 더할 나위 없다. 혐오 역시 좋은 방편이다. "차이는 차이를 만드는 기호로 대체되며, 그 결과 (실제) 차이는 유도된, 그리고 기호로 환원된 차이에 의해" 대체된다.[13] "빨갱이"를 몰아내고 남는 것은 중립성을 가장한 죽은 공간뿐이다. 결국 '나'라는 주체 역시, 공간이 기획한 정체성으로 소실된다. 어디서도 타자를 만나지 못하면, 타자와 구분되는 나를 확인하지 못한다. 쫓겨난 자나 남은 자 모두 자기를 드러내지 못한 채 침묵 속에 남는다.

  발언하고 시위할 공간이 없어 배제된 삶은 "버려진 삶Verlassenheit"이다.[14] 이들은 상호 전시할 공간에 서지 못하므로 공적(정치적) 행위를 허락받지 못한다. 타자와 '나'를 잃어버린 빛바랜 삶이자 잉여의 삶이다.[15] 단일한 가치가 작동하는 동질적 공간에서 삶은 곧잘 버려진다. 권력은 언제나 공간을 구획하고 분등分等하기 때문이다.[16] 줄 세우기는 언제나 하나의 기준으로만 가능하다. 공간에 매겨지는 분류와 등급은 생생한 삶을 제거하고, '공약 가능'한 동질성만 남긴다. '고상한' 공간은 흔하게 마주치는 분류다. 세종문화회관은 대중가수가 무대에 서는 것만으로도 뉴스가 되었다.[17] 하물며 이곳을 찾는 관객의 격은 더 말할 필요도 없다. 공공공간으로 불리지만 고상함의 격은 보이지 않는 문지기처럼 서 있다. 우리의 마음속에 작동하는 보이지 않는 상징이 울타리를 치고 있다. 어떤 공간에 들어서서 느껴지는 고상함 혹은 엄숙함, 그리고 나를 규율해야 할 것 같은 무언의 압력이 구획된 공간의 권력이다.

  강압적이고 직접적인 물리력이 공공공간을 에워싸는 경우도 있다.

집회마다 등장하는 경찰 차벽은 변명의 여지가 없는 권력의 경계이다. 차벽 안과 밖을 나누고 집회를 고립시킨다. 도시 안에 있으나 도시 바깥에 존재하는 듯한 공간을 만든다. 때로는 집회 참가자를 '폭도', '빨갱이'로 규정해 차벽 바깥의 평온한 세상과 격리시킨다. 어디 그뿐인가? 세월호 유가족의 단식이나 성 소수자의 퍼레이드가 어떻게 추방당하는지 보라. 광장은 시민 **공공의 것**이라며 단식을 그만두라 하고, 도로는 **만인의 것**이라며 행진을 멈추라 한다. 어느새 우리의 공공공간은 다른 주장, 다른 신체를 부정하고 추방한다. 길들여진 공적 공간에서 우리는 모두 버려지고 있다.

그렇다면 한 논자의 질문처럼 "공공공간은 끝난 것인가?"[18] 공공공간은 부단한 정치 과정의 산물이다. 현실의 공공공간이 권력의 매개로 가득하다면 그것 역시 정치적 실천의 결과다. 공공공간의 이상이 여전히 유용하다면 질문을 바꿔보자. 공공공간에서 발화와 행위의 자유를 얻을 방법은 무엇인가? 매개된 공간을 '날것'으로 바꿔놓을 방법은 무엇인가? 나는 '날것'으로서의 공공공간, 그리고 반反영토 counter territory의 기획을 하나의 대안으로 제시한 바 있다.[19] 날것으로서 공공공간은 "공중 앞에 나타나는 모든 것을 누구나 볼 수 있고 들을 수 있으며, 그러므로 가능한 가장 폭넓은 공공성을"[20] 가지는 현상의 공간이다. 권력의 경계 짓는 기술은 '날것'과 양립할 수 없다.

반영토의 실천은 경계를 폭로하고 해체한다. 반영토의 실천은 탈脫영토나 탈주가 아니다. 물리적 배제에 대한 직접행동, 공간에 설치된 기호와 규율을 비트는 문화적 실천, 정부의 실험적 기획, 연구자의 분석적 글쓰기 등 경계를 고발하고 해석하고 비틀고 재구성하는 일련의 실천이다. 다만 반영토의 실천은 점령이나 소유를 최종 목표로 두지 않는다. '불필요하다'가 아니라 '종착역이 아니다'라는 의미이다. 반영토 기획의 유일한 목적은 경계 해체de-bodering이다. '누가who'는 부차적인 문제이다. 이런 관점에서 우리는 이 책을 다음과 같이 구성했다.

우선 1부 '공공공간의 이상과 실천 전략'에서는 공적 공간의 공공성에 관한 이론적 논의와 공공성을 위한 실천 전략을 다룬다. 1장에서 김동완은 한나 아렌트의 공공성 논의를 토대로 공적 공간의 공공성을 유지하기 위한 정치적 실천 방향을 논한다. 우리가 접하고 경험한 공적 공간이 어떤 의미에서 영토로 만들어졌는지를 이론적으로 살피고, 영토로서 공적 공간이 행위와 말을 밀어내는 메커니즘을 설명한다. 이를 통해 공공공간에 작동하는 권력의 영토 논리를 추출하고, 영토화된 공공공간의 반정립으로서 '날것으로서 공공공간'을 정의한다.

2장에서는 1장의 이론적 프레임을 한국 경험에 적용해 한국의 공공공간 역사에 대해 검토한다. 아직 충분한 연구가 축적되지 않은 분야지만 한국 공공공간의 계보를 간략하게라도 다루려는 데는 중요한 이유가 있다. 공적인 것과 공적인 공간에 대해 현대의 우리가 가지고 있는 관념 혹은 공적인 공간을 대하는 품행은 그간 신체나 언어가 길들여진 역사적 결과이기 때문이다. 2장의 짧은 글은 중요한 역사적 장면들을 중심으로 우리가 생각해온 공적 공간의 성격을 밝히는 시론적 연구이다.

3장에서는 김현철과 한윤애가 반영토 기획의 실천 전략으로 '전유하기'를 제시한다. 전유하기는 공공공간 내 가시적·비가시적으로 놓여 있는 울타리들을 비틀고 뒤집는 실천이다. '전유하기'는 공공공간에서 어떤 이들이 타자로 규정되는지 인지하는 것에서 한 걸음 더 나아가 그 권력 자체를 해체한다. 이러한 전유의 현장은 공공공간 내 타자의 자리를 위협하거나 박탈하는 바로 그 과정 중에서 나타나며, 그 현장은 특정한 장소로 표현되기도 하고 사적 공간인 방이나 몸의 자리로도 나타난다. 이 글은 전유의 구체적인 '몸짓들'로 세 가지 형태의 전략을 제시한다.

2부 '반영토의 정치 실천'에는 총 다섯 개의 경험 연구를 실었다. 우선 4장에서 김동일·지주형·김경만은 한국의 국가와 자본이 공적 공간을 다루는 방식, 그리고 그것에 대한 저항의 대안공간을 검토한다. 국가가 만든 국립현대미술관, 자본이 만든 리움, 시민사회의 대안 공간을 대비시킴으로써 문화장 내에서 일어나는 역동적인 권력관계를 보여준다. 이는 미술관이라는 공적 공간에 배치되는 권력의 매개와 규율을 드러내는 동시에, 그 속에서 가능한 저항의 양상을 보여준다. 특히 이 글의 정치精緻한 분석은 자칫 추상적인 말잔치에 그치기 쉬운 공적 공간 분석에 엄밀함을 더해준다.

다음으로 5장에서는 제도 정치 영역에서 공공 시설물을 개방해 공공성을 확보한 런던 로열 페스티벌 홀Royal Festival Hall 사례를 살펴본다. 이 글에서 김동완은 로열 페스티벌 홀을 1983년 노동당 런던광역시의회Greater London Council, GLC의 오픈 포이어 정책open foyer policy에 따라 권력의 매개가 제거된 곳으로 서술한다. 매개가 제거된 '날것'의 공공 공간에서 비로소 드러나는 신체와 행위가 잘 소개되고 있다. 김동완은 이 사례를 통해 신자유주의의 공간 사사화私事化에 대응해 '날것'을 생산하고 지키는 반영토의 정치 과정을 제안한다. 특히 로열 페스티벌 홀에 적용된 오픈 포이어 정책은 지극히 제도적인 정치 과정이 공적 공간의 공공성 확보에 기여한 사례로 의의가 있다. 현재 한국의 공공공간 정책이 다소 물리적 환경 개선에 치우쳐 있는 상황에서, 시민의 공간 활용을 정치적 자유와 공공성 측면에서 사유할 수 있는 중요한 경험이기 때문이다.

이어지는 세 개의 장은 제도적으로 '불허'된 공간을 급진적으로 전유해 공공성을 회복시킨 정치적 실천 사례 소개이다. 6장에서 김현철이 다루고 있는 신촌 퀴어퍼레이드는 여러 면에서 인상적이다. 폭력과 대항폭력이 난무하는 격렬함은 없지만 한국 도시공간의 이성애 편향을 여과 없이 드러낸다. 퍼레이드라는 형식은 신촌이라는 도시공간의 이성애적 문법을 깨뜨리고 파열시켰다. 참가자들이 수행한 '패러디', '되기', '작품적 걷기'는 기왕의 공공공간에 숨어 있던 이성애적 규율을 폭로하고 조롱한다. 짧은 시간 펼쳐지는 감각적 퍼레이드는 일시적인 경계 해체를 수행함으로써 권력의 매개와 영토 기술을 정지시켰다. 이런 식의 공간 실천은 '날것'인 공공공간을 복원함으로써 타자를 드러내고 있다.

다음으로 한윤애는 7장에서 도시 전체 차원에서 공적 공간의 공공성 회복 과정을 검토한다. 저자는 핀란드 헬싱키의 '레스토랑 데이Restaurant Day' 사례를 분석하면서 이주민들이 노점 레스토랑을 통해 스스로를 드러낸 측면에 주목한다. 나아가 반복적으로 벌인 "축제적 전유"가 어떻게 헬싱키 공공공간을 재구성했는지를 보여준다. '레스토랑 데이'로 불리는 축제적 전유는 다문화사회로 향하는 헬싱키에서 공중the public은 누구인가라는 질문을 던지고 있다.

끝으로 8장에서 황진태는 2008년 광우병 정국 당시 서울시청 앞 광장을 탈영역화의 공간으로 읽어내고 있다. 저자는 촛불집회의 반영토적 공간 실천에 주목하면서 기존 사회운동과 다른 탈영역적 정치 실천을 분석해낸다. 즉, 일시적으로 형성된 '날것'으로서 공공공간이

다채로운 사회적 발언대로 사용되는 방식과 가능성을 날카롭게 진단한다.

이 책은 공적 공간의 결핍과 광장의 회복, 광장의 지속에 대해 이야기한다. 이미 우리가 보고 체험한 2016~2017년 대한민국이라는 광장은 우리가 만들어낸 공적 공간의 한 모습이다. 어떤 의미에서는 우리가 지향해야 할 공적 공간의 한 가지 형태일 수도 있다. 그러나 광장이 그 자리에 그대로 있어주지는 않을 것이다. 애초에 공적 공간으로서의 광장을 어떻게 얻어냈는가? 발언하는 자를 시민의 바깥으로 밀어내고 매도하며 입을 막는 권력의 메커니즘이 때로는 노골적으로, 때로는 교묘하게 작동했다. 그 시간을 견뎌내고 저항하면서 우리는 스스로 발언할 수 있는 광장을 어렵게 만들어냈다. 다시 질문은 '어떻게 광장을, 우리의 공적 공간을 지속시키고 확장할 것인가?'이다. 광장이 원래 주어지지 않았던 것처럼, 아무런 실천 없이 유지되는 공적 공간은 없다. 이 책을 통해 저자들은 공적 공간에 대한 나름의 관점을 제공하는 동시에 실천의 방향을 제안한다. 정답이 없는 어려운 게임이지만 이 책의 논의가 하나의 이정표가 되길 바란다.

2017년 6월

김 동 완

차 례

1부

공공공간의 이상과 실천 전략

1장 공적 공간의 이상과 가상

김동완

서구 역사 최초의 공공공간公共空間, public space은 어떨까? 아마도 고대 그리스의 광장, 아고라agora라고 말해도 큰 이견이 없을 것이다. 당시 아고라는 공적 업무나 법적 논쟁이 수행되는 정치적 공간인 동시에 교역이 이뤄지는 시장이었다. 그야말로 "유쾌한 번잡함"이 있는 "상호 전시mutual display"의 장소였다.[1] 서로를 보여주는 이 전시의 공간에서 시민, 고객, 상인, 구경꾼 등은 낯선 상대와 만나고 교류했다. 아고라의 이런 특성에 천착해 고대 그리스의 공공성을 본격적으로 제기한 인물은 한나 아렌트Hannah Arendt, 1906~1975이다. 공적 영역에 대한 아렌트의 연구는 행위와 자유의 문제를 통해 사회과학의 근본 개념에 중요한 질문을 던졌고, 여전히 그 영향력은 지대하다.

한나 아렌트의 일생을 한마디로 요약한다면 전체주의와 벌인 대결과 성찰의 여정일 것이다. 《인간의 조건》(1996)을 번역한 이진우는 책 소개글인 〈근본악과 세계애의 사상―한나 아렌트의 《인간의 조건》〉에서 아렌트에게 근본악은 "인간을 쓸모없게 만들고자 하는 전체주의적 체계 속에서 탄생"한다고 말한다. 기술 지배의 욕망을 내재한 인간중심주의는 늘 전체주의의 위험에 노출되어 있다. 아렌트는 '현대 사회에서 인간이 정치적 행위능력을 상실한 이유는 무엇인가?'라는 질문을 던진다. 그녀에 의하면 이는 전체주의가 정신적 차원의 '사유하지 않음'과 실천적 차원의 '정치적 행위의 상실'을 초래했기 때문이다.[2] 그녀가 고대 그리스의 공적 영역에 관심을 가졌던 이유는 바로 이 전체주의적 기획에 대한 성찰에 기원한다.

이 장에서는 아렌트의 지적 흐름을 좇아가며 그녀가 고대 그리스에서 찾은 '공적인 것the public'의 규범을 검토한다. 많은 서구 학자가 자신들의 지적 기원으로 그리스의 고색창연한 가치를 자랑하고 있으므로 재차 언급할 필요가 없을 수도 있다. 아렌트는 서구 근대, 그리고 그 영향력 아래에 있는 다양한 변종 근대에서 전체주의가 발현한 배경으로 공적 공간의 공공성 약화를 지목한다. 그런데 이러한 아렌트의 논의에서 고대 그리스의 가치관은 매우 중요한 위치를 점한다.

아렌트는 고대의 폴리스를 정치적 행위능력이 가장 잘 전개된 사회로 설정하면서, 근대 기술문명의 발달과 더불어 활동적 삶 내에서 이루어진 위계질서의 전도를 설명한다. 예컨대 고대에서는 가장 낮은 단계에 속해 오직 노예들의 일로만 여겨졌던 노동이 근대에 들어와 보편적 의미를 획득하게 된다. 고대의 폴리스에서 노동은 단지 생존에만 기여하는 까닭에 자유시민에게는 어울리지 않는 것으로 판단되었다면, 오늘날 노동은 모든 시민의 보편적 활동으로 부상한 것이다. 마찬가지로 폴리스 내에서 사적 영역에 속해 있던 경제는 근대에 들어와 공적인 것이 되었으며, 이제 경제는 거꾸로 정치를 지배하여 자유로운 시민들의 자치로 이해되었던 정치적 행위는 자율성을 상실하게 된다.[3]

Ⅰ. 시민인가 노예인가: 폴리스의 자유와 공적 영역

아렌트는 고대 폴리스polis의 노예노동을 직시하고 있었다. 시민의 정치적 행위와 자유는 이들의 노동 위에서 꽃을 피웠다. 혹자는 이것을 문제 삼기도 한다. 그러나 아렌트는 노예노동에 괄호를 치고 무시하는 것이 아니라, 시민의 삶을 위해 희생해야 하는 노예의 삶을 정당화하는 것이 아니라, 시민적 공공성의 기본 조건으로 노예의 삶을 정의한다. 생존을 위한 노예의 삶을 부정하는 것이 아니라, 그 위에 가능했던 시민적 행위가 어떻게 제거되었는지에 대해 질문을 던진다. 다시 말해 우리의 삶을 반추할 두 가지 근거를 만들고, 우리의 삶이 노예의 것인지 시민의 것인지 되묻는 셈이다.

아렌트에게 행위action는 유일무이하다. 그것은 시민이 가진 지문 혹은 체형만큼이나 독특하다. 그리고 행위는 말을 동반한다. 선후는 중요하지 않다. 다만 말하지 않는 행위는 행위가 아니다. 아렌트가 정의하는 행위는 개인의 경험과 이력이 어떤 상황에 맞닥뜨려서 자아내는 고유의 서사이다. 고대 그리스의 탁월성이란 이런 종류의 행위(들)이 공적 영역에서 서로를 뽐냄으로써만 이루어질 수 있다. 공적인 빛 아래서 경합하는 서사야말로 아렌트가 생각했던 현상이자 실제였다. 따라서 복수複數의 행위들이 동질화되는 순간, 즉 외부의 기준에 따라 양적 점수가 부여되는 순간, 공적 영역은 변질된다. 아렌트가 체험한 전체주의의 시련은 근대 기술관료제가 초래한 공적 영역의 소멸이라고 말해도 틀리지 않을 것이다. 인간과 세계를 구원하기 위해 '활동적 삶vita activa',[4] 그중에서도 행위의 복원이 필요하다는 아렌트의 주장 역시 이러한 배경에서 등장하게 된다.

'활동적 삶vita attiva'이라는 용어로 나는 인간의 세 가지 근본활동을 나타내고자 한다. 노동, 작업, 행위가 그것이다. 이것들은 인간이 지상에서 살아가는 데 주어진 기본조건들에 상응하기 때문에 인간의 근본활동이다.

노동은 인간신체의 생물학적 과정에 상응하는 활동이다. 신체의 자연발생적 성장, 신진대사와 부패는 노동에 의해 생산되어 삶의 과정에 투입되는 생명 필수재에 구속되어 있다. ……

작업은 인간실존의 비자연적인 것에 상응하는 활동이다. …… 작업은 자연적 환경과 전적으로 구별되는 '인공적'세계의 사물들을 제공해준다. 모든 개별적 삶은 인공적 세계의 경계 내에 있다. ……

행위는 사물이나 물질의 매개 없이 인간 사이에 직접적으로 수행되는 유일한 활동이다. 행위의 근본조건은 다원성으로서 인간 조건, 즉 보편적 인간Man이 아닌 복수의 인간들men이 지구상에 살며 세계에 거주한다는 사실에 상응한다. 인간조건의 모든 측면들이 다소 정치에 관련되어 있지만 특별히 다원성은 모든 정치적 삶의 '필요조건'일 뿐만 아니라 '가능조건'이라는 의미에서 절대적 조건이다. …… 어떤 누구도 지금껏 살았고, 현재 살고 있으며, 앞으로 살게 될 다른 누구와 동일하지 않다는 방식으로만 우리 인간은 동일하다. 이 때문에 다원성은 인간 행위의 조건인 것이다.[5]

아렌트에 따르면 노동, 작업, 행위 모두 공적 문제를 포함하지만, 자본주의 체제는 노동과 작업이 지닌 공적 속성을 심각하게 손상시켰다. 가장 공적인 문제였던 행위, 공적 공간에서 타인의 현존 앞에 증명했던 탁월성(그리스의 아레테aretē, 로마의 비르투스virtus) 역시 자리를 잃었다. 인간 행위의 결핍에 대한 아렌트의 설명은 고대 그리스 공공성의 변형과 훼손으로 요약된다. 특히 근대국가의 출현과 사회의 발명, 자본주의와 사적 소유 제도의 등장 등 서구 근대의 거대한 전환이 공공성을 크게 위축시켰다는 것이다.

아렌트는 공적 영역의 속성을 두 가지 현상에 결부시켜 설명한다.[6] 그중 첫 번째는 "타인의 항상적 현존"[7]에 관계된다. 여기서 공적 영역은 나뿐만 아니라 타인에게도 함께 경험되는 어떤 현상으로서 실재하는 것이다. 함께 듣고 함께 보는 타인의 현존에서 세계와 우리의 실재성이 획득된다. 이것은 자연스럽게 그녀가 말하는 두 번째 현상과 연결된다. 아렌트는 이렇게 말한다. "공적이라는 용어는 세계가 우리 모두에게 공동의 것이고, 우리의 사적인 소유지와 구별되는 세계 그 자체를 의미한다."[8] 여기서 공적 영역은 동물과 동물의 조우가 아니라 인간과 인간의 만남, 언어와 행위의 교차를 가능하게 하는 공간이다. 때문에 공적 영역은 순수한 자연물이 아니라 아렌트가 '작업'이라고 표현하는 인위적 활동의 인공품에 가깝다.

세계라는 것, 세계에 존재한다는 것의 의미는 결국 어떤 사물을 공동으로 취하는 사람들의 '사이 공간in-between'[9]이 끊임없이 중첩되는 것이다. 아렌트의 세계, 공적 영역은 개별 시민이 '차이'와 '개성'을 드러내며 탁월함을 뽐내는 공간인 동시에 필멸의 삶을 불멸의 이야기로 변형시킬 수 있는 다중성과 복수성複數性의 공간이었다.

반면 사적 영역은 공적 영역의 뒤에 가려진 것으로 정의되었다. "타인의 항상적 현존에서 오는 강력한 빛을 견뎌내지 못하는 것들도 많이 있다. 공론 영역에서는 보고 듣기에 적절한 그리고 그럴 가치가 있다고 생각되는 것만이 공적인 빛을 견딜 수 있다. 따라서 그렇지 못한 것들은 자동적으로 사적인 문제가 된다."[10]

Ⅱ. 그리스의 공公과 사私

분명 그리스의 공공성은 사적인 것에 우선했다. 사적인 것은 공적인 것의 주변이었고, 공적 영역의 존속을 위해 필요한 것이었다. 따라서 사적 영역은 일종의 박탈로 묘사된다. 단순히 사적 영역이 도덕적 열등을 의미하지는 않는다. 사적 영역에서 이뤄지는 많은 활동들도 우리에게 중요하다. 생존의 문제뿐만 아니라 사랑 같은 친밀성의 특정 형태도 사적 영역을 풍성하게 한다. 다만 이것만으로는 인간이 세계에 속할 수가 없다는 것이다. 인간이 세계 속에 있다는 실재성을 보장받기 위해서는 공적 영역의 현존이 필요하고, 사적 영역은 공적 현존의 빛과 함께하는 그림자라는 것이 아렌트의 논지다. 하지만 오해하지는 말자. 빛과 그림자는 따로 존재하지 않는다. 아렌트의 통찰은 공적 영역을 사적 영역에서 완전히 고립시키지 않는 점에 있다. 즉, 공적 영역의 상실은 반대로 사적 영역의 큰 변동 혹은 변질과 긴밀히 연결되어 있다.

아렌트가 바라본 그리스로 돌아가보자. 거기에는 현대인에게 낯선 소유property의 관념이 있다. 이 소유는 우리가 생각하는 부wealth의 원천이 아니다. 교환해서 부富를 늘리는 수단이 아니다. 그리스의 소유는 "세계의 특정 부분에서 자신의 위치를 가지고 그렇게 함으로써 정치적 조직체에 소속되는 것, 즉 공공 영역을 구성하는 한 가족의 가장이 되는 것"[11] 이상도 이하도 아니었다. 이런 점에서 그리스의 소유 개념은 시민으로서 존재하기 위한 삶의 조건과도 같았다.

삶의 터를 잃은 자는 어떤 부를 소유하고 있어도 시민으로서 공공의 장에 나서지 못했다. 그것은 노예의 삶, 인간이 아닌 삶이었다. 사생활은 공적 영역의 반대편에 숨어 있었다.[12] 그리스 시민에게 집이나 노예 같은 재산은 공적 생활을 누리기 위한 자유의 조건, 즉 절박한 삶의 필요에서 스스로를 자유롭게 만들어주는 중요한 조건이었다. 이런 점에서 그리스의 소유는 정치적 행위를 위해 마련되어 있는 담장 안의 내밀한 삶이었다.

이쯤에서 우리는 그리스의 정치와 공공성을 폴리스라는 공간에서 다시 생각할 필요가 있다. 그리스인들은 먹고 자고 살아가기 위한 생명 유지의 삶을 조에zoē, 즉 '목숨'이라고 불렀다. 그리스인들에게 폴리스에 대비되는 '조에'의 영역이 바로 현대 경제economy의 어원이 되는 오이코스oikos이다. 오이코스가 생명 유지를 위한 동물적 삶의 영역을 뜻하는 반면, 폴리스는—현재 우리가 도시국가로 번역해 부르는 공동체를 뜻하는 동시에—공동체를 위해 발언하고 행위하는 그리스 시민의 삶을 말한다. 아리스토텔레스가 말한 'zōon politikon'을 지금에야 '정치적 동물'로 이해하고 번역하지만, 당대의 관념에서 보면 '폴리스의 동물'이라는 번역이 더 어울린다. 뒤에서 자세히 논하겠지만 지금 우리가 사용하는 '정치'의 개념은 그리스의 폴리스 개념이 정치경제학에 의해 변질된 것이다.

아무튼 그리스의 시민은 오이코스의 담장을 넘어 폴리스로 향하는 인간이었다. 다만 그리스 시민에게 오이코스는 단순한 수단이 아니었다. 현대인의 시각에서 보면 가계의 경제활동은 다른 무언가를 구매하기 위한 소비 지향적 행동이지만, 당시에는 토지나 집 같은 오이코스의 장소가 시민 자격을 부여하는 결정적 조건이었기 때문이다. 우리는 그것을 소유라고 부를 수 있을 것이다. 오이코스가 이뤄지는 곳이자 폴리스의 구성원이 되기 위한 처소를 소유하는 것이 오이코스와 폴리스를 잇는 그리스 시민의 또 다른 조건이었다. 집이나 토지의 소유는 화폐와 재화를 가진 것과는 전혀 다른 상태status를 의미했다. 거처의 소유는 시민의 자격을 갖췄음을 보증하는 증명서였다. 그리스의 시민은 노예와 여자에 '조에'를 의탁하지만, 조에의 터전과 조건 없이는 시민일 수 없었다.

빈민층의 소유권 강탈로 시작해 신흥 무산계급의 해방으로 진행된 근대 이전에, 모든 문명은 사적 소유private property의 신성함에 기반했다. 반대로 부는 사적으로 소유되든 공적으로 분배되든 간에 결코 신성시되지 않았다. 원래 소유는 세계의 특정 부분에 자신의 터를 가지는 것, 그리하여 정치공동체the body politic[13]의 일원이 되는 것, 즉 공적 영역을 구성하는 한 가족의 가장이 되는 것 이상도 이하도 아니었다. 이처럼 사적으로 소유한 세계의 일부분은 그것을 소유했던 가족과 완전히 동일해서 어떤 시민을 추방할 때는 그의 재산을 몰수하는 데서 그치지 않고 건물 자체를 실제로 파괴해버렸다. 이방인이나 노예의 부는 어떤 조건에서도 이런 식의 소유를 대체하지 못했다. 그리고 가난하다는 이유로 가장이 그 세계에 갖는 가장으로서 지위와, 그것에 기인하는 시민권을 박탈당하지 않았다. 초기에는 만약 가장이 그의 거처를 잃게 되면, 거의 자동적으로 그의 시민권을 잃었고 법적 보호도 받지 못했다.[14]

이런 식의 소유 관념은 서구 중세에도 남아 있었던 것으로 보인다. 이는 지금 우리가 부동산으로 번역해 쓰고 있는 'real estate'에서 확인 가능하다. 《옥스퍼드 영어사전*Oxford English Dictionary*》에 따르면 'estate'는 지위와 신분을 의미하는 라틴어 'status'에서 유래했다. 라틴어 'status'는 쉽게 변하지 않는 어떤 지위와 상태를 뜻하는 동시에 그것과 동일시되는—땅을 포함한—사적 소유의 의미를 가지고 있었다. 사람의 신분과 그의 소유(거처)는 하나의 의미로 쓰였다. 근대국가가 출현할 때 국가를 'state'로 개념화한 이유도 여기에 있다. 그런데 17세기 초부터 'real estate'와 'personal estate'를 구분해서 부르기 시작했다.[15] 물론 이것을 움직일 수 있는 것과 움직일 수 없는 것의 구분으로 보기도 하지만, 보다 근본적인 의의는 신분과 장소의 분리에 있다. 대체로 15~16세기의 1차 인클로저*enclosure* 이후 나타난 관념의 변화는 18세기 고전 정치경제학*political economics*에 이르러 확고한 진리로 자리 잡는다.

요컨대 폴리스와 오이코스는 구체적인 세계 속에서 서로 연결되어 있었다. 오이코스가 폴리스를 지탱하기 위한 수단이었다는 점에서는 이론異論의 여지가 없다. 그러나 폴리스는 오이코스의 장소를 구성요소의 하나로 삼고 있었고, 양자 간의 구분과 대립은 불가능한 일이었다. 폴리스는 오이코스의 합으로 환원되지 않았다. 또한 오이코스의 삶은 폴리스의 삶이 전제될 때에만 세계적 의미를 가질 수 있었다. 즉, 폴리스는 동물적 삶을 넘어서 탁월성을 추구하는 장이었으며, 폴리스의 공적 영역을 통해서만—복수複數의 행위가 현존할 수 있는—세계가 성립했다. 그리고 폴리스와 오이코스는 현재 우리가 가진 공-사 관념과 전혀 다른 형식 속에 존재했다.

이러한 차이는 소유에 대한 관념에 기인했다. 그리스 시민의 소유는 단순한 재화를 가지는 노예적 소유와 달랐다. 그들은 세계의 일부를 차지한다는 의미에서 폴리스의 일부분을 소유했다. 그러나 **서구 근대의 핵심 원리들은 이러한 소유의 관념을 근본부터 뒤집었다.** 자본주의 생산양식의 정착으로 대중의 소유는 노예의 소유가 되었고, '오이코스'의 부wealth를 위해 노동하는 노예적 삶이 대중화되었다. 행위하고 소통할—구체적인 장소와 공간을 포함한—공적 영역은 제거되거나 국가로 흡수되었고, "사회로 변신한 신"[16]에 의탁했다. 마샬 버만[17]이 책제목으로 써서 더 유명한 〈공산당선언〉의 경구를 인용한다면 오이코스의 터전을 소유함으로써 발생했던 '모든 견고한 것은 연기가 되어 허공에 사라졌다'.

사적으로 부를 축적하고 상속하고 나아가 자본화하는 과정에서 담장 안쪽에 감춰졌던 사적 삶은 담장 밖으로 모습을 드러냈다. 아렌트는 사적인 것이 세상 속에 나와 공적인 것을 밀어붙이는 이 과정에 사회를 등장시켰다. 그리고 사회 혹은 좀 더 포괄적인 의미에서 '사회적인 것'이 그리스적인 '공적 영역'과 '사적 영역', 나아가 공-사 구도자체를 역사의 뒤편으로 끌어내렸다고 주장한다. 아렌트에게 근대적 공-사 구도는 사회와 함께 나타난 새로운 발명이었다.

Ⅲ. 사회적인 것의 탄생: 국가적 오이코스에 갇힌 폴리스

'사회society'는 고대 로마의 '소키에타스societas'에 어원을 둔다. 고대

로마에서 사회는 특별한 이해관계로 만들어진 결사結社, 특히 상인의 결사체를 가리키는 말이었다. 당시의 의미로만 보면 전형적인 오이코스의 개념이다. 그런데 근대 이후 공적 영역과 사적 영역이 뒤섞이면서 사회 개념은 크게 확장되었다. 아렌트는 고전적인 의미의 오이코스 문제가 집 담장을 넘으면서 찾은 새로운 이름이 사회라고 말하며, "가계의 활동, 문제 및 조직 형태가 가정의 어두운 내부로부터 공적 영역의 밝은 곳으로 이전된 것"으로 사회를 규정한다.[18]

푸코의 통치성 연구도 아렌트의 주장과 유사하다. 푸코는 이른바 고전 '정치경제학political economics'의 지적 기획에서 그 단서를 찾았다.[19] 정치경제학은 오이코스에 새로운 지위를 부여하고 공적 영역 일반을 대체 · 재편하는 서구 근대의 지적 기획이자 진리레짐이었다. 이 새로운 분과학문은 폴리스를 어원으로 두는 '정치political'를 오이코스에서 유래하는 '경제economy'와 결합시켰다. 그렇게 탄생한 조어가 '정치경제political economy'였고, 그것의 과학을 정치경제학이라 불렀다. 정치경제는 국민경제national economy와 같은 의미로 쓰이는 경우가 많았다. 여기서 정치는 다스리고 통치하는 행위가 아니라 먹고사는 문제의 범위를 뜻했다. 이에 따라 오이코스도 가계의 '목숨'이 아니라 공화국의 생존이 되었다.

사회적인 것은 근대를 형성한 다른 개념들처럼 국가 수준에서 형식적 완결성을 얻었다. '한국 사회', '영국 사회'처럼 국가 단위로 사회를 나눠서 바라보는 방식은 근대국가가 만들어지면서 생긴 사고의 틀이다. 물론 이것은 푸코가 지적했듯이 국부national wealth를 놓고 경쟁해야 하는 근대 국제질서의 생존 조건에 기인한다. 국부 프레임에서 부는 결코 공동의common 것이 될 수 없다. 공동의 부common wealth는 알 수 없는—국가 단위로 형성된—사회의 것으로 환원된다. 여기서 우리는 "영토의 덫territorial trap"[20]이라고 부르는 인식론의 함정에 빠져들게 된다. 우리가 지각하는 현상의 범위, 나의 실재를 규정하는 관계의 규모는 지금 앉은 테이블에서 세계 자체까지 다양한데, 정치경제학의 지식 생산은 모두 국민국가를 표적으로 했다. 정치경제학을 포함한 사회과학 분과학문 일반이 국민국가를 기본 단위로 설정하면서 국가라는 사건은 영구적 시간대를 얻을 수 있었다. 이를 통해 자유주의 공공성이 개인의 사적 영역과 국가의 공적 영역이라는 확고한 구조를 구축했다.

그런데 정작 공화국 '공동의 것'이 사라졌다. '우리의 부'를 국가에 투사하면서 그리스의 세계적 공공성이 자리를 잃었다. 자유주의 공공성은 그리스적 공-사의 구도를 완벽하게 해체했다. '세계(공적 영역)에 존재하기 위한 조건으로서 사적인 삶'이라는 구도가 사적 부의 증진과 그것의 총합으로서 '공동의 부common wealth'로 뒤바뀐다. 그러나 이것은 더 이상 세계의 것이 아니다. 국가의 부는 가정의 부, 노예적 재산과 질적으로 다르지 않다. 여기서 공적 영역은 고유한 형식을 잃는다. 자유주의 공공성에서 공적 영역은 사적 영역의 잔여처럼 다뤄진다. 그리고 그마저도 국가라는 괴물이 집어삼킨다. 우리에게 익숙한 공과 사의 구분은 이렇게 만들어졌다. 경제학자들이 흔히 말하는 "시장의 실패"는 국가의 의제를 사적 영역에서 관리되지 않는 문제로 국한시킨다. 그리고 그 문제에 대한 논의와 의사결정은 국가라는 '코먼웰스commonwealth'에 위임되었다.[21]

인민은 이러한 변화를 왜, 그리고 어떻게 승인했는가? 인민이 자유주의 공공성을 받아들인 이유는 무엇인가? 아렌트는 사회가 "언제나 그 구성원이 하나의 의견과 이해만을 가질 수 있는 거대한 가족의 구성원인 것처럼 행위하기를"요구한다며, "사회의 부상과 가족의 쇠퇴"가 시기적으로 일치한다고 지적했다. 즉, 사회는 구성원들에게 일정한 순응주의를 강요하며 이것이야말로 근대적 발전의 최종 단계에 드러나는 특징적인 현상이라는 것이다. 사실 이 말에 액면 그대로 동의하기는 어렵지만 아렌트가 이러한 진술을 통해 끌어내는 사회적인 것의 통치는 꽤 흥미롭다.

아렌트에 따르면 '사회적인 것'이 부상하면서 행동behavior이 행위 action를 대체했다.[22] 특히 (정치)경제학 헤게모니 아래 사회과학은 인간을 동물로 환원시켰다. 푸코가 통치성 연구에서 설명했던 '인구population'로서 사회가 등장하는 것이다.[23] 김홍중은 아렌트의 언술을 빌려 사회적인 것의 통치를 "아무도 아닌 자에 의한 지배rule by nobody"라 말하며 '주체 없는 과정'으로 묘사한다.[24] 일종의 자동조절장치autopoeisis로서 시장 메커니즘이 작동하는 통치의 영역이 아렌트가 말하는 '사회적인 것'의 중요한 차원이다. 이렇게 보면 사회에 "거대한 가족"의 이미지를 투영했던 이유도 이해가 될 법하다. 아렌트는 시장이 지배하는 사회를 오이코스가 거대하게 확장된 상태로 봤을지도 모른다. 하나 확실한 것은―각론의 차이와 논쟁이 있지만―사회 혹은 '사회적인 것'이 근대국가와 자본주의 시장 메커니즘이 정착되면서 나타난 근대적 현상이고, 인구 통치의 대상이 되었다는 점이다.[25]

경제학적 진리레짐에서 모든 인간은 이제 사물 그 자체로 인식된다. 인간의 행위를 거세하고 행태를 가시화함으로써, 인간을 과학적 탐구 대상으로 전환시킨다. 호모 에코노미쿠스의 탄생, 이 결과를 아렌트의 표현으로 바꾼다면―거의 확실하게―"사회적인 것의 승리"

이다. 따라서 탈정치와 동질성으로 특징지어지는 근대의 공공성은 필연적으로 권력 메커니즘의 변화 혹은 강화와 긴밀하게 연관되어 있으며, 그것을 가능하게 하는 공간을 요구한다.[26] 이 과정은 인클로저를 완성시켜 세계의 일부분을 시장의 상품으로 대체하는 한편, 주체와 세계의 관계를 끊어 주체의 공간을 고립시켜나간다. 여기서 인간의 처소는 노동 재생산을 위한 거주 기계machine habiter[27] 혹은 자본 순환의 중요한 투자처로서 부동산 상품(하비)으로 전환된다.

그러나 분명히 아렌트와 푸코가 비판하는 사회 역시 역사적 산물이다. 사회를 고정 불변의 것이 아니라 변화의 과정이자 산물로 본다면 사회는 무조건 적대시할 개념이 아니다. 국가-영토와 일체화된 사회가 아니라 경험의 지평에서 구성되는 이질적이고 다채로운 사회의 가능성은 이미 우리 사회에서도 발견할 수 있다. 국가가 사회를 통치하는 기술, 그것이 조형하는 개개인의 품행에 대한 저항과 대안적 품행이 새로운 '사회'의 모습으로 드러나는 장면이 여러 이름으로 나타나고 있다.[28] 이런 사례의 공간에는 기존의 영토화된 국가적 공공성을 해체하고 깨뜨리는 일련의 정치적 실천, '반영토'의 실천이 등장한다. 다음 절에서는 자유주의 공공성이 만들어놓은 공적 공간의 영토와 그 안에서 작동하는 권력의 기술에 대해 살펴본 후, 저항적 정치 실천으로서 '반영토'의 실천에 대해 살펴보고자 한다.

IV. '날것'의 의미과 공공공간의 전망

1. 자유주의 공공성, 공적 공간의 영토화

자유주의 공공성 시각에서 본다면 공공의 공간은 완벽한 국가의 공식적인 공간이다. 근대국가의 모든 물질성을 가지는, 즉 구획 가능한 공간은 공과 사 두 범주에 배타적으로 포획된다. 여기서 공적 공간은 국가의(혹은 공법인의), 사적 공간은 법적 사(법)인들의 소유로 분할되었다. 개별 인민의 상상이나 체험과는 무관하게 이미 물질적 공간에 배타적 소유가 선포된 것이다. 그리고 그 배타적 권리는 주권/사법의 체계 속에서 침범할 수 없는 영역이 되었다. 사이토의 말처럼 국가는 공공성과 공공공간의 한정된 차원을 떠맡았다.[29]

공간을 배타적으로 소유한다는 것은 중요한 의미를 갖는다. 소유는 경계를 필요로 한다. 그 자체로 하나의 영토를 만들어야 한다. 경계 없는 소유는 불가능하다. 따라서 사적인 것과 공적인 것이 분할한 자본주의 국가의 공간에서 모든 공간은—최소한 이론적으로는—경계를 갖는 영토이다. 경계를 중심으로 안과 밖을 나눈다. 건물이 없는 열린 공간open space인지 건축물이 뒤덮고 있는 닫힌 공간인지는 중요하지 않다. 광장이나 공원이 주는 가시적 개방성을 공공성으로 착각한다면, 공공공간이라는 가상假象에 배신당할 것이다. 이미 그곳에는 정도의 차이가 있을 뿐 권력의 매개가 놓여 있다.

정치지리학 차원에서 국가의 영토화는 본래 두 가지 의미를 가진다. 첫째는 서구 중세의 모호한 경계가 근대국가의 형성과 함께 틈새 없는 닫힌 선으로 변형되는 과정이다. 이는 국내적으로나 국제적으로나 동일한데 국가 간에 어떤 변경도 남아 있지 않은, 완벽히 맞물린

면들의 결합을 의미한다. 애초에 국가 간 영토는 정도의 차이는 있지만 어느 정도의 변경frontier을 가지게 마련이었다. 그리고 그 변경은 문명 밖의 자연, 이른바 '야만'으로 여겨져 언제고 정복 내지 개척할 수 있는 대상이었다. 전근대의 영토 이미지는 성 혹은 도성을 중심으로 일정한 세력권을 가지는 점들의 형상이었다. 그런데 새로운 논리가 근대국가의 영토 내부에서도 작동했다. 왕의 기병대가 전국을 장악하고 교통망이 작은 촌락까지 촘촘하게 연결되면서 국경 내부의 변경들frontiers이 제거되었다. 따지고 보면 산적, 해적, 수적 등 영토 내에 있으나 통치의 손길이 미치지 않던 세력의 근거지가 사라진 것도 근대국가의 영토화에 따른 일이었다.[30]

처음 토지 정리가 시작된 배경은 왕의 재산을 체계적으로 관리하기 위해서였지만, 부르주아 계급의 세력화와 사유재산 제도의 정착에 따라 사인私人(개인 혹은 법인)의 영토는 재산권 혹은 사생활의 이름으로 보호되었다. 그중에서도 토지 정리는 서구 근대국가의 등장이 공과 사를 해체·재구성하는 가장 극적인 장면을 연출했다. 지금이야 아주 당연한 상식이지만 우리가 걷고 살아가는 모든 토지는 사유지이거나 국(공)유지이다. 이 두 범주를 벗어나는 공간은―매우 제한적인 공유지를 제외한다면―거의 없다. 이런 식의 배타적 소유관이 정착된 것은 근대국가와 함께 자본주의가 제도화되면서부터이다. 특히 지난 100년의 시공간 변화는 서유럽, 특히 영국의 인클로저가 전 세계적 보통명사가 되는 과정이었다고 말해도 지나치지 않다. 이제 국유지는 사유지의 바깥으로 정의된다. 그리스의 사적 영토가 공적 영역으로 나가기 위한 조건이었던 것과는 반대의 상황이 되었다. 게다가 국유지는 개별 인민이 공유를 주장할 수 있는 곳이 아니다. 그곳은 이미 권력이 영토화한 공간이다. 근대 통치의 선결 조건이자 가장 우선적인 통치 기술이 영토라는 점을 생각해보라.[31] 단순히 국경선을 긋는다고 근대국가의 영토 통치가 시작되는 것이 아니다. 국공유지와 사유지의 빈틈없는 분할 소유는 근대국가에 기대하는 공공성이 본질적으로 불완전하다는 사실을 증언하고 있다.

2. 권력의 공간으로서 공공공간: 추방하고 규율하기

권력의 장은 공공공간의 행위를 '매개mediation'해 규율한다.[32] 매개한다는 것은 그 공간의 신체와 행위를 추방하고 규율한다는 의미이다. 섬세한 매개의 기술들이 작동하고 있으나 우리는 공공공간이 비어 있다고 느낀다. 경계boundary 내부를 동질화시키는 기술이 영토라면, 공공공간에 들어서는 순간 우리는 동질화 과정에 놓인다. 동질화는 모든 타자他者를 제거한다. '나'라는 주체 역시 공간에 기획된 정체성으로 소실된다. 르페브르Henri Lefèbvre는 이런 식의 공간 생산을 권력에 의한 공간의 재현representation of space이라 표현했다.[33] 개념의 공간, 추상의 공간은 도시계획가나 건축가에 의해 재현된다. 그리고 그러한 공간은 바로 그 공간이 규정하는 정체성, 그것과 연관된 기호로 채워진다.

동질화의 영토는 필연적으로 배제의 메커니즘을 갖는다. 가장 극적인 사례는 노숙자의 신체에서 발견된다.[34] 공공공간에서 거부당하는 노숙자는 하나의 극단이고 예외이다. 그들의 신체는 공공공간에서 추방된다. 추방의 근거는 무엇인가? 그들은 시민이 아닌가? 노숙자의 존재를 문제 삼는 근거는 그들의 신체이다. 그들은 공공공간에 어울리는 신체를 갖지 못했다. 그들의 몸은 지저분하고 혐오감을 줄 만큼의 악취가 난다. 누군가는 벼룩이나 이 같은 기생충을 걱정할지도 모른다. 그들의 신체를 거부하는 이유는 "혐오감"이다. 고이스Raymond Geuss는 혐오감이 대부분의 문화권에서 특정 신체나 행위를 공공공간에서 추방하는 이유라 말한다.[35] 혐오감을 주는 신체는 원초적인 거부를 일으킨다. 문제는 혐오의 대상과 반응이다.

공통적인 혐오의 대상은 오염과 불결이다. 그런데 '오염되었다'거나 '불결하다'고 느끼는 대상과 반응은 문화에 따라 유연하다. 물론 대소변, 식인 행위, 피, 역한 냄새 순으로 보편적인 혐오의 범주도 있다. 그러나—이 네 범주를 포함해서—구체적인 혐오의 형태나 혐오의 반응은 문화권마다 큰 변이가 있다.[36] '역한 냄새'만 봐도 이런 주장은 설득력이 있다. 외국에서 선수 생활할 때 자신의 몸에서 나는 마늘 냄새 때문에 치즈만 먹었다는 모 운동선수의 말에서 확인할 수 있는 것처럼, 다른 문화권의 체취는 '역한 냄새'로 쉽게 감각할 수 있다. 또한 동일한 자극이라도 다른 반응이 나타난다. 고이스가 지적한 것처럼, 공공공간에서 소변을 보는 행위는 부적절하다는 공통의 인식이 있지만, 일본에서는 상대적으로 관대하다.[37] 그렇다면 노숙자를 공공공간에서 추방할 근거는 무엇인가? 객관적인 기준이 있는가? 그들의 신체와—잠을 자는 것 등의—행위가 그 공간에 어울리지 않는다는 규율이 있을 뿐이다. 여기서 '어울린다'는 기준과 규범은 사회적 훈육의 결과이다. 즉, 혐오감조차 공간에 작동하는 권력의 매개가 낳은 사회적 결과물이다.

권력의 매개는 규율 받은 신체와 행위만 공공공간에서 허용한다. 규율은 아주 간명한 것에서부터 섬세하게 숨겨진 것까지 다양하다. 한 가지 공통점은 규율 자체를 인지하지 못하게 하는 것이다. 당연한 것으로 인식되는 규율은 공공공간이 가치중립의 순수한 공간인 양 받아들이게 한다. 하지만 부지불식간에 우리의 신체와 행위는 훈육과 추방의 대상이 된다. 체육관이나 문화관처럼 사용 용도와 시간이 정해진 공간은 공공시설로 분류되지만 엄격한 규율의 공간이다. 지정된 시간 이전과 이후에는 진입할 수 없다. 그렇게 할 경우 우리의 신체는 추방당한다. 또한 정해진 용도 이외의 다른 행위는 허용하지 않는다. 이것은 혐오감의 범주도 아니다. 광장이나 공원도 다르지 않다. 불과 얼마 전까지도 일몰 이후 집회는 허가되지 않았으며, 지금도 차벽과 검문으로 막아선다. 권력이 세워 놓은 '어울리지 않는' 행위와 신체는 언제 내게 적용될지 모르는 매개이다.

하지만 더욱 일반적인—어떤 의미에서는 더욱 무서운—매개는 기호와 이미지의 규율이다. 이런 종류의 매개는 훨씬 세심한 공간 재현을 통해 드러난다. 이는 우리가 온전한 공공공간이라 생각하는 곳에서도 벌어지고—백화점이나 쇼핑몰처럼 공공공간인 척하는 사적 공간인—의사 공공공간pseudo public space에서도 일어난다. 여기서 도시계획가, 건축가, 실내 디자이너 등의 전문가들은 명확한 의도를 가진 공간 재현의 기술자들이다. "플라자", "플레이스", "거리", "파크" 등의 이름을 달고 만들어진 상업공간이나 문화공간은 개발 주체가 누구이건 간에 "세심하게 통제된" 광경이고 기호와 이미지의 집합이다.[38]

이미지와 기호의 세계는 생생한 삶을 침식하고 타자와 타자의 사이in-between 공간을 잠식한다. 여기서 행복, 만족, 역사, 진정성은 행복의 기호, 만족의 기호, 역사의 기호, 진정성의 기호로 대체된다. 또한 이미지와 기호는 세계를 투명하고 순수하게 보여주는 것처럼 위장하면서 세계의 실재와 가능성을 은폐한다.[39] 결국 "차이는 차이를 만드는 기호로 대체되며, 그 결과 (실제) 차이는 유도된, 그리고 기호로 환원된 차이에 의해" 이미 대체되어 있다.[40] 르페브르의 말처럼 기호와 상징으로 채워진 공간은 실제 인민의 차이를 기획된 기호로 대체해버린다. 이른바 "디즈니화", "박물관화"한 기호와 이미지의 공간[41]은 '날것'의 상호작용을 거세하고, 동질의 정체성을 부여한다.

V. 개념화: '날것'으로서 공공공간과 공적 삶의 복원

공공공간은 때로는 통치 기획의 일환으로, 때로는 상업적 공간 생산으로 탄생한다. 여기서 타자를 확인할 수 있는 기회, 서로를 확인하는 상호전시mutual display의 기회, 적극적인 시위demonstration의 기회는 보장받기 어렵다. 방임하는 듯 보이지만 기획자의 재현에 순응할 때만 자유를 누릴 수 있다. 공공공간에서 신체를 배제당한 자나 재현된 공간을 강요당한 자 모두 "버려진 삶Verlassenheit"이다.[42] 신체가 직접 추방당해 버려진 삶이나 공적(정치적) 행위의 생생함을 잃은 삶 모두—자기 존재의 현실성을 확인해줄—타자를 잃어버린 삶이다. 이들은 뿌리가 뽑힌 잉여의 삶을 살 뿐 참 세상에 속하지 못한다.[43] 여기서 생생함을 대체한 것은 분류와 등급이다.[44] 분류하고 등급화하는 권력의 공간적 실천은 물리적 설계뿐만 아니라 공간을 이용하는 행위의 "복수성plurality" 혹은 "다양성diversity"을 공약 가능한 기준으로 재단했다. 물질적이고 지리적인 공공공간은—주로 도시계획가나 상업적 디자이너들이 재현하는—기호와 상징에 의해 매개된다.[45] '고상한' 공간과 '그저 그런' 공간의 분류, 각각의 범주를 구분하는 기호와 이미지는 이런 논리를 통해 만들어진다.

'매개된 공간'은 '날것'을 잠식한다. 거기서는 복수複數의 행위action가 공약 가능한 행태behavior로 동질화되고—타자에 대한—감각과 지각이 왜곡된다. 결국 우리는 '날것'이 아닌 기호의 매개를 통해서만 소통하게 된다. 그렇다면 미첼의 질문처럼 "공공공간은 끝난 것"인가?[46] 물론 아니다. 미첼 스스로 답하고 있듯이 공공공간은 주어지는 것이 아니다. 부단한 정치 과정의 산물이다. 공공공간은 타자와 그들의 행위가 가득 채우는, 그리고—언제나 새롭게 등장할 가능성이 있는—권력의 매개를 벗겨낸 '날것'이어야 한다. 따라서 공공공간은 권력의 매개가 가장하고 있는 순수한 중립의 이미지를 벗겨내고 타자의 정치를 드러낼 때 가능하다.

매개되지 않은 공간, 날것으로서 공공공간은 "공중 앞에 나타나는 모든 것을 누구나 볼 수 있고 들을 수 있으며, 그러므로 가능한 가장 폭넓은 공공성을" 가지는 현상의 공간이다.[47] 아렌트에 의하면 나와 타인에게 공통적으로 지각되는 현상이 실재를 구성한다. 내가 보고 듣는 것을 함께 보고 듣는 타인의 현존이 세계와 나 자신의 실재성을 확신하게 한다.[48] 여기서 공공공간은 자신의 행위와 의견을 자유롭게 피력하는 공간이자 타인의 행위와 의견을 '날것'으로 경험하는 공간이다. 매개나 규율이 제거된 '날것'으로서 공공공간은 아렌트의 의미에서 "행위할 권리the right to action"와 '의견을 피력할 권리the right to opinion'를 박탈당하지 않을 정치적 자유의 장소이다.[49] 요컨대 공공공간은 "개성을 위해 준비된 곳"이고, "진정한 그리고 바꿀 수 없는 자기의 모습을 보여줄 수 있는 유일한 장소"이다.[50]

매개된 공공공간	'날것'으로서 공공공간
동질同質, homogeneous	이질異質, heterogeneous
단일한	복수複數의
비어 있는	가득찬
행태behaviour	행위action
기호/이데올로기	실제/삶
행정, 규율	정치, 민주주의
영토/경계	반反영토/반反경계

'날것'으로서 공공공간은 매개된 공공공간과는 상반된 형질을 갖는다. '날것'은 공약 불가능한 이질적 공간이다. 타자들이 모여 자신의 '행위'와 '의견'에 응답을 받는 공간이다. "어떤 누구도 지금껏 살았고, 현재 살고 있으며, 앞으로 살게 될 다른 누구와 동일하지 않다는" 의미에서 유일한 행위들이 공존하는 복수複數, plurality의 공간이다.[51] 때문에 '날것'인 공공공간은 가득차 있다.

타자를 배제한 동질의 공공공간은 이중의 의미로 비어 있다. 단색으로 채색한 색종이를 생각해보면 첫 번째 비어 있음의 의미는 자명하다. 어떤 색으로 채우든 하나의 색으로 채워진 색종이는 아무것도 칠하지 않은 것처럼 비어 있다. 동질同質의 공간은 이질異質의 타자를 밀어내고 공간을 비운다. 비어 있음의 두 번째 의미는 하나의 이데올로기가 된다. 매개된 공공공간의 동질성은 마치 그곳이 탈정치의 가치중립적 공간인 것 같은 착시를 일으킨다. 그러나 실제로는 타자를 '보이지 않게invisible' 하는 매개의 결과일 뿐이다. 반면 '날것'인 공공공간은 다종다기한 타자들로 가득차 있다. 다양한 신체와 다양한 행위가 조우하고 관계한다. 또한 '날것'인 공공공간은 은폐된 신체를 드러내고, 규율받는 행위를 해방한다. 타자가 타자로 드러나는 이 공간은 정치의 공간이고, 민주주의의 공간이다. 자신을 드러내고 대변하지 않는 구성원은 정치적 공중으로 승인받을 수 없고, 이들을 위한 민주주의를 기대하기는 어렵기 때문이다.[52]

결과적으로 '날것'인 공공공간은 매개된 공공공간의 영토성을 거부한다. '날것'인 공공공간은 끊임없이 경계를 해체해야 존속할 수 있는 과정process이다. 따라서 '날것'의 공중은—경계를 고정하고 귀속belonging을 강요하는—공동체와 대립한다. 아렌트의 지적처럼 공중의 한계를 두지 않는 공공공간은—사람들을 결집시키고, 관계를 맺어주며, 분리시키기도 하는—세계 그 자체이다.[53]

'날것'으로서 공공공간이 한국 사회에 던지는 실천적 함의는 분명하다. 그것은 '지금 우리가 경험하는 공공공간이 유일한 것이 아니며, 다른 형태의 대안이 가능하다'는 실천적 메시지이다. '날것'이라는 규범적 개념을 세울 경우 공공공간을 과정으로, 정치의 문제로 재정립할 수 있다. 공공공간이 갖는 무색무취, 가치중립은 자유주의 통치에서 만들어진 공공성의 신화이다. 비어 있다고 생각했던 공공공간에는 우리의 경험을 관리하는 동질화의 매개가 작동하고 있다. '날것'의 맨얼굴은 이 매개를 벗겨내고 나서야 알 수 있다. 공공공간에서 신체와 행위를 매개하는 것이나 그것을 벗겨내는 것이나 모두 정치적 실천이다. 어떤 '날것'도 그냥 주어지지 않는다. 공공공간의 영토성과 경계를 해체하기 위한 지속적인 정치적 실천 없이는 '날것'도 없다.

2장 공적인 것의 간략한 역사

김동완

Ⅰ. 우리의 거리는 어떻게 길들여졌는가

"길들여진 거리."[1] 필자에게는 답답한 자료더미에서 찾은 하나의 주문이었다. 공적 공간에 자리 잡은 규율과 강제의 장치를 이보다 간결하게 말해주는 표현이 있을까. 거리는 길들여졌다. 그리고 그 속에서 살아가는 우리도 길들여졌다. 거리를 길들인 주체는 명백히 국가, 근대의 국가이다. 국가가 거리를 길들인 목적은 두 가지이다. 첫 번째는 대체로 국가가 공간을 규율해 얻는 일반적인 효과로서 거리 위의 신체, 행위, 발언을 규율하는 것이다. 학교, 병원, 군대처럼 특정 공간에서 허용 가능한, 동시에 허용 불가능한 행위와 신체를 정해서 공간에 진입한 주체를 길들이는 규율의 통치다. 다른 하나는 순환의 문제다. 서구 근대 도시의 역사에서나 후발 산업국의 도시사에서 가장 중요한 이슈는 순환망의 확충이었다. 급증하는 인구밀도를 어떻게 관리할 것인지는 국가 통치의 성패를 좌우하는 이슈다.[2]

문제는 길들임의 강도와 형식이다. 서구 도시 연구의 거목인 피터 홀Peter Hall은 근대 도시 100년사를 정리한 책《내일의 도시Cities of tomorrow》에서 도시 문제와 국가적 대응에 대해 이렇게 말한다. "이 비전이 되살아나 발견되었을 때는, 애초의 예상과 다른 장소, 다른 환경에서, 다른 방식으로" 실현되고 있었다.[3] 문제가 드러나는 시대와 장소, 국내외의 권력관계, 공동체의 전통과 문화가 서로 뒤엉키기 때문이다. 이는 도시 담론을 화용론 차원에서 보려는 시도가 대체로 겪는 어려움이다. 말이 같다고 실천까지 닮는 건 아니다. 근대 국가의 기본 통치술이라는 점에서 거리를 길들이는 목적이 유사해도, 구체적인 양상은 다르다. 우리의 도시, 우리의 거리가 길들여진 역사 속에는 근대 국가 일반의 통치 논리, 자본주의 도시화라는 거대한 구조물에 한국 근대사의 특수한 경험이 녹아 있다.

이 장에서 우리는 몇 가지 장면을 마주친다. 아주 오랜 기억 속에 남은 흑백 사진 몇 장도 있고, 근대사를 관통하는 법적·제도적 장치도 있다. 각각은 지금 우리가 살아가는 도시의 공적 공간이 만들어진 경로에서 중요한 이정표가 된 것들이다. 전부는 아니지만, 충분히 영향을 주었을 사건들이다. 그 가운데 첫 장면은 일제가 조선을 강점하기 시작하던 무렵 등장한 〈경찰범처벌규칙〉이 만들어낸 거리의 모습이다. 일제가 번역한 근대는 조선을 전방위적으로 변형시켰다. 그중에서도 일본 군국주의가 변형한 서구 통치술은 식민지 신민에게 더 가혹했다. 여기서 〈경찰범〉 규정은 재판 없이 경찰력이 즉결로 처분해 배제할 수 있었다는 측면에서 거리의 '날것'을 전방위적으로 배제하는 조항이 되었다. 특히 향후 한 세기 가량 거리를 길들이는 주요 기술로 활용되었다는 점에서 공공공간의 역사에 하나의 분기점으로 삼기에 충분하다.

II. 일제시대 공적 공간의 가능성 혹은 기형성: 경찰범 처벌법의 사회학

1. 경찰국가, 거리를 길들이다

1912년 3월 25일 조선총독부는 총독부 법령 40호를 공포한다. 겨우 2조로 구성된 이 명령의 제목은 〈경찰범처벌규칙〉이다. 일본의 〈경찰범처벌령〉을 토대로 작성되었다는 이 법안의 1조에는 총 87개 항의 금지 행위가 명기되어 있다. 경찰범은 말 그대로 경찰이 지목한 범죄 혹은 범인이다. 경찰범에는 재판이 필요 없었다. 강점 직후 1910년 12월 일본에서 들여온 〈범죄즉결례〉에 따라 경찰범으로 지목되면, 정식재판 없이 경찰 직권으로 처벌할 수 있었다. 과태료나 구류의 처벌이지만, 특정인의 인신을 경찰 임의대로 구속할 수 있었기 때문에 다양한 악용 사례가 나타나기도 했다.

〈경찰범처벌규칙〉에서 금지하고 있는 87개 항목은 특별한 설명이나 위계는 없지만, 주제에 따라 대략 범주화되어 있다. 이 중 거리의 공적 생활에서 신체와 행위의 다양성, 발언과 표현의 자유를 경찰 임의로 제약하는 항목은 '불길한 신체'를 정의한 2항과 55항이다. 2항은 배회하는 신체에 대한 것이고, 55항은 정신병자의 관리에 대한 것인데, 이는 특히 근대적 신체를 만들려는 일반적인 국가 통치 기술에 닿아 있다. 일본 제국주의 국가를 포함해 초기 근대 국가의 통치에서 가장 손쉬운 방식은 경찰을 통해 직접 신체를 구속하는 방식이다. 조금만 생각해보면 신체 자체를 문제 삼아 처벌한다는 것이 얼마나 문제가 많은지 알 수 있다. 내 몸이 더럽다고 하여 거리에서 경찰에 체포될 수 있다는 논리가 아닌가. 일견 말도 안 되는 논리라 생각할 수 있지만, 실제로 초기 근대의 모든 서구 국가에서 발견된다.

먼저 2항은 당국에 등록되지 않은 인구, 다시 말해 국가의 시선에 포착되지 않는 신체를 처벌하는 규정이다. 빈 집이나 빈 건조물에 숨어드는 자와 거주지 없이 거리를 배회하는 자가 대상이다. 거리에 보이는 '수상쩍은' 신체를 임의로 구속하고 후속 대책을 결정하는 식이다. 지금으로 치면 주민등록 같은 개개인의 인적 사항을 국가가 확보하지 못한 상황에서, 인구 유동성이 높아졌을 때 국가가 도시를 통치하는 효과적인 기술이다. 조선시대에도 호구조사를 하긴 했지만, 모든 신민의 신체를 기록으로 남기지 않았다. 징세와 병역을 위한 부분적인 인구조사를 시행했을 뿐이었다. 이런 사정은 일제강점기 대부분의 기간 동안 달라지지 않았다. 일제는 조선에 대해 거주지 중심의 인구통치로 일관하고 있었기 때문에[4] 도시에 돌아다니는 모든 불순한 신체를 체포해야 했을지도 모르겠다. 믿기 어렵겠지만, 이 조항은 해방 이후로도 한참이나 지난 1989년에서야 삭제된다. 실제로 그것을 처벌했던 처벌하지 않았던 간에, 그동안 한국의 경찰국가가 정처 없는 신체를 불경하게 여겼다는 사실은 자명해 보인다. 우리 사회에서 '행려병行旅病'이라는 의문의 병이 20세기가 다 지나도록 신문 지면을 우울하게 장식했던 배경에는 일제강점기 이래 숱한 권위주의 정권이 운영한 낡은 국가 통치의 기술이 자리 잡고 있다.

'정신병자'에 관한 55항의 실제 조문은 다음과 같다. "위험의 우려가 있는 정신병자의 감호에 소홀하여 옥외에서 배회하게 한 자." 사실상 이 조항은 정신병자에 대한 것이 아니라 그들의 관리 감독 문제를 거론한다. 왜 그들이 거리를 배회하게 했는지를 따져 묻는다. 거리를 배회하는 정신병자는 이미 문제적 신체로 정의되어 있다. 거리에서 정신병자를 마주치지 않아야 한다는 명령을 그들의 보호자에게 내린다. 조선시대까지 광인狂人을 격리한다는 관념은 없었다. 일제 강점과 함께 위험하고 불순한 '정신병자'의 이미지가 자리 잡는다.

정신병자에 대한 공격에는 조선총독부뿐만 아니라 언론 매체도 가담했다. 신문에서는 정신병자에 '충동성', '위험성'의 표상을 부여하며 격리시킬 명분을 쌓았다.[5] 건강의 여신 "히게이아Hygeia"[6]의 가호가 근대 도시를 만드는 원동력이었던 만큼, 위생과 경찰의 결합은 조선총독부의 식민 통치 곳곳에서 현현한다. 〈경찰범처벌규칙〉에도 위생 조항이 가장 많다. 사체 처리나 가축 관리의 문제가 경찰의 즉결 처분 대상으로 등장한다. 이외에 연날리기(49항)나 석전(50항) 등 전통놀이도 단속의 대상으로 거론하고 있다. 조선의 거리에서 흔하게 보던 신체와 행동들이 규제의 대상으로 정해졌다.

게다가 식민지 조선에만 적용된 19항과 20항은[7] 조선의 거리에서 발언할 수 있는 자유를 현저히 훼손했다. 일본의 〈경찰범처벌령〉에도 유언비어에 대한 처벌조항은 있다. 그러나 조선총독부는 19항 "함부로 대중을 모아 관공서에 청원 또는 진정", 그리고 20항 "불온한 연설을 하거나 불온한 문서·도서·시가의 게시·반포·낭독"을 추가해 더 포괄적인 형태로 거리의 자유를 금지했다. 집회와 결사의 자유, 사상과 표현의 자유를 한꺼번에 옭아매는 두 조항으로 조선의 거리에서 정치적 발언이나 행위는 크게 제약받았다. 대신 조선의 거리에는 순환의 기능이 크게 강조되었다. 39항부터 48항까지 무려 10개 조항이 거리의 교통을 방해하는 행위나 신체에 대한 처벌 조항이다. 아직 보차분리가 완벽하지 않았던 시절, 〈경찰범처벌규칙〉은 가상의 도로를 구획하고 강제했다.

광장이 없던 전통 도시 조직에서 거리는 시끌벅적한 시장인 동시에 유생들이 곡을 하며 시위하는 집회의 공간이었다. 일제 강점 직전 만민공동회도 거리에서 열렸다. 그러나 〈경찰범처벌규칙〉은 거리 위의 '날것'에 '불온'이라는 딱지를 붙였다. 불온한 신체와 불온한 행위를 규정하고 경찰력 임의로 처벌했다. 날것으로 혼잡하던 거리가 무균의 위생공간으로, 순환의 도로공간으로, 종국엔 국가가 관리하는 근대국가의 영토로 바뀌어갔다.

2. 공회당, 일제강점기 공적 공간의 대명사

거리가 질식당하는 동안 공회당公會堂은 식민지 근대를 상징하는 공적 공간이 되었다. 총독부는 총독부 나름대로, 조선인은 조선인 나름대로, 일본인은 일본인 나름대로 공회당의 공공성을 정의하고 생산했다. 도시뿐만 아니라 시골의 한적한 마을에도 공회당이 들어섰다. 사람들은 교육을 받기 위해, 공연을 보기 위해, 집회를 열기 위해 공회당에 모였다. 공회당은 "식민지기 지배의 공간적 무대"이자 "사회적 관계 형성의 중요한 공간적 매개"가 되었다.[8] 어떤 의미에서는 식민지 조선에서 최소한의 공적 생활을 보전할 수 있는 유일한 공간이 공회당이었다. 때문에 공회당의 설치와 운영에 관한 다양한 경험은 식민지 조선의 공공성이 내재할 수밖에 없었던 다층성을 보여준다.

도시 공회당은 식민지 권력관계가 고스란히 드러나는 정치적 역동의 현장이었다. 1920년대를 지나면서 공회당 설립은 붐을 이룬다. 황병주는 식민지 공회당의 기능과 의미를 소상하게 밝히고 있는데, 그중에서 인상적인 공회당의 의미는 다음의 세 가지이다.[9] 첫째, 공회당은 일제강점기 확인 가능한 거의 모든 집단이 행사를 개최하는 공적 행사의 공간이었다. 마르크스와 레닌의 초상이 걸리는 정치적 강연회부터 예술 공연, 심지어 결혼식까지 그야말로 사람이 모이는 모든 행사를 담는 그릇이었다. 공회당은 살균된 거리를 대신한 집회와 결사의 공간이었다.

둘째, 공회당은 만인에게 열린 공간처럼 보였다. 계급이나 신분에 차별을 두지 않고 개방된 곳이라는 인식이 강했다. 만든 이가 누구든 지역 대중 일반이 공적 생활을 누릴 수 있는, 누릴 수 있어야 하는 장소였다. "일반 민중의 공기公器"이자 "지방 민중의 이목耳目"이므로 반드시 필요하다는 주장도 있었다.[10] 그만큼 공회당은 해당 지역의 사회관계를 확인하는 자리였고, 그 공간에 모인 사람들이 지역사회를 인식하고 재현하는 중요한 의례의 장이었다.

셋째, 공회당은 일제강점기 근대의 상징이자 기념비적 공간이었다. 도시의 공회당을 주도한 청년 엘리트들은 조선 민중의 계몽을 위해 공회당의 장소성과 정체성을 이용했다. '왜 이 도시에는 공회당이 없는가'라는 한탄은 지역의 청년단체나 지식인 집단에 중요한 이슈였다. 어쩌면 자력으로 근대에 닿지 못한 식민지의 젊은 엘리트들이 공회당을 바라보는 시선은 일그러진 까마귀의 세계였을지 모른다. 결과적으로 공회당은 식민지 조선인에게 근대의 기념비로 인식되었다. 언제고 도시에 가면 반드시 방문해 구경해야 하는 공간이었고, 결혼행진곡을 울리며 인생의 전환점을 맞이하고픈 판타지의 공간이었다.

그러나 이런 공적 가능성에도 불구하고 일제강점기 공회당의 한계는 분명했다. 공회당에 등장하는 정치적 발언은 언제나 총독부의 시선 안에 있었다. 일제강점기 내내 옥외 집회는 불법이었고, 옥내 집회도 허가제로 운영했다. 때문에 조선인 정치 세력은 집회가 아니라 강연회의 형식을 빌려 발언하는 경우가 많았다.[11] 전국적으로 확산된 공회당은 이들이 강연회를 열기에 최적의 장소였다. 자연히 총독부는 공회당에서 열리는 강연회를 주시했고, 공회당에 경찰이 입회하는 일이 잦았다. 아무리 공회당이 열린 공간으로 인식되었다 해도, 정치적 발언이 총독부의 시선 아래 있는 한 공적 공간의 가능성은 기형성으로 귀결될 뿐이었다.

덧붙여 공회당은 식민지 신민의 신체를 규율하는 문화적 학교였다. 당시로서는 근대적 시공간에 적응하도록 교육하고 훈련하기에 최적화된 "훈육공간"[12]이 공회당이었다. 정확한 시간에 시작하는 공연을 보려면 정해진 장소에서 표를 사고, 정해진 공간에서 대기해야 하며, 정해진 시간에 공연장으로 들어서야 한다. 근대적으로 구획된 시공간의 체험은 그 자체로 강력한 규율이고 훈육이다.[13]

요컨대 식민지 조선의 공회당은 공적 공간의 가능성을 품었으나 강력한 국가 규율의 장에서 자유로울 수 없었던, 식민지 근대의 초상이다. 작가 이상이 〈오감도〉를 통해 던지는 불완전한 근대, 기형적 근대의 메시지는 공회당에 투사된 조선인의 열망에 오버랩된다. 〈경찰범처벌규칙〉이 제거한 날것의 거리가 서구 근대가 발명한 도시 통치의 일반적 기술이라면, 공회당에 설치된 권력의 시선은 식민지 조선이 감내해야 했던 역사적 불행이다.

3. 소결

일제강점기에 공적 공간의 가능성을 상상하기란 쉽지 않다. 〈경찰범처벌규칙〉은 거리를 살균했고, 공회관의 가능성은 식민지적 제약에 훼손됐다. 식민지 신민에게 주어진 발언의 자유, 행위의 자유는 금지나 규율의 대상이 되곤 했다. 시쳇말로 첫 단추를 잘못 꿰었다. 서구 근대의 공공성, 그들이 누렸을 법한 공적 가능성을 일제 강점이라는 불운한 조건에 잠식당한 것처럼 보인다.

그러나 이런 평가는 절반만 옳다. 역사에 가정은 없다지만 일제 강점이 없었으면, 거리를 살균하려는 국가 통치의 시도가 없었을까? 꼭 그렇게 확언할 수는 없다. 서구 열강이 주도한 당시의 세계화 과정에서 서구의 국가 모델을 수입했다는 점을 놓고 볼 때 도시 통치의 기본을 생략하기는 어려웠을 것이다. 일제 강점의 특수성이라면 2등 시민에 대한 규율과 처벌의 비용이 일본 자국민에 들였을 통치 비용보다 낮았다는 점이다. 통치에 관한 대차대조표에서 큰 비용처럼 다뤄지는 시민의 권리를 조선총독부가 정상적으로 계상하지 않았으니 말이다. 요컨대 근대 국가 초기의 위생 행정과 경찰 통치라는 일반적 기술 위에 민족적 경계선이 놓임으로써 식민지 조선의 공적 공간은 극도로 위축되었고, 이것은 장차 또 다른 형태의 권위주의 통치로 이어지는 밑바탕이 되었다.

Ⅲ. 발전주의 도시는 공적 공간을 먹고 자랐다

1. 긴급조치, 모든 것을 통제하라

박정희 집권 이후 다양한 형태의 법적 장치가 공적 공간의 위축시켰다. 반공권위주의 정권[14]이라는 국가 성격은 공적 공간의 영토성에 큰 영향을 주었다. 박정희 정권은 쿠데타 직후 이미 있던 〈국가보안법〉 위에 〈반공법〉을 더해 반정부 인사의 발언을 옥죈다. 이듬해인

1962년에는 〈정치활동정화법〉이라는 괴상한 이름의 법을 제정해 제3공화국 정치인의 정치적 발언을 정부가 심사하겠다고 나선다. 그리고 그해 12월 〈집회및시위에관한법률〉(일명 집시법)을 제정해 4·19 혁명 후 신고제였던 집회를 허가제로 전환하고, 옥외 집회 금지 조항과 경찰 해산 명령 조항 등을 포함시켜 집회와 결사의 기본권을 크게 제약했다.

한편 국가권력의 규율과 공포는 일상의 공적 생활도 질식시켰다. 거리나 공원은 국가권력의 현신으로 가득했다. 그 중심에는 〈경범죄처벌법〉이 있었다. 해방 후 미군정은 일제강점기 조선의 공적 공간을 크게 위축시켰던 〈경찰범처벌규칙〉을 그대로 존치했다. 군정이라는 성격과 해방공간의 정치적 역동을 생각하면 미군정이 이 규칙을 폐지하기는 어려웠을 것으로 보인다. 이승만 정권이 들어선 뒤 이 규칙은 〈경범죄처벌법〉이라는 새 이름으로 불린다. 1954년 4월에 제정된 이 법은 전체 4개 조항으로 구성되어 있고 45가지 범죄 유형을 명시하고 있다. 〈경찰범처벌규칙〉에 비해 그 수는 적지만, 실제 금지하는 행위와 발언 유형은 대동소이하다. 〈처벌규칙〉에서 일관성이 없거나, 중복되는 조항을 삭제하고 정리한 수준이었다.

박정희 정권 동안 1963년과 1973년 두 차례 개정이 있었다. 1963년 개정안에는 〈도로교통법〉이나 〈밀항단속법〉과 중복되는 3개 항을 삭제하고, 모호한 문구를 정리하는 수준이었고, 추가된 조항은 총 8개였다. 내용은 무기를 은닉하거나 공원의 꽃을 꺾는 행위 등을 규제하는 것으로 특별히 개악된 내용은 아니다. 〈반공법〉과 〈집시법〉까지 제정한 마당에 정치적 발언과 행위를 경범죄로 다스릴 이유가 없었다. 그러나 유신 직후에 이뤄진 1973년 개정에서는 국가권력의 규율 의

지가 노골화되었다. 퇴폐풍조를 일소하고 명랑사회를 확립한다는 명분하에 7개 조항을 신설한다. 조항이 늘어난 것도 문제지만, 규제의 대상이 더 문제였다. 그중 공적 공간을 길들이고 공적 생활을 훼손했던 조항은 다음의 두 가지이다.

48. 공공의 안녕질서를 저해하거나 사회불안을 조성할 우려가 있는 사실을 왜곡·날조하여 유포한 자.
49. 성별을 알아볼 수 없을 정도의 장발을 한 남자, 또는 미풍양속을 해하는 저속한 옷차림을 하거나 장식물을 달고 다니는 자.

48항은 경범죄처벌법 제정으로 사라졌던 〈경찰범처벌규칙〉의 독소 조항이다. "막걸리 보안법"의 시대에 경찰이 개인의 발언을 임의로 처벌할 수 있는 조항이 다시 등장한 것이다. 그리고 49항은 그 유명한 장발, 미니스커트 단속의 법적 근거이다. 머리가 긴 남자, 치마가 짧은 여자는 유신 체제의 공적 공간에서 마땅히 제거되어야 하는 신체라는, 지금으로서는 상상하기 어려운 규율이다. 이처럼 박정희 정권이 창출한 '도덕적 훈육국가'[15]는 유신을 기화로 극단적 규율을 감행했다. 거리에서는 공권력의 '가위'가 개인의 신체를 유린하는 장면이 연출되었다. 금욕적 반공 규율국가에서 개인이 세계와 접속할 수 있는 방식은 그만큼 제한적이었다. 욕망과 가치는 국가의 전방위적 규율에 재단당하기 일쑤였다. 경찰이 들이대는 자와 가위는 프로크루스테스의 침대[16]처럼 획일적인 신체와 가치를 강요하고 있었다.

유신을 기화로 질식 상태에 빠진 공적 공간은 1974년 1월 〈긴급조치〉 1호가 발동되면서 사망선고를 받는다. 〈긴급조치〉는 유신에 대한 일체의 비판, 시위, 저항을 금지했다. 공적이든 사적이든 어떤 형태의 공간에서도 정권과 유신을 비판하지 못한다는 것이 〈긴급조치〉의 전부였다. '말하지 말라', '행위하지 말라'는 금지의 명령이 모든 공간을 지배했다. 이후로도 〈긴급조치〉는 이어졌다. 1975년 마지막으로 발동된 〈긴급조치〉 9호는 1호부터 8호까지의 〈긴급조치〉 내용을 망라한 종합판으로 등장했다. 이들 〈긴급조치〉는 1979년 박정희가 암살당하고 1980년 헌법이 개정될 때까지 지속된다. 박정희 정권의 붕괴로 〈긴급조치〉는 역사의 장막 뒤로 사라졌지만, 공적 공간의 부활은 곧바로 찾아오지 않았다. 1980년 짧았던 '서울의 봄'은 전두환의 계엄군에 짓밟혔다. 자유의 공간은 기약 없이 밀려났다. 전두환 군부에서도 공적 공간을 제약하던 대부분의 법적 조치를 유지했다. "금지의 명령"[17]은 1987년 민주화 투쟁까지 생명을 이었다.

그래도 한 가지 변화는 있었다. 야간통행금지, 이른바 야간통금의 해제다. 야간통행금지는 1945년 9월 7일 〈미군정 포고령〉 1호와 함께 시작되었다. 명목은 치안과 질서유지였다. 처음에는 서울과 인천에만 내려졌던 통금이 한국전쟁 이후 전국으로 확대되었다. 밤 10시부터 새벽 4시까지 미성년자는 물론 성인들도 거리를 오갈 수 없었다. 1961년 통금시간이 자정에서 새벽 4시까지로 단축되고, 일부 통금 제외 지역이 생겼지만 통금제도는 무려 36년 4개월 동안 유지되었다. 때론 통금에 걸린 청춘남녀의 해프닝이 아름다운 추억으로 그려지지만, 36년 4개월 동안 밤의 거리가 국민 전체의 삶에서 사라진 사건이다. 전두환 신군부가 돌려준 밤거리를 곱게 볼 수는 없으나,[18] 최소한 카리스마적인 국가 권력에 의해 밤거리에서 추방당할 일은 없어졌다. 여전히 공적 공간의 공공성은 멀리 있었지만 말이다.

2. 거리를 제거하라, 자동차를 위하여

박정희 시대의 도시화는 도시 공적 공간의 희생 위에서 이뤄졌다. 정확히 그 시대가 만들어낸 도시는 공적 공간을 물리적으로 희생시켜 얻어낸 공모共謀의 결과였다. 공원 용지로 남아 있던 시내 알짜배기 땅들이 도로 건설 같은 도시 순환망 개선을 위해 팔려나갔다. 신체나 행위의 규율, 매개 정도로 그칠 문제가 아니었다. 공적 공간을 사사화私事化하고 상업공간으로 전용함으로써 공공성은 돌이킬 수 없이 훼손되었다. 사람이 사람을 만나 서로를 보여주고 소통할 공간이 하나둘 사라졌다. 타자가 마주칠 공적 공간의 가능성이야말로 거대한 콘크리트 도시가 요구했던 가장 큰 비용이었다. 이런 비용을 치르게 했던 사람은 한국판 오스망[19] 김현옥이다.

김현옥은 박정희의 페르소나로서 한국 발전주의 도시의 전형을 창출한 인물이다. 그가 추구한 '도시적인 것'의 미덕은 선의 예술이다. 길게 뻗은 선과 그것을 통해 재구축되는 도시가 김현옥의 이상이었다. '도시는 선이다'라는 간명한 구호에는 김현옥이 포착한 근대 도시의 정수가 담겨 있다. 생각해보면 무서울 만큼 날카로운 식견이다. 서구 근대의 영토 국가가 출현하면서 다듬어진 도시 모델은 도시 안팎으로 이어지는 순환에서 시작해, 순환의 선을 확장시키며 형성되었다. 순환의 선, 도시의 선은 근대 도시를 규정하는 근본적인 개념이다.[20] 김현옥은 그런 논리적 그림을 직관적으로 그렸다. 수송장교 출신이던 그의 이력은 부산시장을 거쳐 서울시장이 되면서 빛을 발한다. 서울이라는 도화지에 그가 그은 선들은 아직까지도 서울시를 조직하는 밑바탕이 되고 있다. '불도저'라는 별명은 괜한 것이 아니다. 그는 지도에 선을 긋고 불도저처럼 뚫었다. 그리고 그 자리에는 도로가 남았다.

그 도로는 과연 어느 땅에 놓였을까? 건설비용은 어디서 온 것인가? 지금은 OECD 가입국이 될 만큼 국가의 경제 규모, 재정 규모가 커졌지만, 당시는 도로 하나 놓기가 쉽지 않은 시절이었다. 토지를 수용해서 도로를 놓는 것이 제일 간편했겠지만, 그럴 만한 재정은 없었다. 토지구획정리사업이라는 요술방망이가 없었다면 전국 도시의 도로 사업은 엄두도 못 냈을 것이다. 하지만 비용은 비용이다. 공짜는 없다. 김현옥은 도로 건설의 비용 충당을 위해 구획정리로 확보한 공공용지를 매각했다. 특히 땅값이 크게 오른 서울 도심의 공원 부지가 희생양이었다.

2003년 한 방송 다큐멘터리에서는 다음과 같이 말하고 있다.[21] 명동의 경우 제일백화점(현재 엠플라자) 자리는 60년대 초반 토지구획정리사업으로 만들어진 공원 부지였다. 공익을 위해 남겨둔 땅을 서울시가 나서서 다른 사인에게 팔아버렸다. 대체로 이렇게 떼어둔 토지는 그 동네를 지나는 도로를 내거나 공공시설을 건설하는 비용으로 쓰여야 한다. 그런데도 서울시는 명동이나 서린동, 남대문 일원의 공원계획 부지를 팔아 서울 전역의 도로공사, 입체교차로 공사 등에 써버린다. 당시 서울시 도시계획과장인 윤진우 씨가 증언하고 있고, 실제 공원계획용지가 3년 만에 심각하게 변경된 사실은 문서로도 확인된다.

1965년 서울시 도시계획 안에서는 서울 도심에 점점이 박힌 녹색의 공원계획 부지가 보인다. 그러나 1968년 말 현재 서울시 도시계획에서 공원계획 부지는 거의 사라진 상태다. 공원으로 계획된 땅에 실제 공원이 들어섰다 해서 자연스럽게 공적 공간의 기능을 한다는 보

[그림 2-1] 1965~68년 서울 도심지 공원계획의 변동

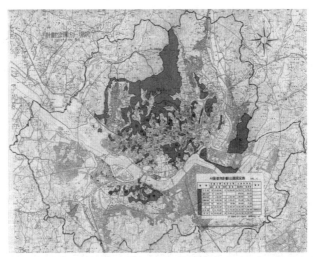

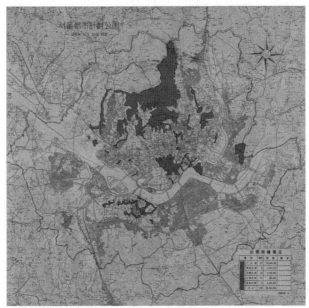

* 출처: 서울특별시, 《서울都市計劃沿革: 關係圖集》, 서울특별시, 1977.

장은 없다. 이 책에서 논의해온 바처럼 공적공간의 가능성은 정치적 역동에 관계된 일이다. 하지만 국가가 소유한 공간이 사적인 공간에 비해 공적 가능성이 큰 것 또한 사실이다. 그만큼 공원 부지 매각은 안타까운 일이다. 좁게는 도심에서 지갑을 열지 않고 쉬어갈 수 있는 휴식의 공간이 사라진 것이고, 넓게는 타인과 교류하고 소통할 수 있는 발언과 행위의 공간이 소멸한 것이다.

서울시의 일이지만 사라진 공원 부지는 박정희 시대 도시 정책의 우선순위가 어디에 있는지 증언한다. 주지하다시피 정책의 우선순위는 국가의 성격을 반영한다. 무엇을 먼저 집행할 것인지, 무엇을 희생시킬지는 국가의 선택성selectivity[22]에 관계된다. 서울시 공원 부지 사례는 발전주의 국가의 선택성을 잘 보여준다. 시민을 위한 공적 공간의 물적 토대보다는 순환을 위한 기능적 공공시설을 택했다. 무엇이 더 필요한 공공성인지는 논란의 여지가 있다. 관점에 따라서는 당시의 도로 건설이 더 시급했다고 말할 수 있다. 그러나 공적공간을 민간에 매각해 사적 소유물로 전환시키는 정책적 판단은 사실상 비가역적이기 때문에 아쉬운 대목이다. 시간이 지나 고가도로와 입체교차로는 사라졌지만, 명동 중심에 공원이 돌아오지는 않는다.

3. 강변 백사장, 그 뜨거웠던 공간의 소멸

발전주의에 의해 질식당한 공적 공간의 마지막 장면은 수변공간이다. 1960년대까지 한강이나 마산만 등의 수변공간은 자연 상태로 남아 있었다. 요즘 말로 도시의 공유지였다. 여름이면 서민들의 바캉스 명소로 사랑받았고, 동네 아이들의 놀이터 역할을 톡톡히 했다. 너른 백사장은 대규모 군중집회가 열리는 정치적 공간이기도 했다. 그러나

1962년 1월 〈공유수면매립법〉이 제정되고 매립사업이 본격화되면서 상황은 완전히 달라졌다. 별 저항 없이 값싸게 신규 토지를 확보할 수 있다는 점은 정부와 자본 모두에게 좋은 구실이 되었다.

1960년대 내내 한강, 남강 등 내륙도시의 강변과 인천, 마산, 울산, 부산 등 임해 산업도시의 해변은 매립과 준설로 크게 요동친다. 한쪽에서는 준설을 해 바닥의 자재를 긁어모으고, 다른 한쪽에서는 그것을 쏟아 부어 육지를 생산했다. 생산된 땅은 사업 재정 부족분을 충당하는 데 쓰이거나, 민간업자의 개발 이익으로 전환되었다. 사실 매립사업은 일제강점기부터 흔한 일이었다. 유명한 일본인 매립업자 이케다 사다오池田佐忠는 조선축항주식회사를 설립하고 부산, 마산, 울산에서 매립을 시행했다. 경남 해안의 해안선을 바꾼 그의 사업은 장기적으로 산업화 시대 주요 도시의 물리적 토대를 만들었다. 일제강점기 일본인의 사업, 개발연대 한국 정부의 사업은 모두 '날것'인 공유지를 배타적인 국가 시설로, 자본주의 토지 상품으로 전환한다는 점에서 동일했다.

공유수면 매립사업은 국가가 손쉽게 개발 용지를 확보하고, 재정 문제까지 해결하는 효율적인 해결책이었다. 문제는 공유수면 매립사업이 지역사회를 수변공간과 격리시킨다는 점이다. 공유지로서 수변공간은 누구든 어디로든 강과 바다에 접근하도록 이끈다. 유희의 공간이면서 정치적 발언대였던 수변의 장소들은 누구의 영토도 아닌 날것의 공간이었다. 그러나 일단 매립이 끝나고 영토로 구획되면 날것의 자유로움은 사라진다. [그림 2-2]과 [그림 2-3]는 한강 개발이 본격화되기 전 1950년대 한강인도교 옆 백사장이다. 당시에는 통상 '한강 백사장'으로 불렸다. [그림 2-2]은 한강 백사장을 찾은 때 이른 피

[그림 2-2] 한강 백사장의 피서객

[그림 2-3] 한강 백사장에서 열린 신익희의 선거 유세

서객의 모습을 담은 사진이다. 멀리 갈 형편이 안 되는 서울 시민들에게 한강 백사장은 좋은 피서지 역할을 했다. 이런 기록은 1950년대 신문기사를 통해 쉽게 확인된다.

한편 한강 백사장은 서울 최대의 군중집회를 수용하던 정치적 장소이기도 했다. 특히 1956년 대통령 선거에 나선 신익희의 연설은 당대로서는 전무후무한 군중이 운집해 국내외에 커다란 충격을 줬다([그림 2-4]). 사사오입 개헌 이후 처음 치러지는 대통령 선거는 뜨거운 관심을 모았던 것으로 보인다. 특히 1956년 5월 3일 민주당 대선 후보 신익희는 한강 백사장에서 유세를 벌인다. 한 신문은 이 날의 집회를 "백사장의 역사", "인파의 역사"라 기록한다.[23] 이 기사에 따르면 백사장 집회의 거대한 규모가 "자유당을 당황케 하는가 하면 세계의 관심을 집중시키기도" 했다. 흥미롭게도 이 집회의 규모가 당시에 큰 논란이 되었던 모양이다. 집권여당은 애써 축소하려 했고, 야당은 그 반대의 입장에 섰다. 공중촬영 사진을 본 외신기자의 반응을 전하며 30만 이상이 모였다고 평가했다는 기사의 내용이 눈길을 끈다.

인파의 숫자가 회자될 만큼 국내외의 파장은 컸다. 일례로 미국 리버티 프로덕션의 영상을 사전 검열한 문교부가 한강 백사장 집회 장면을 삭제하도록 하여 국회 본회의장에서 큰 언쟁이 있었다.[24] 당시 문교부 입장에서는 야당의 유세 집회가 국제적으로 송출되는 일을 막아야 했던 것이다. 이후 대선에서 승리한 자유당은 한강 백사장 집회를 막기 위해 안간힘을 쓴다. 아직 〈집회및시위에관한법률〉이 제정되기 전, 집회에 국가가 개입할 정당한 논리가 없던 시절에 경찰 임의로 백사장 집회를 불허하는가 하면,[25] 자유당이 집회를 미리 신고해 백사장을 독점하려 했다.[26] 반면 야당 연합체였던 '국민주권옹호위원회'

는 1956년의 '한강 백사장'을 재현하려 대규모 강연회를 준비한다.[27] 경찰, 용산구청, 자유당이 온갖 이유로 집회 성사를 방해했으나, 결국 25~30만 명이 모이는 대규모 군중집회가 성사된다.[28]

1956년 대선을 기점으로 한강 백사장은 서울을 대표하는 정치적 공간으로 자리매김했다. 정치적으로 발언하고 행위하는 서울을 대표하는 대규모 시위 공간이 되었다. 2016년 서울에 광화문이 있었다면, 1956년 서울에는 한강 백사장이 있었다. 1961년 쿠데타로 집권한 박정희 군부도 한강 백사장에 대한 규제와 폐쇄 조치를 유지했다. 여전히 한강 백사장을 무대로 한 정치적 발언의 시도가 지속된 탓이다. 법적·행정적 수단으로 어렵게 가로막았던 공적 공간의 압력은 생각지도 못한 것이 등장하면서 황망히 해소된다. 그 주인공은 한강 백사장을 빼곡히 채운 아파트 단지였다.

1967년 김현옥 시장은 '한강종합개발계획'을 발표한다. 한강을 따라 제방을 건설하고 도로를 놓으며, 매립으로 만들어진 땅에는 아파트 단지를 놓는 대대적인 개발계획이었다. '한강 백사장'이 완전히 삭제되기까지는 그리 오랜 시간이 걸리지 않았다. 이듬해인 1968년 공무원아파트를 시작으로 1970년 한강맨션 등 연이어 지어진 아파트가 한강 백사장을 점령했다. [그림 2-4]는 한강종합개발계획 6년 뒤인 1973년 항공사진이다. 30만 구름인파로 가득했던 발언의 공간은 성냥갑 아파트가 나란히 서 있는 아파트 단지가 되었고, 그나마 한강으로 접근하는 길은 강변로에 막혔다. 역시 서울시에서 내세운 명분은 도로였다. 남북 강변에 도로를 설치하기 위해 매립을 하고, 도로 외의 매립지를 아파트 부지로 팔았다.[29] 자연이 만들어놓은 백사장은 빠르게 사라졌다.

[그림 2-4] 1973년 동부이촌동 항공사진

* 출처: 서울특별시 항공사진서비스(http://aerogis.seoul.go.kr)

도로나 아파트 단지는 나름의 효용이 있다. 순환과 주거를 위해 기능적 용지가 필요했다는 사실은 틀림이 없다. 부족한 재정 상황에 불도저 시장이 선택할 수 있는 유일한 방법이 매립이었을지도 모르겠다. 그러나 그 과정에서 우리가 잃은 것은 돌이킬 수 없기에 뼈아프다. 서울의 대표적 공적 공간이 소멸되었고, 한강은 서울시민의 삶에서 멀어졌다. 자유롭게 들어서서 전시하고 행위하던 공적인 공간이 자동차를 위한 국가의 기능적 영토로, 일부 시민이 사사로이 소유하는 사적 영토로 사라졌다.

개발연대 수변공간 개발은 국가가 공적인 것을 사적인 것으로 전환시켜 자본축적을 돕는 '강탈을 통한 축적Accumulation by dispossession'[30]의 전형이다. 누구나 접근하고 향유하던 자연의 날것을 도로로, 아파트로, 산업단지로, 항만으로 개발하여 사적인 주체들에 귀속시키는 과정이다. 물론 국가나 기업의 일방적인 드라이브는 아니었다. 아파트를 통해, 산업단지를 통해 물질적 욕망을 충족시키려는 개인들, 근대성의 내러티브에 동조하고 지지했던 많은 민중들 역시 이 거대한 게임의 참가자였다.[31] 산업화와 근대화라는 효율성의 신화 앞에서 '공적인 것'의 가치는 너무나 허약했다.

4. 소결

개발연대로 인해 공적인 것은 질식당했다. 거리의 발언, 행위, 신체는 권위주의 국가에 규율당하고, 날것 그대로의 자연은 도시 개발의 원료가 되어 사라졌다. 공적 공간에는 국가의 강력한 영토가 만들어졌다. 언뜻 보면 일제강점기 이래 지속되는 큰 경향이지만, 여기에는 국가의 통치와는 다소 상이한 결이 있다. 발전주의 국가에서 전형적으로 드러나는 유착과 공모다. 한편에는 아파트 도시화를 타고 중산층에 진입하려는 개별 주체의 욕망, 산업화-근대화를 향한 집단적 욕망이 스며들어 있다. 다른 한편에는 국가가 준비한 꽃길을 따라 손쉽게 성장한 토건 자본이 있다. 거대한 게임에 참전한 여러 주체의 욕망은 국가와 공모해 공적 공간을 잠식했다. 때문에 개발연대 발전주의 도시화, 압축 성장의 과정은 전면 긍정하거나 전면 부정할 수 없다. 발전주의 도시화가 쌓아 올린 거대한 장치에서 자유롭기 어렵다. 의식적인 거리두기가 더 필요한 이유이다. 공적 공간의 희생, 소멸, 결핍은 발전주의 도시를 한발 물러서서 바라볼 때 더 선명해진다.

Ⅳ. 아직은 결론을 내릴 때가 아니다: 민주화 이후 공적 공간

공전의 히트를 기록했던 드라마 〈응답하라 1994〉는 지금까지 대한민국 자본주의 역사상 가장 풍요롭던 시절을 그렸다. 1980년대 민주화 투쟁을 거치면서 정치적 자유는 크게 확대되었고, 중산층은 튼튼히 경제의 허리를 받치고 있었다. 풍요와 자유의 협주는 새로운 가치에 대한 갈망을 증폭시켰다. 민주화가 열어놓은 광장에는 힙합의 젊은 문화가 넘실대는가 하면, 5·18 학살자 처벌을 외치는 고전적 정치 시위도 있었다. 퀴어 문화가 거리에 커밍아웃한 것도 이때의 일이다. 가까이는 군부독재, 멀리는 일제강점기부터 한국 도시 사회를 규율했던 '길들여진 거리'에 균열이 생겼다. 공적 공간에 대한 새로운 관심, 새로운 시선이 열린 것도 이즈음의 일이다. "공공공간"의 등장이다.

지금은 흔하게 쓰는 표현인 '공공공간'도 사실 그리 오래된 말이 아니다. 1920년부터 1999년까지 《경향신문》, 《동아일보》, 《매일경제》, 《한겨레》의 기사 원문 검색을 제공하는 네이버뉴스라이브러리상에서 '공공공간'이라는 표현은 총 22회 나타난다. 그나마 1987년 이전은 총 4차례에 불과하다. 모두 1988년 이후의 글이다. 그전까지 주로 쓰였던 표현은 '공공장소'이다. 같은 데이터베이스에서 총 1,457건이 검색된다. 하지만 공공장소라는 표현에는 금지와 배제의 규율이 진하게 배어 있다. 공공장소에서 조심할 일, 금지된 일이 연상되는 이유다. 반면 '공공공간'은 전문가 담론, 특히 도시계획의 담론이었다.

전문가가 말하는 공공공간은 서구 도시계획에서 만들어진 '추상 공간abstract space' 혹은 '인지된 공간recognized space'이다. 개발주의든 그에 대한 비판이든 공공공간은 각자의 이상적 관념에서 만들고자 하는 현실, 이른바 '공간 재현representation of space'이다.[32] 최초 판본은 도시 개발, 재개발 과정에서 공공공간을 확보해야 한다는 전문가 견해였다. 대도시 생명력을 살려나가기 위해서는 공공공간을 충분히 확보해야 한다거나,[33] 도심 재개발에서 교통과 환경 문제를 해결하기 위해서는 공공공간을 적극 확보해야 한다는 식이다.[34] 이런 발언이 공공용지를 팔아 도시건설 비용을 마련하던 1970년대, 도시개발 담론과 함께 등장했으니—피터 홀의 격언처럼—전문가의 개념이 머나먼 시공간에서 현실화될 때 어떤 일이 벌어지는지 증언하는 장면이기도 하다.

이후 공공공간 담론은 1987년 민주화 투쟁과 1990년대 지방자치제 시행과 함께 증가한다. 실제로 1990년대에 들어서면서 공공공간을 다루는 논문과 보고서가 크게 늘었다.[35] 그런데 담론을 생산하고 확산하는 주체와 채널은 크게 변함이 없었다. 대개 정부기관이거나 도시계획 전문가였다. 때문에 공공공간 담론의 지향은 공적인 공간 public space보다 공식적 공간official space에 가까웠다.[36] 정치적 공간이 아니라 중립적 공간이었다. 80년대 정치적 실천이 살아 있는 거리, 발언하는 광장을 구성했던 것이 비해, 90년대 이후의 공공공간은 전문가 지식이 현실에 투사된 빈 용기로 재현됐다. 국가 공식의 공간은 '가치 중립적'이어야 하고 '비정치적'이어야 한다는 논리가 다시금 공공공간을 살균했다.

이제 시계를 돌려 현재 우리가 살고 있는 도시를 보자. 2016년 거대한 물결이 한국 사회를 뒤덮었다. 다시 광장이 열리고, 수많은 발언이 광장을 뒤덮었다. 그러나 광장에서 돌아온 이들이 향할 곳은 어디인가? 자유로운 시민으로서, 삶의 주체로서, 정치적 화자로서 공중의 일부가 되었던 사람들이 돌아온 일상은 여전히 세상에서 분리된 개인의 고립감이 가득하다. 규율과 배제로 길들여진 거리와 무균질의 공적 공간에서 우리는 살아 있는 날것으로부터 점점 더 멀어진다. 카페나 '방'들을 소비하면서 가까스로 관계의 즐거움, 타인의 감각을 유지한다. 반면 도시의 스펙터클은 점점 더 강렬해진다. 다시 원점이다. 지난 100년간 다양한 형태로 길들여진 공공공간의 지층 위에서 우리는 어떤 공간을 열어야 할 것인가? 타자를 만나 발언하고 행위할 공적 공간은 어떤 실천을 통해 만들어낼 수 있는가?

3장 반영토 기획의 실천 전략: 전유하기

김현철·한윤애

이제 공공공간을 날것으로 만들어내는 실천들에 대해 이야기해보려 한다. 공공공간에 울타리를 치고 입맛에 맞지 않는 이들을 몰아내는 일은 심심치 않게 일어난다. 공공공간에 드러내놓기에 (누군가에게) 불편하지만 여러 이유로 무작정 쫓아낼 수는 없는 존재들도 있다. 이들은 '보는 사람 눈에 거슬리지 않는지' 스스로를 검열하고 단속할 것을 주문받는다. 이 장에서 우리는 촘촘하게 드리워진 울타리를 비집고 나오거나 울타리로 표시된 경계를 느슨하고 구멍 난 것으로 만드는 움직임들을 살펴본다. 이는 울타리를 비틀기도 하고 거꾸로 뒤집어놓기도 함으로써 공공공간에서 경계의 안과 밖을 바꿔버리는 움직임들이다.

우리는 울타리를 비틀고 거꾸로 뒤집어놓는 이 전략을 '전유하기'라 칭하고, 전유의 구체적인 현장으로 들어가보기로 한다. 실천 움직임을 탐색하는 것은 공공공간에서 어떤 이들이 타자로 규정되고 어떻게 가장자리 위치와 정체성을 강요받는지 인지하는 것에서 더 나아가 이를 규정하고 강요하는 권력을 해체하려는 시도이다. 전유의 현장들, 그러니까 도시에서 어떤 '장소'를 차지한 후의 움직임 포착을 이같은 시도의 출발점으로 삼은 것은 타자의 존재를 축소시키거나 부인하는 일이 대부분 바로 그 타자의 자리를 위협하거나 박탈함으로써 일어나기 때문이다.

I. '그녀(들)의 방'

자리는 도시의 공적 공간에서 어떤 장소로 표현되기도 하고, 사적 공간인 방으로 나타나기도 하며, 몸의 자리로도 나타난다. 가령 대만의 사진작가 이핑퐁Yi-Ping Pong은 2016년 타이베이 현대미술관에서 열었던 개인전 〈Heroom〉에서 버지니아 울프의 《자기만의 방》을 내러티브로 사용한다. "여성이 소설을 쓰기 위해서는 고정된 수입과 자기만의 방이 있어야 한다"는 부분이다. 전시에서 이핑퐁은 그녀(들)의 방, 즉 여성의 사적 공간에서 일어나는 일상적인 행위를 통해 여성의 삶의 궤적, 가족과 사회, 계급의 관계를 재현했다. 퐁의 눈길에 포착된 세계 여러 도시들 속 여성들의 방은 많은 경우 자기만의 방이기는커녕 사회적 규범으로부터 부여받은 자아와 역할이 켜켜이 새겨진 곳이었다. 퐁은 이처럼 사적 공간인 방에서 재현되는 권력을 보여주는 동시에 작품의 구석구석에 유쾌한 상상과 판타지를 투영하기도 했다. 퐁은 우리에게 '공간'이 어떻게 권력을 드러내는지, 공간을 통해 어떻게 권력을 해체할 수 있는지, 자리를 가진다는 것이 어떻게 자아를 드러내는 것과 연결되는지 말해주는 듯하다.

공공공간에서의 실천에 대한 논의를 사적 공간인 방에 대한 이야기로 시작하는 것은 울타리를 치는 것으로 공간의 경계를 나누고 또 타자를 나누는 일이 공적 공간과 사적 공간, 그리고 몸의 차원을 넘나들며 일어나기 때문이다. 울타리를 구성하는 것에는 '단단한 고철'도 있지만 시선과 감시, '그곳에 어울리는 몸가짐과 마음가짐'을 행위 코드로 강요하거나 은근하게 권유하는 권력도 있다는 점을 상기하려 한다.[1] 공공공간, 공적 삶의 가능성으로부터의 배제는 물리적으로 울타리를 치는 것 말고도 법적으로 누구에게까지 시민권을 부여할 것인지의 문제, 그리고 사회적 담론에서도 나타난다. 매끈하지 않은 공간과 사회적 관계가 담고 있는 이질성은 비워진다. 비워내는 작업에서 걸림돌이 되는 차이들에는 비문명, 방탕하거나 불온한 것, 야만적인 것, 게으름과 낭비와 같은 이름이 붙는다. 공공공간에서 게으르거나 불온한 존재를 쫓아내는 것은 사적 공간에서 작동하는 규범과 몸까지 통제하는 미세기술과도 이어져 있다.

인류학자 김현경의 다음과 같은 관찰은 공적 공간과 사적 공간, 그리고 몸에서 일어나는 '침범'이 어떻게 연결되는지 잘 보여준다.

> 가부장제 하에서 여성과 미성년 자녀는 사생활의 자유를 갖지 못한다. …… 개인 공간에 대한 침범은 최종적으로 몸에 대한 침범으로 나타난다. 몸은 자아의 마지막 영토이자 …… 프라이버시의 결여— '자기만의 방'이 없다는 것—와 공적 공간에서의 배제는 장소 상실 placelessness의 두 형태로서, 동전의 양면처럼 맞붙어 있다. …… 그러므로 환대에 대한 질문은 필연적으로 공공성에 대한 논의로 나아간다.

> 장소를 둘러싼 투쟁, …… 점거, 누워 있기, 앉아 있기, 아니면 장소를 원래 정해진 것과 다른 방식으로 사용하기 …… 몸 자체가 여기서는 언어가 된다. 몸은 문제의 장소 위에 글자처럼 씌어진다. '나는 여기 있을 권리가 있다'고 말하기 위하여, …… 장소에 대한 투쟁은 존재에 대해 인정을 요구하는 투쟁이기도 하다. 마찬가지로 장소에 대한 권리를 부정하는 상징적 행동들 …… 은 상대방의 존재 자체에 가해지는 폭력이 되곤 한다. '여기 당신을 위한 자리는 없다. 당신은 이곳

을 더럽히는 존재이다.' …… 장소는 우리의 정체성을 구성하는 요소이다. 장소의 점거는 사회 안에서 우리가 가지고 있는 자리를 확인하는 보편적인 방식이다. …… 우리는 길거리나 광장같이 공적 가시성의 공간이자 사회의 환유이기도 한 장소들을 점거함으로써, 우리의 존재를 드러내고 주장하며 우리가 하나의 사회에 속함을, 아니 우리가 바로 사회임을 천명하는 것이다. 서로를 환대하는 (즉 서로에게 자리를 주는) 몸짓과 말을 통해, 수행적으로 사회를 있게 하는 것이다.

이펑퐁의 사진 작품과 김현경의 논의는 모두 '자기만의 방'을 언급하고 있는데, 이 내러티브는 인류학자 송제숙의 《혼자 살아가기》에서도 확인할 수 있다. 1장 "자기만의 방"에 등장하는 울프의 자기만의 방은 그로 이르는 여정이 얼마나 어려운지, 나아가 그것이 한국의 비혼 여성에게 얼마나 더 어려운지에 대한 논의를 여는 역할을 하고 있다.

요컨대 장소 박탈과 존재의 부정은 구체적인 장소를 차지하여 목소리를 내고, 다수자적 시선에서 '숨김' 처리된 불편한 존재들을 드러내고, 드러냄으로써 균열을 만들어내는 것이다. 이펑퐁이 '그녀(들)의 방'을 재현하면서 그곳에 스며들어 있는 가부장적·성적·계급적 권력을 드러내는 동시에 그에 대항하는 자유와 권리에 대한 상상도 보여준 것과 같이, 우리는 장소를 통해 전유를 상상하고 실천할 수 있다. 모든 장소는 그곳에 내재된 사회적 관계와 일상을 매개한다. 장소에는 권력과 의미, 인정받은 권리와 배제된 권리가 스며들어 있기 마련이다.[2] 라이트너Helga Leitner가 장소를 매개로 일어나는 사회운동은 그 장소가 상징적으로 재현하고 있는 권력과 의미를 전복시키고 재기호화함으로써 가치와 상상력을 담지한 장소를 지켜내는 것이라 말한 것은 이 때문이다.[3] 김현경은 그렇게 장소를 차지하는 방식이 현행 법의 틀 밖에 있는 경우를 '비법 투쟁'이라 부르며, 이는 장소를 통해 배제된 존재와 권리에 대한 인정을 요구하는 투쟁이라 말한다. 공적 공간과 사적 공간, 몸에서의 내몰림을 경험하며 존재를 부인당한 도시민들이 행하는 전유의 몸짓은 그들이 재기호화하는 개별 장소의 울타리를 넘어 확장된다.[4]

II. 전유를 위한 실천적 논의들: 도시에의 권리, 작품적 리듬에의 생산, 복수성, 헤테로토피아Heterotopia

우리가 실천의 언어로 사용하는 전유는 몇 가지 논의들에 기대 있다. 이 논의들은 각기 다양한 맥락에서 나타났는데 여기서는 공공공간을 날것으로 전유하는 것의 의미를 살리기 위해 도시에 대한 권리와 리듬 논의를 중심으로 살펴보려 한다. 프랑스의 사회철학자 앙리 르페브르가 언급한 '전유의 권리'는 도시를 전유한다고 말할 때 쉽게 떠오르는 논의들 중 하나다. 르페브르는 1968년 프랑스 파리에서 일어난 68혁명 당시, 도시화 과정을 통제할 권력을 도시민의 것으로 근본적으로 재편하는 '도시에 대한 권리le droit à la ville'를 주창한 바 있다. 이후 이 개념은 정의로운 도시 만들기를 꿈꾸는 도시민들과 연구자, 운동가, 도시계획가, 행정가들에 의해 계승되어왔고, 국내의 연구자와 활동가들 사이에서도 활발하게 소개되고 있다. '전유의 권리'는 도시공간을 자본의 논리에 따라 교환가치를 극대화하기 위해 생산되는 소유물이 아니라, 도시민들이 생산하고 통제할 수 있는 권리를 의미한다.[5] 도시를 전유할 수 있는 권리는 단순히 모든 사람이 도시공간에 물리적으로 접근할 수 있는 것뿐만 아니라 공간을 점유하고 사용할 수 있는 권리까지 포함한다.[6] 전유는 공간을 점유하고 사용할 뿐 아니라 우리가 사는 도시공간을 어떻게 만들지, 공간을 통해 어떤 존재와 의미를 드러낼지 결정하는 과정의 민주화에 대한 논의로 나아간다.

이쯤에서 우리는 공간에 대한 물리적 접근을 확대하는 것, 소유권 기준의 국공유지 개념, 그리고 시민권의 범위에 관한 논의와 일정한 거리를 두고 전유를 이야기하고 있다는 점을 밝히려 한다. 먼저 물리적 접근성에 대한 이야기를 부연하면 도시를 전유할 권리는 이미 생산된 도시공간의 점유만을 뜻하지 않는다. 전유는 도시민들의 필요에 맞게 도시공간을 생산하는 것까지 포함하는 개념에서 나왔기 때문이다. 전유는 종종 공간적 한계와 경계를 가지는 점유를 수반할 수 있지만, 그로 한정되거나 환원되지 않는다. 전유는 도시공간뿐 아니라 도시에서의 마주침과 사회적 관계가 형성되는 방식까지도 급진적으로 재편하기 위한 행동에 이론적 기반을 제공하는 개념이다.[7]

다음으로, 전유는 사유지, 시유지, 국유지 등을 소유권 기준으로 나누었을 때 국공유지 논의와도 같지 않다. 가부장주의적인 질서가 지배하는 집이 여성과 자녀들에게 온전한 사적 공간이기 어렵다는 지적에서 확인할 수 있듯, '집'이라는 사유지가 무조건적으로 '사적 공간'을 보장해주지는 않는다. 같은 의미에서 국가나 시가 공적으로 소유한 땅이나 건물이 곧장 전유의 공간을 의미하지 않는다. 오히려 국공유지는 권력을 전시, 과시하거나 기억을 선별적으로 재현하는 공간으로 이용되어왔다. 광장이나 공원의 어떤 위치에 어떤 '위인'이나 '사건'을 어떻게 형상화하여 배치할 것인지에 대한 의사결정은 상당히 정치적이다.

또한 전유와 도시에 대한 권리 논의에서 권리를 가지는 주체로 시민이라는 표현이 자주 등장하는데, 이것은 법적으로 누구까지 시민으로 인정하고 시민으로서의 권리를 부여할 것인가의 논의와 구분된다. 전유는 끊임없이 만들어내고 향유하는 공공공간이 아닌 경계로 나뉘어 구획된 공간, 규범적으로 정해진 코드에 따라 행위하도록 축소된 공공공간에서 소멸되었던 타자들을 다시 그곳에 복원하려는 움직임이다. 우리는 도시 곳곳에서 '문화시민이라면 ~하지 않습니다'와 같은 표현을 어렵지 않게 발견할 수 있다. '문화시민'에 걸맞은 행위 코드를 권장하는 것은 비교적 온건한 규범이다. 제의가 치러지는 날 여성의 거실 출입을 금기시하는 전통, 서울시청 앞 광장을 퀴어문화축제에 '허락'해준 데 대해 반대의 목소리를 높이는 종교는 더 노골적으로 나타나는 공간 규범이다.

다수자 중심의 질서, 행위 코드에 의해 공공공간을 전유하지 못하고 소환된 타자들이 만들어내는 창발적인 몸짓은 그곳을 장악하고 있던 선별과 배제의 권력에 순간적인 균열을 만들어낸다. 균열을 만들어내는 작업은 공공공간이 일상적으로 담고 있던 경계를 낮춤으로써 그곳을 복수의 타자가 자신을 드러내고 참여할 수 있는 곳으로 만든다. 경계가 비틀어진 공공공간에 드러나는 새로운(혹은 원래 있었지만 쉽게 보이지 않았던) 신체와 몸짓은 더 많은 타자들을 소환함으로써 도시를 더 넓은 해체와 재구성의 장으로 구성해간다.

실천 전략으로서 전유하기는 기획된 공공공간의 연출된 장면 너머에 있는 '바람직한' 혹은 '적절한' 존재들을 제외함으로써 새롭게 살균된 진공 상태의 공공공간에 타자를 다시 불러온다. 공공공간의 정화는 규범의 강제, 모멸, 공간의 사유화, 권력화를 통해 이질적인 도시민들을 멸균함으로써 이루어진다. 멸균된 도시의 다수민은 불온한 자들을 소독하는 과정을 수동적으로 내면화함으로써 스스로의 신체와 행위를 공적 공간에 적합한 것인지 자기검열하고 타자화한다. 전유는 이 멸균 과정에서 가장자리로 밀려난 도시의 다수자 이외의 나머지 공중, 그리고 보이지 않는 것으로 처리되어야 했던 '부적절하고' '불온한' 신체와 행위를 드러내는 실천이다. 또한 스스로 자기검열하고 타자화하는 이들을 다시 공공공간을 향유하는 주체로 환대하는 실천이기도 하다. 이 책의 2부 '반영토의 정치실천'에서 소개하는 반영토 공공공간의 기획과 실천 사례들은 도시의 여러 존재들로 하여금 권력의 매개가 제거된 날것으로서 공공공간이 현실과 멀리 떨어져 있는 이상향이 아니라 공간적 실천을 통해 만들어가는 과정임을 자각하게 해준다.

이 맥락에서 르페브르의 '리듬' 개념은 작품적 공간을 열기 위한 전유의 전략으로 유용하게 적용될 수 있다. 르페브르는《리듬분석 *Eléments de rythmanalyse*》에서 우리의 몸, 피부, 몸짓이 담지한 리듬이 절대적인 기계적 반복으로 상상, 인식될 수 없다는 점을 명시한다. 그는 "리듬은 이성적인 법칙이 지배하는 규칙적인 시간으로 보이지만, 덜 이성적인 인간적 요소들, 즉 육체와 살, 체험 등과도 관련을 맺는다"[8] 고 언급하면서 우리 몸의 생체적 리듬 위에 다양한 리듬(수, 양, 질 등을 포함하는)이 중첩된다고 주장했다. 이러한 관점에서 보면 르페브르에게 리듬은 단순히 시간의 영역이 아니다. 그에게 리듬은 우리의 몸뿐 아니라 특정 공간에 체현된 '시간의 공간화'이다. 그는 사회적 시간과 사회적 공간이 서로 상호작용하며 생산해온 공간상의 리듬들이 함축하는 바가 무엇인지를 도시 연구에서 분석해야 한다면서 그 리듬들을 분석할 때 도시의 실재를 더욱 잘 파악할 수 있다고 주장한다.

그러므로 일상생활에서 너무도 쉽게 일탈, 낯섦, 괴이함, 일시적인 것으로 치부되어온 리듬들에 대해 고찰하는 것은 대안적인 공공공간의 가능성을 목도하기 위한 중요한 작업이라고 할 수 있다. 즉 인간의 살과 피부에 체현된 수없이 다양한 리듬 중 일부를 '자연스러운' 리듬으로, 나머지 리듬을 '타자'의 리듬으로 규정하는 체계를 분석하고 이 반복적으로 조련된 리듬에 대해 저항하는 것은 기존의 영토화된 공공공간을 열린, 날것으로 나아가게 하는 중요한 지적·실천적 작업이다. 르페브르는 아래의 글에서 기존 공간과 몸에 각인된 리듬을 전유하는 것이 어떻게 저항과 연관되는지 보여준다.

시민들은 시간을 일정한 방식으로 전용함으로써 국가에 저항한다. 이제 전유를 둘러싼 투쟁이 벌어진다. 그 속에서 리듬들은 중심적인 역할을 수행한다. 사회적 시간, 즉 시민의 시간은 리듬들을 통해 국가적, 선형적, 통일리듬적 시간, 측정되고/측정하는 시간에서 벗어날 방법을 탐색하고 발견한다. 이렇게, 공적인 공간, 표상의 공간은 "자발적으로" 산책, 만남, 술책, 타협, 거래와 협상의 장소가 되며, 연극화된다. 그리고 이렇게 공간을 점유한 사람들의 리듬들과 시간이 그 공간과 연결된다.[9]

공공공간에 단일한 리듬만을 삽입하고 그 리듬만을 수용할 것을 강요하는 시간의 공간화 속에서 자신의 리듬으로 거리를 걷는 것, 제스처를 취하는 것, 흥얼거리는 것, 말하는 것은 공간에 다양한 리듬

을 만들어낸다. 이러한 측면에서 르페브르의 리듬에 기반한 공공공간
은 다多리듬성과 타인의 리듬이 드러나는 공간, 즉 "…… 고도의 복잡
함 속에서, 다시 말해 개인적이고 개별적인 단위, 상대적인 고정성, 움
직임, 흐름과 파동, 이 모든 요소들이 서로 침투하거나 서로 충돌하는
과정에서 서서히 윤곽을 드러"[10]내는 공간이다. 그러므로 공공공간상
에 '차이'에의 리듬을 양산해낼 수 있는지 아니면 '조련'만을 낳는지
의 여부가 그 도시공간이 작품인지 아니면 생산물인지를 결정짓는다.
이 점이 주체/지향의 복수성을 작품으로의 도시공간을 생산하기 위
한 필요충분조건이라고 할 수 있는 이유다.

실천 전략으로서 전유는 공공공간에서 다를 수 있는 권리를 차단
하고 복수의 정체성을 규범적 주체성으로 균일화하는 권력의 '길들이
기'에 맞선다. 도시민이 도시공간이 생산되는 과정에 집합적으로 개
입한다는 점에서 전유는 소유(권) 개념과 구분된다. 이는 자신의 육체,
자신의 욕망, 자신의 시간, 자신의 공간을 타인에게 맡기는 것이 아니
라 스스로 장악하고 주체적으로 관리하는 것을 뜻한다.[11] 사유지나 사
유건물을 불법적으로 점거해 사용하는 스쿼팅squatting을 단순히 사유
재산권을 무시한 범법 행위가 아니라, 교환가치 우위의 사유재산 시
스템에서 내몰림 당한 도시 난민의 생존 투쟁으로 위치시킬 수 있는
것은 이런 이유에서이다. 도시에서 내몰림 당하는 타자들 중 거리노
숙인에 주목한 김준호에 따르면, 도시를 전유한다는 것은 교환가치보
다 사용가치에 기반해서 도시를 생산하는 것이다.[12] 이질적인 도시민
들이 작품으로서 도시를 향유하는 것은 서로 다를 수 있는, 차이에 대
한 권리가 보장되어야만 가능하다.

복수의 도시민들이 향유하는 헤테로토피아적 공공공간은 복수의

시선으로 상상되고 전유되는 공간이다. 여기서 실천적 전유 행위를 통해 개척되는 헤테로토피아로서 대안적 집합 영역은 날것으로서 공공공간이자, 다수자적 규범과 자본권력을 매개로 조밀하게 통제되는 공간, 단일한 시선으로 타자들을 걸러내는 규범적 공간과 대비되는 '느슨한' 공공공간이다. 또한 이는 대안적 정체성과 매개되지 않은 사회적 관계가 태동하는 '평행한 우주'이자, 시스템으로부터 떨어져 있는 '숨쉬는 공간'이다.[13] 날것인 공공공간이 태생적으로 지니는 무질서와 혼란은 이질적 타자들을 대안적 공간 상상과 창조의 장으로 환대한다.

한편 전유의 실천이 복수화되어야 하는 이유는 전유가 공간을 물리적으로 점유할 뿐 아니라 기존의 영토화된 도시공간에서 개인이 부여받은 위치성을 전복시키면서 일어나기 때문이다. 매일 일어나는 의례화된 행위들은 우리가 의식하지 않는 와중에도 인종, 젠더, 계급적 위치성을 재생산하고, 견고하게 만들며, 우리에게 그 위치성을 자연스러운 것으로 반복해서 각인시킴으로써 이에 순응하게 한다. 그러나 라이트너 등은 일상적으로 재생산되는 위치성 또한 가변적인 사회적 구성체이며, 언제나 변환의 가능성을 지닌다는 점에 주목한다.[14] 주체들의 상상과 실천을 통해 관계와 권력, 정황적 이해situated understanding 가 재협상되며, 이것이 잠재적으로 주체들의 사회-공간적 위치성을 변환시킨다는 것이다. 그 상상과 실천은 다양화된 공간성과 전략을 동원한다. 대중 시위, 걷기, 공공공간에서 피켓 들기, 공간을 횡단traverse하고 공간의 규범을 위반하는transgress 등의 행위가 여기에 포함된다. 이는 오늘날의 쟁의정치가 사용하는 다층적인 시공간적 전략을 보여주고 있다.[15]

이 같은 대안적 집합 영역을 구성해나가는 전유의 과정은 '비틀기', '패러디', 거리를 점유한 채 벌어지는 '축제', '향연', '퍼레이드', 심지어 불법적 '스쿼팅'과 같은 언어들로 구체화할 수 있다. 전유의 구체적인 행위를 지칭하는 언어는 실천의 주체가 되는 도시민들이 어떤 전략을 택하는지에 따라 다양하고 무한하게 확장될 수 있다. 전유를 실천하는 행위는 구체적인 형태, 일정 수준 이상의 형식성이나 규모에 구애받지 않는다. 참여자의 범위나 참여의 방식을 설정해두지도 않는다. 통일성 있는 이데올로기적 지향을 지니는 것도 아니다. 전유의 구체적인 형태는 전적으로 행위에 참여하는 주체들의 상상력에 달려 있다. 전유는 어느 한 개념으로만 치환되지도, 축소되지도, 고정적으로 정의되지도 않는다.

전유의 시공간성에 대해 시몬 스프링거Simon Springer는 '지금' '여기에서의' 과정을 중시한다. 스프링거는 실천 차원에서 현실에 구체화되는 전유의 움직임들은 태생적으로 산만하며 균질화되지 않은 이질적 도시민을 참여 주체로 하고, 고도의 형식성이나 철학적 지향을 지니지 않음을 강조한다. 그렇기 때문에 대항 언어 전유가 표면화되는 형태는 주거 협동조합, 세입자 연합, 길거리 파티, 커뮤니티 가드닝과 커뮤니티 키친, 스쿼팅 운동을 포함해서 다양하게 나타난다. '가능한 대안은 거의 무한하며, 이를 가로막는 것은 우리의 제한된 상상력일 뿐이다.'[16] 그는 미시적 차원에서의 구체적인 공간적 실천 축적이 대안을 구성하며, 도시민들의 직접적 행동만이 변화의 매개를 만들어낼 수 있다고 말한다. 이 점에서 그는 미시적인 전유의 몸짓이 신자유주의의 전조가 된다고 보는 것은 오류라 지적한다. 이는 그가 '몰지리적' 혁명을 거부하는 것과 관련이 있다. 우리가 '삶을 통제할 수 있는 유일한 시공간은 일상'이라는 점과 '공간의 과정적인 본질processual nature of space'을 인정함으로써 구체적인 행동을 통해 시공간을 '다시 펼칠' 수 있다는 것이다.

축제, 향연, 무단 점유, 비틀기, '리듬'의 생산, 패러디 등 전유의 현장에서 나타나는 몸짓과 언어는 다양하다. 전유의 장을 형성한다는 것은 기존의 특정 조합원 중심, 광장 중심의 대규모 집회와는 다른 성격을 보여준다. 특정 단체의 '자격'을 가지고 있지 않거나 어떤 형태의 공통(이익) 지점에 속하지 않은 이들 누구라도 전유의 장을 구성하는 과정에 의식적으로든, 비非의식적으로든 참여할 수 있다. 그리고 그 과정에서 참여자들은 그/그녀 스스로 창발적인 존재가 되며, 기존의 공간 규범에서 배제되었던 또 다른 창발적인 존재를 환대한다.

그렇기에 전유의 실천에는 '중립적'으로 보이는 기존 공간의 폭력적인 규율을 드러내는 구체적인 행위들이 필수적으로 수반된다. 그 행위는 특정 몸과 정체성, 주체만을 '적합'하다고 여기게 만드는 기존의 공간 규범을 비트는 것에서부터 시작된다. 그러므로 공간 규범을 비틀고 열린 공공공간을 만드는 행위는 존재의 복수성, 다름을 기본 조건으로 하며, 폭력과 박탈, 고독에 저항하는 행위가 주요하게 포함된다.

다음 절에서는 복수적 행위와 주체의 현현appearance, 顯顯을 전제로 하는 구전유의 실천 양태를 구체적으로 언급해보고자 한다. 이는 크게 1) 축제적으로 전유하기, 2) 낯설게 하기, 3) 패러디, '되기'로의 수행으로 나뉜다.

Ⅲ. 전유의 몸짓들

여기서 소개하는 사례들은 일상적인 공공공간에 작용하던 주류 도시민 위주의 질서를 일시적으로 전복함으로써 보이지 않던 타자들을 공공공간의 주체로 드러내는 구체적인 전유의 언어와 행위들이다. 때로는 무법적이고 때로는 유쾌한 전유 행위들이 영토화된 공공공간을 해체하는 동안 단일한 시선으로 걸러지고 규범적 위치성을 부여받았던 이들이 나타난다. 그 과정에서 평소에 불쾌하거나 낯설다는 이유로 가려짐 당했던 신체와 가져서는 안 되는 것으로 거세되었던 욕망이 발현되기도 한다. 앞서 시몬 스프링거가 지적한 것과 같이,[17] 전유가 실천적 대항 언어로 취할 수 있는 형태에는 한계가 없으며 다만 우리의 제한된 상상력이 문제될 뿐이다. 이처럼 다양한 전유의 전략들 중 여기에서는 '축제적으로 전유하기', '무단으로 점유하기', '낯설게 하기'를 소개하려 한다. 이 사례들은 우리가 일상적 도시공간으로 가져올 수 있는 대안적 집합 영역의 극히 일부만을 보여주는 것이며, 여러 전략들이 중첩되어 일어난다.

1. 축제적으로 전유하기

런던을 중심으로 활동하는 활동가 집단인 '스페이스 하이재커Space Hijackers'는 스스로를 '사악한 도시계획가, 건축가, 다국적기업, 기타 불량배들로부터 우리의 거리와 마을, 도시를 지키기 위해 싸우는 아나키텍트anarchitect'라 부른다.[18] 이들은 강압적인 제도, 도시계획, 자본주의, 기업 이윤, 점차 증가하는 감시와 통제에 의해 공공공간이 잠식되어가고 우리 삶이 그들이 구성하는 위계질서에 규율당하는 것에 대한 반발로 벤치가 제거된 공공공간에 벤치를 복원하는 '게릴라 벤칭Guerrilla Benching', 런던의 지하철에서 벌이는 '서클라인 파티Circle Line Party', 한밤중에 런던 금융가 한복판에서 여는 크리켓 게임 등 도시 곳곳을 전유하는 활동들을 계속해왔다. 이들은 얼핏 보기에는 무질서한 파티, 무법적 행위, 질서의 전복을 꾀하는 듯하다. 하지만 이를 통해 무엇을 의도하고 있는지는 《타임아웃Time Out》지가 스페이스 하이재커를 '공공공간의 반환—주로 허가 없이—요구를 전문으로 하는 런던의 창발적이고 전복적인 아나키텍트'로 묘사한 데에서 잘 드러난다.[19] 1999년에 시작하여 2014년 이후로 활동을 중단한 스페이스 하이재커는 다음과 같은 문구를 남겨두고 있다.

꺼져. 우리는 죽었다. …… 이제 우리가 살아가는 이 혼란을 정리할 고삐는 당신들이 쥘 차례이다. 사랑과 분노를Fuck off—we're dead. …… Now it's your turn to take the reins and sort out this mess that we live in. Love and rage xxx.[20]

표면적으로 다양한 형태를 취하는 스페이스 하이재커의 게릴라 행동들은 건축물과 도시계획, 자본주의적 헤게모니가 지배하는 공공공간의 건축 신화architectural myths를 해체하고 전유에 열려 있는 공간을 창조하는 실천들이다. 이 점에서 보면 스페이스 하이재커가 표방하는 아나키텍트를 축제fest, 사육제karneval, 향연banquet, 주신제orgy와도 나란히 둘 수 있다. 축제 등이 수반하는 비일상적인 도시공간의 전유는 기존 질서를 일시적으로 전복시킴으로써 '보통사람들'을 거리의 주인으로 올려놓는다. 이 순간의 혼돈 속에서 주체성을 회복한 이들은 평소 규범으로는 '허가'가 필요하거나 단일한 다수자의 시선을 내면화하는

'자기 검열'을 거치는 과정에서 가려지는 몸과 몸짓, 정체성과 욕망을 자신의 것으로 전유한다. 그렇기 때문에 이를 순간의 무질서를 허용함으로써 일상의 평화를 유지시키는 기제로 보는 시각도 존재한다. 반영토 공공공간의 실천 전략이라는 점에 초점을 맞추면, 축제적 전유는 반복되는 일상에서 부여받는 타자로서의 위치성을 뒤집는 의례이자 공공공간을 영토화하는 권력적 시선과 규범의 매개가 거두어졌을 때 가능한 헤테로토피아적 도시공간을 드러내는 전략으로 이해할 수 있다.

2. 낯설게 하기

전유는 공간이 기존에 지니고 있던 물질성이나 물질성이 재현하고 있는 의미와 권력을 비트는 방식으로 일어나기도 한다. 제프리 후 Jeffrey Hou는 공공공간에 '낯선' 존재가 나타나는 것이 그곳에서 암묵적으로 통용되던 질서를 흔듦으로써 우리로 하여금 질서에 대해 다시 생각해보게 한다는 점을 예를 들어 보여준다. 어느 날 밤, 미국 시애틀 지역의 프리몬트Fremont 인도에 2.7미터 높이의 금속 돼지 조각상이 나타났다.[21] 인근 상인들이 불만을 호소하면서 이 조각은 곧바로 다른 장소로 옮겨졌다. 아무도 누가 왜 이 돼지를, 어떻게 허가도 받지 않고 그곳에 세워뒀는지 알지 못했는데, 이후 도시에서 반-소비주의 정서를 일깨우기 위해 어느 예술가들이 설치한 예술 작품임이 알려졌다. 이것이 알려지기까지 돼지 조각상에 관한 이야기는 지역 뉴스, 지역 주민들을 통해 이야깃거리가 되었다. 돼지 조각상은 프리몬트 지역의 공공공간을—돼지 발자국을 제외하고는—물리적으로 변화시키지 않았다. 하지만 거리에 예술 작품을 설치하기 위해 필요한 시의 허가를 받지 않았다. 후는 이 사건에 대해 공공공간에 어떤 낯선 것을 가져다 놓음으로써 공간에 관한 논의를 불러일으켰다고 평가하고 있다.[22] 프리몬트의 사례에서처럼 공공공간에 일시적 균열을 일으키는 크고 작은 시도들이 도시의 곳곳에서 일어나고 있다. 후는 이에 대해서도 점차 높은 강도로 규율되고, 사유화되며, 사라지고 있는 공공공간에 대한 작지만 지속성 있는 도전들로 보았다.[23]

그는 이와 같이 낯설게 하기를 통해 공공공간의 일상적 질서에 틈을 만들어내는 실천들을 '반란적 공공공간insurgent public space'을 만들어가는 행동이라 부른다. 반란적 공공공간 실천의 가능성은 전통적인 공원이나 쇼핑몰의 '쉼터', '시민을 위한' 공공 건축물 내 빈 터의 경계 안으로만 한정되지 않는다. 공간 생산의 방식 그리고 무엇이, 어디까지가 공적인 것이며 공공을 위한 것인지를 성문화한 '공공' 규범에 도전하는 것으로 나아간다. 다시 말해 낯선 돼지 조각상을 동네 공원 한쪽에 가져다두는 행위는 비록 작은 사건이었지만 한 차례의 이벤트로 그치지 않으며, 동네의 경계를 초월해서 우리에게 도시를 어떻게 전유하면 좋을지 상상해볼 여지를 주는 실천이다.

3. 패러디, '되기'로의 수행

패러디는 젠더, 섹슈얼리티 관련 규범을 조롱하고 전유하는 실천으로 특히 많이 차용되고 있다. 젠더적 관점에서 젠더 패러디는 기존의 젠더 규범을 흔드는 것뿐 아니라 이를 전복하고, 더 나아가 급진적인 공간을 생산하는 것을 목표로 한다. 주디스 버틀러judith Butler는 기존의 젠더 체계가 시간적으로 무수히 축적된 수행으로 이루어진 것이며, 그 같은 조련적 반복에 기인한 행위에는 정작 (성찰적) 행위자가 없다는 점에 주목한다.[24] 버틀러가 문제 삼은 것은 '여성 되기', '남성 되기'처럼 권력의 장에 포섭되어 있는 일률적인 젠더 수행이 다른 몸과 정체성의 가능성을 삭제하는 것이다. 여성/남성으로의 이분법적인 젠더 수행과 성sex의 선험성을 강요해온 성의 계보학을 문제화한 버틀러의 논의는 이후 학계와 운동 영역에서 이성애 규범적인 사회구조에 대한 대안적 실천의 전략으로 주목받아왔다. 물론 당시 버틀러의 젠더 패러디 논의는 인종, 계급 등 다층적 결을 고려하지 못했다는 점에서 한계를 지적받기도 했다. 그럼에도 불구하고 남/여로 획일화된 이성애적 젠더 수행을 문제시하는 것은 다양한 몸들을 여성과 남성으로만 귀결시키려 하는 현 시기 우리나라의 폭력적 젠더 규범을 봤을 때 여전히 시의성을 지닌다.

'되기'로의 수행은 패러디에서 한걸음 더 나아가 '몸' 자체를 재의미화하는 것이다. 즉, 이 수행에서는 인종, 계층, 계급 등 다양한 정체성이 결부된 몸에 집중하면서 매순간 '되어가는' 수행을 표출한다. 조현순은 버틀러의 수행적 주체가 반복을 행하기도 하지만 동시에 "주체를 가능하게 하는 일시적인 조건과 잠정적인 주체 상황을 구성"[25]한다고 말했다. 다시 말해 버틀러의 수행적 주체는 권력의 장에서 단순히 젠더를 연기하는 것뿐 아니라 그 반복을 탈피하는 저항의 가능성을 가지고 있는 것이다. 그 연장선상에서 들뢰즈와 가타리는 '리좀Rhyzome'적 세계관에 기반한 '되기'로의 수행을 언급한다. 그들의 논의에 따르면 리좀은 "시작하지도 않고 끝나지도 않는다. 리좀은 언제나 중간에 있으며 사물들 사이의 간주곡"[26]으로, "~이다etre"라는 동사 대신 "그리고 …… 그리고 …… 그리고 …… 라는 접속사를 조직으로 갖는 것"이다.[27] 리좀적 세계관에 기초하여 공간에서 수행해나간다는 것은 매순간 자신의 수행이 지닌 일시성과 복수성을 인식하고, 그 인식에 반추하여 또다시 '그리고'의 수행, 다르고 낯선 수행을 해나가는 것이다. 끊임없이 되어가는becoming 상태로의 수행은 공공공간에 낯선 리듬을 생산하는 데 중요한 역할을 한다.

일탈과 괴상함으로만 치부되었던 리듬을 생산하는 것, 원본을 조롱하는 패러디 수행과 '되기'로의 수행을 해나가는 과정은 복수성으로의 공공공간을 열기 위한 행위이며, 그 가능성을 탐구하는 성찰적 행위이다. 이 두 수행은 완전히 독립된 것이 아니며, 대부분 중첩적으로 이루어진다. '잡년행진Slut Walk'과 '퀴어럽션QueEruption'은 패러디, 되기로의 수행의 대표적 예이다.

우선 잡년행진Slut Walk은 공공공간에 얽힌 여성의 신체 규율에 저항하는 운동 중 하나로 2011년 4월 캐나다에서 시작되었다. 국내에서는 같은 해 있었던 고려대 집단 성추행 사건에서 여성이 스키니진이라는 '헤픈' 옷차림을 했다는 이유로 가해자들의 범죄가 성립되지 않는다는 판결에 반발하며 촉발되었다. 이 행사는 고려대 앞에서 '헤픈' 옷을 입고 1인 시위를 하던 것에서 점차 규모가 커져 2011년 7월 16일 서울 광화문 원표공원에서 집회를 가지고 그 일대를 도는 행사로 진행되었다. 2012년에도 역시 탑골공원 앞에서 집회를 가지고 종로 일대를 돌며 행진했다. 이들은 잡년행진을 통해 기존 공공공간의 성규범에서 여성의 몸을 대상화하고 소비하는 시선, 더 나아가 '정숙하지 않은 여성'은 언제든 공공공간에서 배제당하고 위협받을 수 있다는 기존 인식에 대해 저항했다. 행사 참여자들은 유쾌한 분장과 지극히 '헤픈' 옷차림(속옷차림, 상의 탈의 등)을 하고 거리에 나왔다. 아래의 선언문에는 이들이 행사를 통해 추구하고자 했던 바가 잘 담겨 있다.

스키니진을 입었다는 이유로 강간죄가 성립되지 않는다는 판결, 성추행 가해자는 보호되고 피해자는 해고된 현대차 여성 노동자의 사건도, 고대 의대의 파렴치한 집단 성추행 사건까지도 우리가 분노해야할 이유는 이미 충분하다. 언제까지 남성의 시선에 소비당할지도 모른다는 두려움에 떨어 인내하며 살아야 하는가. 당해도 싼 사람은 세상에 그 누구도 없다. 오늘 우리는 자유롭게 입을 벌릴 뿐 아니라 성범죄에 대한 두려움 없이 당당하게 살아갈 권리를 외친다. 무슨 옷을 입든, 어떤 성 정체성을 가졌든 모두 하나가 되어 당당하게 외치고 걸을 것이다. 꼴리냐! 어쩔건데! 내 몸이야! 손대지마! 벗어라! 던져라! 잡년이 걷는다![28]

공공공간에 '정숙한 여성'-'창녀'라는 오직 두 가지의 이미지로만 존재하는 여성은 이미 그 자체로 원본 없는 허상이다. 그럼에도 공공공간의 규범에 적합한 몸의 리듬인 '정숙한 여성' 외에 무수한 여성들의 몸은 가려져야 했고, 몸을 드러낼 경우 '화냥년', '창녀' 등으로 매도당해야 했다. '정숙한 여성'이라는 원본 없는 허상으로 끊임없이 몸을 규율당해야 했던 여성들은 자신을 '잡년'으로 패러디하며 단어 자체, 몸 자체에 대한 전복을 추구한다. 그 과정에서 이 '잡년'들은 기존의 공간 규범에서 봤을 때 참을 수 없는 괴상하고 낯설고 불편한 장면의 생산을 열망했다. 특히 두 번째 웹자보의 "거리를 되찾자"라는 표현은 '여성스러운 여성' 외에는 드러나는 것을 억압했던 거리의 공간 규범에 대해 이들이 저항하고 있음을 보여준다.

다음으로 '되기'로의 수행으로서 언급할 퀴어럽션QueEruption[29]은 1998년 런던에서 시작되어 유럽과 북미 지역 도시로 퍼져나간 아나

제1회 잡년행진 포스터 및 웹자보
* 출처: http://www.slutwalkkorea.blogspot.kr

키즘적 퀴어운동이다. 퀴어럽션은 '퀴어Queer'와 폭발, 촉발, 발발 등의 의미를 지닌 '이럽션Eruption'의 합성어로 이루어진 명칭에서도 알 수 있듯 기존의 성 규범에서 잡히지 않는 퀴어한 몸과 성 정체성, 성적 지향을 예상치 못한 방식과 절합을 통해 폭발적으로 분출하는 것을 목표로 한다. 이들은 행사 기간 동안 도시의 특정 건물을 무단 점유하고, '스스로 하기DIY, Do It Yourself'라는 대명제 아래 다양한 행사와 파티를 연다. 뜨개질과 같은 취미 공유에서부터 시 읽기, 워크숍, 운동단체 간의 연대, 드랙퀸/킹쇼, 퀴어펑크밴드 공연, 퍼포먼스 예술, 섹스파티에 이르기까지 다양한 결의 행사가 같은 장소에서, 혹은 방과 방 사이에서, 공간과 공간 사이에서 동시다발적으로 이루어진다. 퀴어럽션의 참여자들은 특정한 규정이나 질서 없이 진행되는 다양한 활동과 에너지를 통해 특정 공간에서 특정 행위만이 이루어져야 한다는 공간통치를 거부하고 '되어가는' 공간의 가능성을 시험한다.

퀴어럽션의 참가자들은 단순히 '이성애가부장적' 공간만을 선험적으로 설정하고 이에 저항하는 것이 아니라 공간에서 퀴어함Queerness

을 잃게 만드는 모든 성적·젠더적·계급적·인종적 요소를 비판하면서 이에 저항하고자 한다. 퀴어함이 '동성애'라는 정체성으로 고정되어 기존의 법 체계와 자본주의적 질서에 그대로 편입될 경우 성 규범에 균열을 가할 수 있는 가능성은 소멸된다. 그렇기에 이들은 퀴어함을 단순히 성정체성으로 고정하거나 권리 획득으로 한정지으려는 흐름에 반발한다. 동성애 규범성homonormativity을 야기하는 법제화운동(대표적으로 동성결혼합법화 운동이 있다), 일부 유럽 국가나 북미 지역에서 점차 그 흐름이 뚜렷해지고 있는 호모내셔널리즘Homonationalism,[30] 신자유주의와 더불어 급속히 팽창하는 핑크 캐피탈리즘pink capitalism은 이러한 맥락에서 비판의 대상이 된다. 이들의 운동 지향은 백인게이남성중심적이고 상업적인 북미 지역의 게이프라이드 페스티벌을 비판하며 나온 '게이유감Gayshame'과 같은 급진적 퀴어 행동주의 흐름와도 만난다. 퀴어럽션은 '되어가는' 상태를 무한히 긍정하며, 이를 공간에서 실천하고자 한다는 점에서 반영토 기획의 가능성을 보여준다.

Ⅳ. 소결

앞서 언급한 전유의 실천은 기존의 도시 공공공간에서 일탈로 치부되었던 몸들과 리듬들을 떠오르게 하는 작업들이다. 이 같은 작업들은 도시의 공공공간을 선험적이라 여기게 했던 공간통치에 대해 일침을 가한다. 중립적으로 보이는 도시공간이 결코 매끈linear하지 않다는 점을 드러낸다. 언제나 신자유주의적 자본주의, 가부장적 이성애 규범으로 통합되지 못하는 예외공간들이 발생하며 경계 사이를 가로

지르는 주체들이 존재한다는 점을 강조한다. 그리고 이 같은 주변의 목소리가 공공의 장에서 주체로 떠올라야 한다고 주장한다.

이처럼 행위를 통한 전유의 장 생산은 획일적인 공간 규범과 '단일한 몸'이라는 규범에 대해 논쟁의 장을 엶으로써 기존의 공사 경계를 초월하고자 한다. 기존의 공공공간은 소유권과 이성애정상가족을 기반으로 형성되었다는 '선험성'이 가진 거짓 중립성을 해체하면 우리가 도시공간에서 인지할 수 없었던 다양한 몸들이 떠오른다. 공론장에 자신의 의자를 가지게 된 이 '새로운' 주체들은 또 다른 다채로운 (지극히 모순적이며 경합적인) 공간을 생산해나간다. 이처럼 전유를 통한 기존 공간 규범의 해체, 다른 몸을 지닌 주체의 생산, 다양한 주체들의 다층적인 공간 생산은 긴밀하게 연관되어 있다. 그리고 이러한 행위는 궁극적으로 낯설고 새로운 리듬, 작품으로의 도시, '열린' 공공공간, 즉 '현현의 공간'을 추구한다.

주체의 수행과 행위가 담지한 실천적 측면이 공공공간을 열기 위한 필수조건임을 다시 한 번 주지하면서 2부에서는 열린 공공공간을 실천하기 위한 행위들의 실제 사례를 살펴본다.

2부

반영토의 정치 실천

4장 한국의 문화장과 사회공간의 환류 효과에 관한 연구

: 국립현대미술관, 리움, 대안공간을 중심으로

김동일 · 지주형 · 김경만

Ⅰ. 들어가는 말: 문화적 실천의 사회적 효과

오늘날 '문화'와 '지식'은 학술 영역뿐 아니라 사회의 모든 영역에서 중요한 화두가 되고 있다. 지난 세기에 양극화된 이념과 체제를 중심으로 전 지구적 차원에서 전개된 정치·경제적 대립과 갈등은 세기 말 전환기를 거치면서 '문화적 차이'와 '지역적 특수성'을 매개로 그 어느 때보다 복합적인 양상을 드러내고 있다. 따라서 문화와 지식의 생산과 분포, 작동방식을 좀 더 구체적으로 관찰, 기록하고 이론화하는 작업은 동시대 사회학에 주어진 중요한 과제이다. 문화적 실천은 문화 영역에 고립된 것이 아니라 한국 사회 전체를 가로지르며 문화의 변동뿐 아니라 사회 전체의 재구조화를 초래하는 원동력이기 때문이다.

이 장에서는 경험 가능한 구체적인 수준에서 문화재 생산을 주도하는 핵심 주체들의 실천을 검토하고, 그 실천의 문화적 함의뿐 아니라 그 실천을 통해 '환류feedback'되는 사회적 효과까지 검토하고자 한다. 한국 사회에서 경험되는 문화적 지형은 차별적인 역사 전개 과정 속에서 다양한 사회적 행위자들의 실천을 통해 현재화되었다. 철학적-미학적 사유를 통해서는 이 현재화된 문화적 상황을 설명하기 어렵다. 이런 점을 염두에 두고 이 장에서는 사회학적 관점에서 지금까지 의식되지 못하고 설명되지 않았던 사회적 사실들을 구체적인 수준에서 가로질러 나가고자 한다.

피에르 부르디외Pierre Bourdieu의 '장 이론field theory'은 이러한 문제의식을 현실에 적용하기에 적절한 이론이다. 부르디외에 따르면, 문화적 실천의 차별화된 형식과 내용은 객관적 사회공간으로서의 '문화생산의 장the field of cultural production(이하 '문화장'으로 약칭)' 속에서만 가능하다. 문화장은 전체 사회공간과의 구조적 상동성structural homology 속에서도 문화생산 주체들의 상대적으로 자율적인 실천이 이뤄지는 질서와 가능성의 공간을 마련한다.[1] 문화적 현상과 그것의 사회적 환류 효과의 기저에는 사회적 행위자들의 문화적 실천과 그에 대한 보상체계, 그리고 미디어, 정부, 자본을 포함한 제도적 실체들 사이의 객관적 공모가 존재한다. 문화적 실천 주체들은 바로 이러한 객관적 공간 속에서 제도적 실체들과 상호작용하면서 당대의 사회적 풍경을 만들어나간다.

이 장에서 주목하는 '리움미술관Leeum Museum', '국립현대미술관', 그리고 '대안공간alternative space'은 한국의 동시대 문화장의 핵심 거점이자 전체 사회공간과 환류하면서 한국 사회를 지탱하고 변화시키는 '지렛대'로 작용한다. 이들은 정확하게 문화적 실천의 객관적 공간 속에서 이 공간이 생산하는 상징자본을 독점하거나 재편하기 위해 투쟁하고, 그러한 문화적 투쟁을 통해 당대 한국 사회와 문화가 움직이는 궤도를 만들고 있다.

이러한 문화적 실천의 객관적 공간에 대한 인식은 문화적 현상을 지적·문화적 생산물이 창출하는 경제적 가치로 과도하게 축소하는 '지식-경제' 또는 '문화상품'의 논리, 그리고 개별 행위자의 '천재성'

이나 '부도덕성'으로 돌리는 개인적 귀인歸因의 논리에서 벗어나게 해준다는 점에서 차별성을 갖는다. 지금까지 예술작품이나 지식을 포함하는 광의의 문화재는 문화/예술사회학, (과학)지식사회학 그리고 문화연구 영역의 고유한 연구 대상으로서 이러한 영역들에서 상당한 이론적·경험적 연구 성과들이 축적되었다. 그러나 그러한 연구 성과들이 전통적으로 지적·문화적 생산물의 내용에만 집중하는 인문학적·미학적 접근방식, 지적·문화적 생산물을 소비·향유의 대상으로 규정하는 문화경제학, 그리고 문화를 외적인 정치경제 메커니즘의 반영물로서만 그리는 비판적 문화연구 경향의 편향성을 극복했는지에 대해서는 확신할 수 없다. 문화와 사회의 관계를 결합하려는 지금까지의 시도들이 지나치게 추상적인 수준에서 논의되었거나, 경험적인 대상을 다루는 경우에도 대상을 효과적으로 특정하지 못한 채 수행되었기 때문이다. 이론의 추상성과 경험의 모호성은 특히 한국 사회에서 문화와 사회변동의 역동성에 관해 별다른 설명력을 제공하지 못할 수 있다.[2]

이 장에서는 기존 연구의 성과와 한계에 대한 명확한 인식 아래 이론의 추상성과 경험의 모호성을 피하기 위해 경험적 대상을 효과적이고 명확하게 특정화하고, 이렇게 특정된 구체적인 경험적 대상들을 설명할 수 있는 이론을 모색한다. 첫째, 문화재/상징재 생산의 사회적 체계를 설명할 수 있는 이론을 살펴본다. 특히 문화에 대한 관념론적 견해나 환원론적 견해를 모두 극복하기 위해 부르디외의 '장 이론' 관점을 채택하여 문화장의 상대적 자율성relative autonomy을 강조한다. 이에 따르면 문화장은 사회적 지배관계를 반영한다는 점에서 여타 장들과 구조적으로 유사한 형태를 띠고 있지만, 장 내부의 투쟁은 외적이고 사회적인 영향력을 장 내부의 논리에 의해 굴절시키기 때문에 외부의 영향력으로부터 상대적으로 독립적이다. 즉 특정 사회공간 속에서 벌어지는 문화적 생산과 실천들 간의 인정투쟁은 문화장에 외접하는 사회집단과 제도적 권위가 승인하고 수여하는 상징자본symbolic capital 및 사회자본social capital과 분리되지 않는다. 문화재 생산 과정에서 벌어지는 '상징권력symbolic power'을 쟁취하기 위한 투쟁은 사회체계의 불평등한 위계와 투쟁 구조의 자장磁場을 효과적으로 반영, 굴절, 증폭, 축소시킨 결과이다. 이를 통해 문화와 사회는 상동적으로 재구조화된다. 그러한 재구조화 과정에서 문화장의 투쟁 세력들은 외부의 이해관계와 자신들의 이해관계를 상호 번역함으로써 여러 다른 자본의 형태를 상호 변환하고 이를 토대로 장 내에서 자신들의 상징권력을 강화시킨다.

둘째, 구체적인 사례를 통해 한국의 문화장과 사회공간의 영향력들이 상호 교차하는 '환류점feedback point' 또는 교차점을 탐색하고자 한다. 국립현대미술관과 리움, 대안공간은 한국 사회와 문화장의 변증법적 상호작용 과정에서 문화적 실천의 차별적 소우주로서 문화장을 구성하고 주도하는 핵심적 거점이자 제도적 행위자이다. 연구자가 문화장과 사회공간의 환류와 변동을 미술관을 대상으로 살펴보려는 이유는 미술관이 단순히 예술작품의 전시공간일 뿐 아니라 문화적 실천의 장과 사회공간의 교차점에서 예술적 이해와 사회적 이해를 변환하는 기능을 수행하기 때문이다. 이를 통해 미술관은 우리가 알아차리지 못하거나 대수롭지 않게 여기는 어떤 지점에서 문화를 포함한 사회적 현실을 재편하거나 공고하게 유지하는 역할을 수행해왔다. 즉 미술관은 문화적 영역이자 사회공간 전체에서 '힘을 받는' 가장 중요한 지점들 가운데 하나이다. 국립현대미술관과 리움이 동시대 한국의 문화장 내에서 다른 어떤 제도나 행위자와 비교될 수 없는 막대한 상징자본을 생산하고 수여하는 제도이자 조합적 문화행위자corporative cultural actor들이며, 그들이 생산하는 상징자본을 통해 한국의 문화장과 사회공간의 상황과 구조를 지배한다는 점에는 의심의 여지가 없다. 주지하는 것처럼 리움은 '삼성'이라는 거대자본을, 국립현대미술관은 국가권력을 각각 사회공간 속에서 외접하는 권력의 원천으로 삼고 있다. 그러나 지금까지 사회학을 포함하여 그 어느 문화 분과들도 문화장과 사회공간이 서로 교차하는 지점에서 리움과 국립현대미술관이 수행하는 기능의 내용과 형식을 엄밀히 분석하지 못했다.

리움은 사회공간에서 삼성의 영향력을 문화장 내에서 가장 효과적으로 번역하고 그 효과를 사회공간에 대한 삼성의 이해로 환류함으로써 유례가 없는 권력으로 성장했다. 한국 내 다른 재벌들이나 다른 서구 문화 선진국들에서도 이에 버금가는 사례를 발견하기 어렵다. 국립현대미술관도 문화장 내에서 국가의 정치적 지배력을 차별적인 방식으로 굴절하고, 이를 국가의 이해로 변환하는 데 성공해왔다. 무엇보다 국립현대미술관과 리움은 사회공간과 문화장이 교차하는 지점인 동시에, 그들이 수행하는 효과적인 환류 기능을 통해 적극적으로 장 내 투쟁을 수행하는 경쟁자들이다. 또한 2000년대 중반 이후 활성화된 새로운 대안공간들은 과거에는 상상할 수 없었던 재래시장, 동네 골목길, 불법체류자들의 밀집주거지, 폐쇄된 양조공장이나 목욕탕, 레스토랑을 개조하여 문을 열고 있다. 이들은 '새로운 장르의 공공미술new genre public art' 혹은 '커뮤니티아트community art'라는 이름으로 권력과 자본의 소유자들에 의해 '사적'으로 소유되는 예술의 형식에 저항하면서, 해변과 강가, 철거 직전의 달동네 빈민가, 화려한 마천루의 외벽을 점령해나가고 있다.[3] 이들은 서로 무관한 존재가 아니라 장 내 상징자본을 전유하기 위해 투쟁하는 경쟁자들이며, 경쟁을 통해 사회공간에서의 국가, 자본, 시민사회의 지배와 저항을 문화장 내부의 논리에 의해 굴절된 형태로 반영하는 주체들이다.

Ⅱ. 이론의 모색: 부르디외의 장 이론을 중심으로

1. 장, 아비튀스, 자본, 일루지오

문화재 생산의 장 또는 문화장을 분석하기 위해 이 장에서 가장 주목하는 이론적 자원은 부르디외의 '장 이론'이다. 부르디외는 장 이론과 '장 분석field analysis'에 입각한 수많은 경험연구를 통해 문화/상징재의 의미 해석 및 생산 과정에 대한 내재적 접근과 외재적 혹은 환원주의적 접근의 한계를 어느 정도 성공적으로 극복했다고 평가받는다. 예를 들어, 내재적 접근은 특정한 예술작품의 의미를 작가의 예술적 영감의 소산으로 해석하거나('천재미학') 다른 작품들과의 변별적 차이(상호텍스트성)를 통해 해석하려는 경향을, 외재적 접근은 특정한 문화적 입장을 실천자의 계급적 이해관계로 환원시켜 해석하려는 경향을 가리킨다. 전통적으로 문화사회학과 지식사회학 분야에서는 이러한 두 가지 편향을 극복하려는 노력이 지속되었고 주목할 만한 상당수의 경험연구가 축적되어왔다. 하지만 작가의 계급 위치와 미학적 실천 간의 간극, 학계와 '하부구조' 간의 역관계와 같은 이론적 난제를 해결할 열쇠―'장의 자율성field autonomy'―를 제공하고, 개별 문화

생산 영역들의 '구조적 상동성'에 주목하여 문화재 생산의 사회적 체계에 대한 일반이론의 단초를 마련한 것은 부르디외의 공헌이다.

부르디외가 수행한 문학, 과학, 미술, 영화, 사진, 패션 등 문화재 생산의 거의 모든 영역에 걸친 경험 연구에서 핵심적인 이론적 개념은 아비투스habitus와 장이다. 아비투스는 행위자들의 '지속적인 성향의 체계system of enduring disposition'로서, 행위자가 속한 특정한 사회 속에서 이미 당연한 것으로 받아들여지는 지배적 인지도식이나 분류체계로서 '구조화된 구조structured structure'인 동시에 일상적인 맥락 속의 구체적인 실천을 가능하게 하고 그를 통해 새로운 인식과 분류를 유발하는 '구조화하는 구조structuring structure'다.[4] 다음으로 장은 행위자들의 실천을 유발하는 객관적 조건이다. 장은 개인의 주관적 의도로 환원할 수 없는 '객관적인 위치들의 관계' 혹은 '객관적인 권력관계의 망'이다. 사회공간 속에서 행위자들의 위치는 자신이 가지고 있는 '자본의 총량', 그리고 자신이 속한 장에서 특화된 자본과 다른 자본들 사이의 '상대적 구성'에 의해 정해진다.[5] 여기서 부르디외의 자본 개념은 개별 장의 내적 논리에 따른다. 예컨대 경제장에서 실천의 목적은 경제자본의 축적이지만, 문화적 실천의 장에서는 오히려 상업성이나 대중성이 가져다주는 경제자본의 부정을 통해 얻어지는 '인정recognition'으로서의 '상징자본symbolic capital'의 축적이 관건이다. 특정한 장의 참여자들이 상징자본의 분배 혹은 재분배를 위한 투쟁에 참여하기 위해서는 그 장에서 관철되는 게임의 규칙과 '내기물stakes'이 쟁취할 만한 가치가 있다는 '집합적 믿음', 즉 '일루지오illusio'를 공유하기 때문이다. 일루지오는 외부의 압력이나 합리적 '계산'과는 다른 체화된 인식과 신념을 말하며, 장 밖의 외부인의 관점에서 이해하기 어려운 이른바 "정초된 환상well-founded illusion"이라 할 수 있다.⁶ 문화장의 참여자들이 벌이는 인정투쟁은 문화적인 것의 규정과 판단의 기준, 그리고 특정한 판단의 기준을 가능하게 하는 장 내 상징자본의 분포를 재분배하기 위한 투쟁이다. 문화장 내 투쟁은 이전의 투쟁에서 승리한 '지배자'들과 새롭게 장에 진입한 '신참자'들 사이에서 '보전'과 '전복'의 전략에 의해 지속적으로 변화될 잠정적인 전선을 그려낸다.

2. 상동성, 환류

부르디외의 장 이론은 장 자체의 자율성 테제만을 설명하는 것이 아니라 장과 장들, 장과 사회공간의 상동성 테제로 나아간다. 상징생산의 장으로서 문화장은 소수의 전문적인 문화 행위자들만의 상징투쟁이 전개되는 공간이다. 그러나 문화장은 고립된 공간이 아니라 전체 사회공간과의 관계 속에서 상동적인 형태를 취하게 된다. 문화장은 장 내 참여자들뿐 아니라 사회공간의 계급관계 속에서 '오인된misrecognised' 상징체계를 생산한다. 이러한 상징체계들의 매개를 통해 문화장 내 상징투쟁은 장 밖의 계급투쟁의 '대리전'이 된다. 즉 문화장 내 상징투쟁들이 계급들 사이의 경제적·정치적 투쟁 형태를 완곡화된 형태euphemised form로 재생산해낸다는 것이다. 상징투쟁의 공간에서 특정 이미지를 조직하고 분류하는 방식은 상대적으로 자율적인 실천이지만, 동시에 사회공간에서 지배계급의 정치적 분류 체계들을 당연한 것으로 오인하도록 만드는 상징적 매개체이기 때문이다.⁷

그러나 상동성의 테제에 관한 부르디외의 주장에는 몇 가지 문제가 있다. 부르디외는 장과 사회공간 사이의 상동성이 장의 투쟁을 통해 추구되는 장 내 이익과 정합적으로 부합하는 경우에만 가능하다고 전제한다. 하지만 장의 작동이 사회공간의 지배적 이해관계를 역행하는 사례는 거의 기술되지 않거나 현저히 부족하다. 만약 장의 작동이 사회공간의 영향에서 벗어나지 못한다면 부르디외의 '상동성'은 마르크스적인 반영론과 크게 다르지 않을 수 있다. 특히 외부적 이해관계가 "계급 및 계급분파 영역"과 관련되는 것이라면, 장 외부에서 주어지는 이해관계가 장 내 구조와 상황을 '결정'한다는 기존의 마르크스적 모델과 큰 차이점이 없다. 이 같은 문제는 부르디외가 '자율성'에 지나치게 무게를 둔 나머지 장과 장들 사이의 '관계relation'에 관해서는 현저하게 부족한 설명으로 일관한다는 데서 발생한다. 장 개념에서 장의 자율성에 대한 강조는 부르디외가 제시하고 있는 사회공간 속 문화생산의 장의 위치에 관한 도식에서 잘 드러난다.[8] 부르디외는 장을 사회공간 내부에 위치시킨다. 이 때 하위 장들은 사회공간 내에 위치하면서도 각 장들의 영역을 유지하고 있다. 이러한 도식은 각 장의

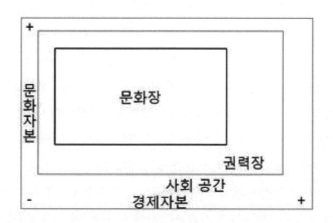

[그림 4-1] 권력장과 문화생산의 장

자율성을 설명하는 장점이 있는 반면, 내부 장이 외부의 장들이나 사회공간과 어떤 관계를 맺게 되는지에 관해서는 설명하기 어렵다. 각 장들은 중첩되어 있으나 견고한 폐쇄성을 유지하고 있다. 이러한 상황에서 '굴절과 변환'을 통한 장과 장들 사이의 '상동성'은 여전히 부차적인 것이 되고 만다.[9]

이러한 맥락에서 부르디외의 장 개념을 도입하여 예술장의 역동적 변화를 설명하고자 했던 그렌펠과 하디Michael Grenfell and Cheryl Hardy는 참조할 만한 수정된 도식을 제시한다([그림 4-2]). 그렌펠과 하디는 각 장들을 각각의 자율성을 유지하는 개별 장으로 본다는 점에서는 부르디외와 일치하지만, 문화장을 중심으로 서로 포개어 놓는다는 점에서 차별성을 보인다. 그렌펠과 하디는 장들을 서로 교차하는 방식으로

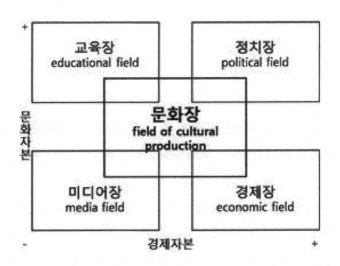

[그림 4-2] 장들 간 관계

겹쳐 놓음으로써, 각 장들이 단순히 자기 영역에 고립된 것이 아니라 서로 영향을 주고받는다는 점을 강조한다. 부르디외가 장의 자율성을 강조했다면, 그렌펠과 하디는 장과 장들 사이의 관계, 그리고 그 관계들 속에서 유발되는 변환과 굴절에 주목한다.[10] 부르디외의 구조적 상동성은 자율적 장들이 순수한 자기 목적을 추구하는 과정에서 우연히 얻어지는 것이 아니라, 장들 사이의 상호관계와 그 상호관계의 환류를 통해 이루어진다.

이상의 논의에 의거했을 때, 장 내에서 특정한 위치를 점유하고 있는 생산자(생산자 집단)의 전략적 실천은 장의 상대적 자율성의 정도, 자본의 상대적 구성 비율, 동원 가능한 장 내/외 동맹 세력의 규모에 따라 다양할 수 있다. 장의 자율성이 높으면 특화된 상징자본의 축적 규모가 투쟁의 성패를 좌우하기 때문에 동맹 세력의 범위 역시 장의 경계를 넘어서기 어렵다. 반면에 장의 자율성이 낮으면 특화되지 않은 경제자본이나 정치자본이 상징자본을 대체할 가능성이 매우 높아지기 때문에 장의 경계를 넘어서는 광범위한 동맹 세력의 동원이 가능하다. 결국, 문화/상징재 생산의 장에서 지배적인 재현 문화나 패러다임들은 이러한 집합적인 전략적 실천의 산물이다. 그런 수정을 통해 부르디외의 장 이론은 개별 장의 구조적 상동성과 역사적 특수성 및 문화재 생산 장과 정치·경제장 간의 역관계를 역동적으로 조망하는 이론적 관점을 제공해줄 수 있다.

이하에서는 이러한 이론적 관점을 바탕으로 국립현대미술관, 리움, 대안공간의 사례를 검토하고자 한다. 그것들은 단순한 미술관 혹은 제도가 아니라 각기 국가, 자본, 시민사회의 지배와 저항을 환류하는 교차점들 가운데서도 가장 전형적인 위치에 서 있기 때문이다.[11]

구분	직업	면접 당시 연령	특징
A	전시 기획자	50대 중반	리움미술관 근무 경험자
B	전시 기획자	30대 초반	국립현대미술관, 사립미술관 근무 경험자
C	작가, 대안공간 운영자	40대 중반	지역예술 활동가, 공공미술, 커뮤니티아트 기획자
D	대안공간 운영자	50대 중반	예술점거, 지역예술, 공공미술 전시 기획 활동 참여
E	작가	40대 중반	예술점거 활동 참여 작가

분석을 위해 각 기관의 역사를 검토하고, 관계자들을 면접했으며, 그것들을 서로 대조하는 등의 방법을 사용했다. 이러한 과정을 통해 당대의 문화적 풍경이 결코 추상적이거나 배타적인 자족성에 머물지 않고, 외접하는 사회공간의 상황과 밀접한 관련을 맺으며 참여자들의 실천을 통해 역동적으로 변화하고 있음을 드러내 보이고자 한다.

Ⅲ. 본론: 리움, 국립현대미술관, 대안공간의 위상적 분석

1. 국립현대미술관: 국가권력과 문화장 사이의 환류점

앞서 언급한 것처럼, 이 절에서는 한국의 문화장과 사회공간 사이의 환류와 역동적인 변화를 경험적으로 연구하기 위해 리움미술관과 국립현대미술관, 대안공간에 초점을 맞추고자 한다. 미술관은 단순한 물리적 공간이 아니라 사회적 공간이며, 사회적 권위와 제도들이 조직되는 장치이다. 동시에 미술관은 권력과 자본 등 사회공간을 지배하는 거대한 힘들의 그물망-네트워크이다. 미술관은 그것이 조직하는 사회적 힘들의 그물망을 통해 물리적 공간 속에서 배열된 사물들-예술작품들에 예술작품으로서의 합법적인 인정recognition을 부여함으로써 사회적 상징물로 가공하는 장치이다.[12] 미술관은 순수한 예술적 실천과 사회의 요구가 서로 만나는 지점이라는 점에서 미술이 사회화되는 계기를 제공한다. 더 정확하게 말하면 미술관은 예술에 대한 사회의 요구를 예술가들에게 관철시키고, 반대로 변화된 예술적 실천을 사회에 설득시킨다. 미술관에서 전시되는 작품들은 당대의 사회적 요구와 예술적 대응 사이의 평형점이다. 특히 국립현대미술관, 리움, 대안공간은 현재 한국 문화장의 불균등한 구조 내에서 가장 핵심적인 투쟁자들이자 상징자본의 생산과 분포라는 측면에서 핵심적인 위치를 차지하고 있는 장이다. 나아가 문화장과 사회공간의 접점에서 한국 사회를 가로지르는 지배와 저항의 힘들을 문화적으로 변용하는 장치들이다.

국립현대미술관은 단순히 정부부처의 기관 중 하나가 아니다. 한국의 문화장과 사회공간 사이의 핵심적인 환류점이다. 국립현대미술관은 문화장이 작동하는 핵심적인 위치에서 국가의 정치적 지배력을 문화장에 투과하여 문화적 형식으로 변환하고, 그 문화적 효과를 다시 사회공간의 정치경제적 지배효과로 환류하는 기능을 수행해왔으며, 국가권력과 결합하여 한국 사회를 끊임없이 (재)구조화해왔다.

국립현대미술관은 국가를 외접한다. 따라서 그것이 조직하는 사회

[표 4-2] 국립현대미술관 개요

특징	국내 유일의 국립미술관.
역사	1969년 경복궁 소전시관에서 개관. 1973년 덕수궁 석조전으로 이관. 1986년 국제적 규모의 시설과 야외 조각장을 겸비한 과천으로 신축·이전.
목적	우리나라 근대미술의 형성과 전개 과정의 체계화. 근대미술에 나타난 미의식과 역사관의 정립. 궁극적으로 우리 민족의 문화적 정체성을 구현하기 위한 목적.
활동	미술작품 및 자료의 수집·보존, 전시 및 조사·연구. 국제교류 및 미술활동의 보급. 교육을 통한 미술문화의식 향상. 한국 근·현대 미술의 흐름과 세계미술의 시대적 경향을 동시에 수용. 국내 미술관의 진흥과 발전을 위한 미술관 진흥 정책을 수립·시행.

적 자원들은 사회공간에서 국가의 지배 범위가 도달하는 범위와 일치한다. 달리 말하면 국립현대미술관은 국가권력이 제공하는 자원을 바탕으로 국가 단위의 문화장에서 미술관이 조직할 수 있는 최고·최대의 상징자본을 생산하며, 이를 통해 사실상 예술계 내 인정의 위계 구조에서 정점에 위치한다. 나아가 글로벌 정치경제의 상황 아래에서 국가가 가지는 영향력에 따라 국립현대미술관의 영향력 또한 세계적 수준으로 확장된다. 국립현대미술관에서 개최되는 전시는 곧 국가에 의한 예술의 공인을 의미한다.[13] 또 국립현대미술관에서 개인전을 개최하는 예술가는 국가에 의해 인정받는 작가로서 인정을 획득한다.

국립현대미술관은 말 그대로 "국가가 세운 미술관"을 의미한다.

여기에서 국가의 영향과 예술계의 자율성 사이의 변증법을 이해하는 것은 매우 중요하다. 일반적으로 국가는 합법적 권력의 최고 형태이다. 그러나 국가가 관철하려는 정치적 지배 논리는 예술적 가치의 논리와 일치하지 않는다. 양자는 때로 서로 순응하거나 역행한다. 국립현대미술관은 사회공간에서 국가와 예술계가 중첩되고 교차하는 지점으로서 국가와 예술계의 서로 다른 논리가 첨예하게 갈등하고 투쟁하는 제도적 장이다.[14]

다른 나라들의 국립미술관과 마찬가지로 우리의 국립현대미술관 역시 국가권력의 이해를 우선 반영한다. 1969년 설립된 국립현대미술관의 목적은 곧 60년대 국가가 직면한 과제와 일치했다. "우리의 경우 4·19에서 비롯된 민족적 정체성의 확인 작업과 5·16 이후 수차례에 걸친 경제개발계획 및 근대화운동의 추진 과정에서 〈국립현대미술관〉이 설립되었다."[15] 국립현대미술관은 민주정치에 대한 당대의 요구와 새롭게 등장한 군부 세력의 정치 지향, 그리고 예술계의 요구가 왜곡된 형태로 절충된 결과물이었다. 국립현대미술관은 정치 논리가 예술적 형태로 변환되는 수단이자 통로였고, 그런 의미에서 예술에 대한 국가 지배의 보조적 수단에 지나지 않았다. 국립현대미술관이 국가의 정치적 목적에 우선했던 점은 조직과 운영 면에서도 확연히 드러난다. 관장은 초대 김임룡 관장 이후 8대에 이르기까지 행정직 관료가 맡았고, 운영 역시 전문 학예 연구보다 행정운영 분과를 중심으로 이루어졌다.

1986년 국립현대미술관이 과천에 독립된 미술관 건물로 이전하면서 오늘날의 형태를 갖추게 된 것도 80년대 이른바 '신군부' 독재권력이 직면해 있던 두 가지 이해관계에 따른 것이었다. 국립현대미술관

이전은 대내적으로는 거대한 국립미술관 건립이라는 문화적 '스펙터클'을 통해 자신들의 비민주성을 문화적으로 위장하기 위한 독재정부의 정치적 의도의 산물이었으며, 대외적으로는 당시 국가적 과제였던 86아시안게임, 88서울올림픽이라는 범세계적인 축제에 대비하기 위한 것이었다.[16] 86아시안게임과 88서울올림픽은 단순한 스포츠 행사가 아니라 개최국의 정치경제적 상황과 문화적 수준을 자랑할 수 있어야 하는 행사였다. 하지만 당시 우리 예술계는 그러한 세계적 행사의 주최국에 걸맞은 규모의 국립현대미술관 하나조차 갖지 못한 상태였다.

과천 국립현대미술관 건립 당시 《국립현대미술관건립지》는 상황을 다음과 같이 요약하고 있다.[17]

- 1980년 제29회 대한민국립현대미술관술전람회를 관람한 전두환 대통령이 야외조각장을 겸비한 국립현대미술관의 건물을 추진하라고 지시.

- 1981년 7월 미술관 건립 추진위원회를 구성하고 각국 주재 해외공보관을 통해 미술관 건립에 따른 각종 자료를 수집하여 미술관 건립 방향 설정.

- 1982년 미술관 건립 부지를 서울대공원 문화시설지역 내로 정함.

- 1983년에 1년간에 걸쳐 미술관 설계는 재미건축가 김태수 안이 채택되었으며, 신축공사에 따른 제반 공사는 조달청에서 공개 입찰하여 주식회사 대우를 선정함.

- 1984년 대통령 내외 및 문화예술계 인사들이 참석한 가운데 기공식, 그해 연말까지 부지정지작업 및 지하층 공조공사 시행.

- 1985년 전체공정 70퍼센트 완료.
- 서울 아시안게임이 열리는 때에 맞춰 1986년 8월 25일 준공 개관.

그러나 국립현대미술관을 통한 한국 사회공간과 문화장의 환류는 단순히 국가의 정치적 이해관계를 반영하는 것만을 의미하지 않는다. 국립현대미술관은 국가의 영향을 문화적인 형태로 변용하며, 문화장에서 그것의 위상을 강화하기 위해 이용한다. 국립현대미술관을 통한 국가의 정치적 영향력의 문화적 변용은 당대 예술의 내용과 형태를 특정한 방식으로 정의함으로써 나타났다. 그러한 예술의 정의는 전시회라는 미술관의 공적 실천을 통해 이루어졌다. 예컨대 우리에게 〈대한민국미술전람회〉(이하 '국전'으로 약칭)는 국가에 의해 공인된 전시의 구체적 명칭이었다. 1969년 경복궁에서 개관할 당시 국립현대미술관의 목적 또한 명시적으로 '국전'을 위한 장소 제공이었다.[18]

하지만 국립현대미술관이 상대적으로 자율적인 문화장 속에서 예술에 대한 국가의 개입을 간접화하고 예술계의 자율성을 증진시키기 위한 최소한의 보호막으로 기능하기 시작했다는 점 또한 부인하기 어렵다. 이는 국립현대미술관이 국가권력의 문화지배 수단으로 시작되었다는 태생적 한계에도 불구하고 부정될 수 없는 것이었다. 출범 당시 연구, 조사 기능 없는 행정조직 중심의 단순 전시공간에 불과했던 국립현대미술관은 이후 운영상 최소한의 전문성을 확보하기 위해 이른바 '미술관운영자문위원회'를 두었으며, 여기에 당대 최고의 예술계 전문가들이 참여하여 미술관을 실질적으로 운영하기 시작했다.[19] 이를 통해 국립현대미술관은 국가의 영향을 일방적으로 수용하는 것이 아니라 예술장 내부의 견해를 오히려 국가기구의 작동에 관철시키는 제도적 지렛대로 기능하기 시작했다. 국가와 예술(전문)가들은 그 지렛대의 양 끝을 쥐고 사회공간의 영향과 예술장의 자율적 작동을 환류해나갔다. 이러한 환류는 이후 86년 과천 국립현대미술관의 건립을 통해 더욱 가속화되었다. 이에 따라 동시대 한국 미술장의 자율성과 양적 성장 역시 가능할 수 있었다.

86년 이후 국립현대미술관 체제는 지리적으로는 '과천시대', 기능적으로는 '전문가' 체제로 자리 잡는다. 경복궁, 덕수궁 석조전 등 미술관 용도 외의 목적으로 지어진 건축물을 전전하던 국립현대미술관은 미술관 업무 자체를 목적으로 하는 과천의 건축물에 터를 잡았고, 100여 명에 가까운 인력 조직을 갖추게 되었다. 여기에는 15명의 전문 학예연구직이 포함되었다. 이에 따라 전시, 소장, 연구, 조사, 교육 등 미술관의 운영에 학예직 전문가들이 개입할 수 있는 가능성이 열렸다. 물론 이 같은 학예직 전문가들의 숫자나 미술관 운영 개입 범위가 충분하다고 말하기는 어려운 수준이었지만, 그러한 전문직제의 확보가 갖는 중요성은 간과할 수 없다. 미술관의 운영이 비로소 예술적 가치판단을 토대로 이루어지기 시작했기 때문이다. 즉 국립현대미술관 과천 체제는 예술에서 국가의 정치적 지배 논리를 점차 배제하고 예술계의 제도적 자율성을 실질적으로 담보하기 시작했다.

흥미로운 사실은 그러한 예술계의 자율성이 역설적으로 가장 폭압적인 권위주의 국가권력의 개입을 통해 가능해졌다는 점이다. 이 역시 국립현대미술관이 수행했던 국가와 예술계 사이의 변증법적 상호작용을 증명하는 것이기도 했다. 국립현대미술관은 외적으로 제기되는 국가적 요구를 예술계 내적 논리로 풀어내려 했다. 국립현대미술관은 국가적 요구를 만족시키기 위해 제공되는 사회경제적 자원들을 바탕으로 크게 두 가지 정책에 집중했던 것으로 보인다. 첫째, 국립현대미술관은 국가를 대표해서 국가 간 예술 교류 및 대규모 국제전시회 개최를 본격화하기 시작했다. 86, 88 행사와 관련된 대규모 부대전시회를 열었을 뿐 아니라 우리 미술의 해외순회전과 외국현대미술의 국내전 등을 더욱 활발하게 개최했다.[20] 둘째, 그러한 국가 간 문화 교류와 국제전 개최의 전제조건으로서 한국미술의 정체성을 확립하려는 시도였다. 이러한 시도는 통시적으로는 한국 근대미술의 복원(〈근대를 보는 눈〉, 〈다시 찾은 근대미술〉)으로, 공시적으로는 실험적인 국내작가들의 활동에 대한 관심(〈젊은 모색〉, 〈한국미술〉, 〈올해의 작가〉 시리즈)으로 이어졌다. 이 두 가지는 이른바 "한국 근·현대미술의 체계적 정립"으로 담론화되었다. 이 과제는 1998년 이후 국립현대미술관 분관으로 재개관한 덕수궁미술관에 의해 주도되었다.[21] "한국 근·현대미술의 체계적 정립"의 과제란 한국미술사의 흐름, 그리고 그 흐름 속에서 동시대적 정체성을 규정하는 일이며, 단일 미술관이 수행할 수 있는 가장 큰 과업이다. 이 과업은 예술 내적 가치에 대한 믿음과 판단을 통해서만 수행 가능하다. 하지만 역설적으로 그러한 판단은 합법성을 정당화해줄 외적 권위가 없다면 불가능하다. 국립현대미술관이 그 과업을 수행할 수 있었던 것은 사회공간에서 국가권력의 권위와 그것이 제공하는 자원을 배경으로 삼고 있었기 때문이다.

현재의 국립현대미술관에 의해 수행되는 국가권력의 지배가 식민지 혹은 독재권력 시대와 확연히 다른 것은 사실이다. 그러나 분명한 것은, 여전히 국립현대미술관이 국가의 이름으로 문화장 내 지배적인 상징자본을 생산·전유하고 있다는 점, 따라서 국립현대미술관이 전시 기획을 통해 공인하는 문화적 의미는 한국의 사회공간 속에서 지배적인 가치로 공인되고 있다는 점이다. 현재 국립현대미술관은 국가의 문화 정책을 수립하고 시행함으로써, 문화장의 구조와 상황을 사회공간 속에서 국가의 영향과 상동적인 형태로 조정하는 데 핵심적인 역할을 수행하고 있다.

이 장에서 한국의 문화장과 사회공간의 환류점으로서 국립현대미술관에 관심을 갖는 이유는 국립현대미술관이 조사·연구, 작품의 수집과 보존, 기획 및 상설전시를 통해 생산하는 각종 근대미술 관련 교육/학술 프로그램과 출판 자료들이 국가의 정치적 정당성을 확립하고 정당화하는 데 여전히 기여하고 있기 때문이다.[22] 국립현대미술관이 국가권력을 자원으로 삼아 문화장 내에서 차지하는 지배적 영향력과, 국가가 국립현대미술관을 통해 문화적으로 관철하려는 정치적 의도 사이의 상호작용과 결과는 문화장 내에 한정되지 않는다. 그것은 문화장과 사회공간 사이의 교차점을 따라 사회 전체에 포화된다. 국립현대미술관이 수행하는 문화장과 사회공간의 환류는 한국 사회의 현실을 재편하거나 공고하게 유지하는 역할을 수행해왔다.

2. 리움Leeum, 경제자본과 문화자본의 상호변환

리움미술관(이하 '리움')은 한국 사회를 구성하는 가장 큰 힘들 가운데 하나인 자본의 영향력이 문화장에 투입되고, 동시에 문화장을 삼투하면서 변환된 영향력이 이윤의 논리로 재가공되는 대표적인 사례이다. 리움이 수행하는 문화장과 사회공간 사이의 환류는 가장 사적형태의 자본을 가장 공적인 문화의 형식으로 전환한다는 점에서 매우 특징적이다. 한국의 대표적인 사립 미술관인 리움은 삼성문화재단 소속이다. 삼성이 운영하는 미술관으로는 1978년 시작되어 1982년 4월

[표 4-3] 리움미술관 개요

특징	삼성문화재단 소속. 국내 최대 규모.
역사	1982년 용인 호암미술관 개관. 1992년 중앙일보로부터 호암갤러리 인수(삼성미술관). 1999년 로댕갤러리 개관. 2004년 10월 리움미술관 창립.
목적	삼성재단의 사회 공헌과 사회적 영향력 확대. 삼성가 미술품 투자 및 관리.
활동	호암미술관, 삼성미술관, 로댕갤러리 작품의 통합 전시. 뮤지엄 1(고미술관): 한국 전통 공예, 자기, 서화 전시. 뮤지엄 2(근현대미술관): 이중섭, 백남준, 앤디 워홀, 프란시스 베이컨, 안드레아스 구르스키 등 근현대미술 전시. 삼성아동교육문화센터: 아동 및 교육 상담 등.

첫 전시와 동시에 창립된 용인의 호암미술관, 1992년 중앙일보로부터 인수하여 삼성미술관으로 개명한 호암갤러리, 그리고 1999년 로댕 작품을 전문으로 전시하던 로댕갤러리 등이 있었다. 삼성미술관을 직접 승계하여 2004년 10월 창립한 리움미술관은 이 모든 미술관의 작품들을 통합해서 전시하는 장소인 동시에 각 미술관의 운영에도 개입하는 중추적인 역할을 하고 있다.[23]

리움의 차별성은 사적 성격에서 찾을 수 있다. 국립현대미술관이 국가가 설립한 공공미술관이라면, 리움Leeum은 삼성의 설립자 이병철의 'Lee'와 미술관art museum의 'um'을 합성하여 만든 이름이 보여주듯, 본질적으로 사적private인 성격을 드러내고 있다.[24] 리움미술관의 사적 성격은 앞서 살펴본 국립현대미술관과 비교할 때 가장 두드러진다. 즉 미술관의 운영에 '오너'의 취향이 반영된다. 특히 고 이병철과

이건희 삼성그룹 회장의 고미술 취향 그리고 홍라희 관장의 현대미술에 의한 관심은 리움의 전시와 운영에서 가장 중요한 요소이다.[25] 리움의 사적 특성이라는 측면에서 가장 중요한 것은 리움의 실질적 소유자가 미술관뿐 아니라 삼성이라는 거대기업의 소유자이기도 하다는 사실이다. 따라서 삼성그룹의 사정은 리움미술관 운영에 직접적인 영향을 주게 된다. 삼성그룹과의 관계는 리움미술관의 운영에 심각한 영향을 줄 수 있다. 그런 의미에서 삼성과의 관계는 리움에 대한 제약으로 작용할 수 있지만, 다른 한편 리움이 삼성과의 관계에서 막대한 이익을 얻을 수도 있다. 비록 사적 기관이지만 리움은 국내의 선도적 미술관으로 독보적인 영향력을 행사해왔다. 이는 삼성의 지원이 없다면 가능하지 않았을 것이다. 리움이 삼성으로부터 얻을 수 있는 이익은 다음과 같다.

첫째, 리움은 미술품 외에도 풍부한 경제적 자원을 동원할 수 있다. 리움은 전시를 기획할 때 삼성 그룹 계열사의 금전적 후원을 받을 뿐 아니라, 제일모직, SBS, 하나금융그룹, 우리금융그룹 등과도 파트너십을 맺고 있다. 둘째, 리움은 비록 소유자의 사적인 취향이 반영된 것이기는 하지만 설립자의 수준 높은 컬렉션을 전시자산으로 활용할 수 있다. 더구나 리움은 사적 기관이라 공공미술관과 달리 작품을 소장하거나 전시할 때 작가의 출신 지역, 예술 양식, 작품 형태 등 모든 것을 수용할 필요가 없으므로 "선택"과 "집중"을 관철시킬 수 있다. 이런 점 때문에 리움은 이중섭, 김환기, 박수근, 이인성, 장욱진 같은 핵심 작가에 관한 전문 컬렉션에 강점을 지니게 된다. 셋째, 삼성의 경제적 지원은 리움이 경쟁 상대인 국립현대미술관보다 더욱더 전문적인 조직과 인력을 갖출 수 있게 한다. 넷째, 리움은 경쟁력을 강조하는 기업문화를 받아들여 느슨하게 운영되는 공공기관과 달리 책임운영이 강조되고 적극적으로 다른 미술관과 차별화를 시도한다.[26] 다섯째, 가장 중요한 측면으로, 삼성의 사적인 통제는 역설적으로 리움에게 다른 종류의 외부 영향, 즉 대중적·정치적 압력으로부터의 자율성을 허용한다.

삼성이 제공하는 경제적 자본, 그리고 삼성 이외의 다른 외부적 압력으로부터의 자율성은 사적으로 통제된다는 한계 속에서도 리움이 나름의 전문성을 확보할 수 있게끔 하는 환경이 된다. 리움은 공공미술관과 달리 관장이 자주 바뀌지 않기 때문에 업무의 연속성이 있으며, 운영 방식도 기업을 따라 활발한 토론과 직원들의 다면평가 등을 이용한다. 또한 일반인들의 평가와 입장객 수에 경도된 서울시립미술관과 같은 일부 공공미술관과 달리 경제적 압박을 덜 받기 때문에 미술관 운영에 있어 대중의 영향력으로부터 자유롭다. 평가 기준에서 보다 차별화된 전문성에 대한 강조는 리움 근무 경력을 갖고 있는 면접자의 인터뷰에서 확인된다.

관람객 지표도 중요하지만 우리 같은 경우에는 성취도, 이 전시의 의도에 맞춰서 얼마만큼 관람객이 반응했는지도 중요해요. 1세기 전 고흐를 회고하는 것보다 포스트팝 같은 현시대 문화도 중요하지 않은가요? '대중의 눈높이에 맞추지 말라', 그땐 못 느꼈는데 요즘 많이 느낍니다. 대중은 간사해요. 그들의 눈높이에 맞추다보면 문화적 성장이 안 되는 거죠. 문화를 끌어가는 것은 아방가르드예요. 21세기 서울에 르노아르다 하면 국제적인 비전이 아닙니다. 그건 대중주의에 불과해요(A).

사회공간에서 삼성이라는 거대자본이 제공하는 경제자본은 이른 바 대중주의로부터의 자유를 가능케 한다. 리움은 이를 바탕으로 예술장에서 효과적인 상징자본을 축적하는 데 성공할 수 있었다. 그러한 변환은 '선택적 전문성'으로 나타난다. 리움은 동시대 국내외 예술장에서 가장 많은 상징자본을 소유한 '아방가르드' 작가와 작품을 선택하여 전시를 개최하고, 소장품을 구입한다.

흥미로운 사실은 리움이 예술장에서 수행하는 선택적 전문성이 소장품의 결정이나 전시회 기획에만 한정되지 않는다는 것이다. 리움이 수행하는 선택적 전문성은 미술관의 관객층에 있어서도 매우 선택적 친화성을 보인다. 앞에서 살펴본 국립현대미술관이 '대중'으로 호명되는 사회공간의 불특정 다수 관객을 지향한다면, 리움은 예술장의 중심에서 활동하는 전문(작)가들, 그리고 그 전문가들에게 호응할 수 있는 특정 교양층에 민감하게 반응한다. 리움은 풍부한 경제자본을 바탕으로 당대 예술장에서 이미 인정을 확보한 최고의 작가들이나 '걸작'을 중심으로 전시를 기획하며, 일반 관객이 아니라 리움의 전문적 선택에 호응할 수 있는 비교적 선택적 관객을 지향한다. 흥미로운 사실은 이러한 차별성이 리움뿐 아니라 예술장에서 리움과 대척점에 놓인 국립현대미술관 근무 경력자의 진술에서도 명확히 인식되고 있다는 점이다.

관람 대상 측면에서 본다면, 국공립미술관에서는 항상 '대중'을 중요한 관람 대상으로 언급합니다. 실제로 시의 홍보나 교육을 위한 회의에서 "대중의 눈높이에서 이해할 수 있는 수준의 전시"여야 한다는 말이 자주 등장합니다. 여기서 "대중의 눈높이"라는 것은 실질적으로

'중학생'이 대상이 되는 경우가 많았어요. 학예사(들)은 전시의 내용적인 면을 깊게 들여다봤을 때에는 미술계 전문가들 눈에도 뒤떨어지지 않는 수준을 담고 있어야겠지만, 미술에 특별한 지식이 없는 일반 학생들이 미술관에 와서 관람했을 때에도 전시가 어렵지 않게 다가올 수 있도록 풀어야 한다며, 이 둘 사이의 적절한 균형에 대해 고민하는 모습을 많이 보여요. 반면, (특히 리움과 같은) 사립미술관에서는 확실히 '미술계 전문가들' 혹은 '예술에 대한 고급 취향을 갖춘 대중'을 기준에 두고 전시를 준비하는 것 같아요. 사립미술관에서 관람 대상을 어린이나 학생들로 두는 경우는 이들을 대상으로 하는 교육프로그램을 준비할 때에만 한정적인 것 같아요. 일반 관람객들이 전시를 많이 보러 온다면 좋겠지만, 애초에 그것을 기대하며 전시를 준비하지는 않는 것 같아요. 오히려 국내외 미술계 인사들의 관람과 평가를 더 염두에 두는 것 같아요. 전시에 대한 평가 측면에서 봤을 때, 국공립미술관이나 사립미술관 모두 언론 반응과 관람객 수가 주요 평가 요소지만, 국공립미술관에서는 '관람객 수'가 중요한 평가 요소이고, 사립미술관은 관람객 수보다는 '미술계나 언론의 반응'을 좀 더 신경 쓰는 것 같아요(B).

미술관의 운영과 작동 측면에서 리움의 '선택적 전문성'은 국립현대미술관의 '일반성'과 '균형성'에 날카롭게 대립했다. 이는 다음의 두 진술에서 명확히 드러난다.

우리는 모노크롬만이 아니라 미술사를 한번 정리하는 그런 작업들을 해왔어요. 리드까진 아니더라도. 지금 국립현대(미술관)에서 회고전을 했는데 우리만큼은 아니었어요. 현재적인 작가들을 과천(국립현대미술관)은 못 했지요. 하긴 했지만 올해의 작가로 구색을 맞추는 바람에 민중작가도 집어넣게 되어 거리가 멀었고 전략적으로 골고루 하다 보니까……(A).

전시 기획의 측면에서 봤을 때, 국공립미술관에서는 국내 미술계의 형평성을 고려해서 선정하는 부분이 크다는 생각이에요. 명확히 드러나는 것은 아니지만, 예를 들어 암묵적으로 특정 미술대학 출신들로 기울지 않았는지, 특정 미술 장르나 특정 작가에게 더 많은 공간을 할당해 주지 않았는지, 너무 젊은 작가나 원로 작가들에게만 치중하지 않았는지, 해외 미술작가나 작품에 지나치게 많은 돈을 쓰지는 않았는지 등을 염두에 두는 것 같아요. 사립미술관에서는 거의 전적으로 오너 중심으로 전시 기획이 이루어지고 결정(선정)이 됩니다. 전시를 계획하는 과정에서 국공립미술관 역시 관장이나 (선임)학예사들의 권한이 중요하게 작용하지만, 국공립이기 때문에 어느 정도 제한이 있을 수밖에 없어요. 반면 사립미술관에서는 그 권한이 훨씬 크고, 자유로운 것 같아요(B).

위의 인터뷰는 사회공간에서 국가와 자본의 영향이 예술장에서는 서로 다른 형태로 변환될 수 있음을 보여준다. 즉 삼성이라는 사적 자본의 경제적 지원이 예술장에서 리움의 선택적 전문성으로 나타난다면, 국가의 지원은 국립현대미술관의 일반성과 균형으로 이어진다는 것이다. 불특정 다수 국민의 세금으로 운영되는 국립현대미술관의 운영이 국민 전체를 대상으로 한다면, 사적으로 운영되는 리움은 특성상 그럴 필요가 없기 때문이라는 추정이 가능하다. 흥미로운 사실은 위의 인터뷰에서 나타나는 리움과 국립현대미술관에 대한 주관적 차이가 두 미술관이 지난 10여 년간 개최했던 전시회의 객관적 차이와 부합한다는 점이다. 2001년부터 2011년까지 국립현대미술관과 리움 미술관의 전시회의 지역적 특성에 관한 분석에 따르면,[27] 리움이 한국 외에 미국과 영미권 전시회만을 실시하고 있는 반면, 국립현대미술관은 유럽과 남미, 특히 아시아권의 전시회를 비중 있게 추진해왔음을 알 수 있다.

[표 4-4] 국립현대미술관과 리움의 연도별 전시 건수

국립현대미술관	연도	리움
8	2001년	
8	2002년	
5	2003년	
4	2004년	1
12	2005년	2
11	2006년	4
11	2007년	3
13	2008년	삼성비자금 검찰 수사로 인해 전시 개최되지 않음
6	2009년	7
	2010년	2
5	2011년	4
90	총	16

상설전을 제외한 기획전만을 대상으로 했을 때 국립현대미술관은 국내 작가의 전시 비중이 84.4퍼센트로 50퍼센트에 불과한 리움에 비해 상대적으로 국내 미술 전시에 큰 비중을 두었다. 해외 작가의 경우 두 미술관의 차이는 더욱 크게 드러난다. 국립현대미술관이 상대적으로 유럽, 남미, 아시아에 걸쳐 지역적 균형을 도모한 반면, 해당 기간 리움의 경우 영미권 작가 외에는 전시가 없었다. 동시대 예술장의 중심이 상대적으로 영미 화단에 의해 지배되고 있기 때문이다.

국립현대미술관이 국내 미술에 큰 비중을 두는 이유는 특히 근대를 중심으로 미술사를 체계적으로 정리함으로써 예술의 국가적 정체성을 확립하기 위한 것으로 볼 수 있다. 이는 국가가 전시라는 미술관의 고유한 사회적 행위를 통해 자율적 예술장에 개입함으로써 상징자본의 차별적 분배에 영향을 미치는 전형적인 사례이다. 반면 리움은 선택적 전문성을 바탕으로 공식화된 미술사에 얽매이지 않는 예술장의 동시대적 가치 평가에 개입하는 것으로 보인다. 이 점은 사립미술

[표 4-5] 국립현대미술관과 리움의 지역별 전시 비중*

국립현대미술관		지역	리움	
퍼센트	횟수		횟수	퍼센트
84.4	76	한국	7	50
1.1	1	영미	7	50
10.1	10	유럽		
2.2	2	남미		
12.2	11	아시아		

* 상설전 제외, 한 전시회에 여러 국적의 작가가 참여했을 경우 복수로 인정함.

관과 국립현대미술관 모두에서 근무한 경험이 있는 관련자의 인터뷰에서도 드러났다.

좀 더 구체적으로 실제 전시를 놓고 러프하게 비교를 해본다면, (전시 기획 자체는 각 미술관의 미션에 따라 갈리겠지만) 국공립미술관에서는 미술'사'적 가치를 중요한 기준으로 삼고 사명감을 갖고(실제로 사명감이라는 말을 많이 쓴다) 전시를 기획한다면, 사립미술관에서는 동시대미술contemporary art 씬scene에서 이슈 메이킹할 수 있거나 미술 시장에서 영향력이 있는 작가들의 전시를 중요한 기준으로 삼는 것 같아요. 국공립미술관에서는 미술사적으로 가치가 있다고 판단되지만 미술계나 미술 시장에서 크게 주목받지 못한 작가들의 작업을 재조명하는 전시나 미술사적으로 이미 중요하다고 여겨지는 작가와 작품(주로 중견작가, 원로작가, 작고작가)을 대규모 전시로 집중시키는 전시 등을 주로 기획한다면, 사립미술관에서는 동시대 미술계에서 소위 핫한 작가들, 미술 시장에서 주목받는 작가들, 혹은 아예 실험적인 예술 작업, 동시대 국내외에서 활발하게 활동하는 젊은 작가들의 획기적인 작업 등에 더 집중하는 전시 위주로 기획하는 것 같아요(B).

국립현대미술관이 국내 근대작가를 중심으로 미술사의 정립, 장르적, 지역적 안배, 일반 대중과의 소통에 치중한다면, 리움은 지극히 동시대 현대 예술장의 지배가치, 전문가의 인정, 선택적인 관객을 중시한다. 위의 인용에서 '동시대미술 씬에서 이슈 메이킹할 수 있는' '핫'한 작가는 그러한 리움미술관의 지향성을 가리키는 것으로 볼 수 있다.[28] 그러므로 삼성이라는 거대한 경제적 자본과의 네트워크, 그리고 전시 기획의 대중으로부터의 자율성은 비록 일반인과의 소통이라는 측면에서는 단점을 갖지만, 미술계(또는 미술장)에서 리움미술관이 미술을 공인하고 소개하는 권력은 확대한다. 이와 같이 경제적 자원과 자율성/전문성의 결합은 리움으로 하여금 미美와 추醜를 가름하는 미술계의 문화권력이 되게끔 한다.

리움에서 전시하면 같은 젊은 작가들도 기자들의 주목도가 다르다는 것을 알죠. 많은 원로화가들이 과천에서 하는 것보다 우리 쪽에서 하는 것을 좋아해요. 이중섭도 크게 히트했고, 천경자도 95년도엔가 크게 했어요. 샤갈도 했어요. **이런 뮤지엄 공간에선 잘 팔리거나 호응이 갈 작가들이 아니지만 삼성이니까 해주고, 삼성에서 해주면 뭔가 있으니까 했겠다 싶어서 평판도 달라지게 됩니다**(A, 강조는 필자).

사회공간에서 국가의 영향을 환류하는 국립현대미술관과 비교할 때 리움이 갖는 차별성은 다음과 같이 요약할 수 있다. 첫째, 삼성의 경제적 자본은 리움으로 하여금 대여든 구입이든 고가의 미술품에 쉽게 접근(상징자본으로의 전환)할 수 있게 할 뿐 아니라 대중과 경제적 압박으로부터의 자율성을 부여한다. 둘째, 후자는 리움으로 하여금 전문 인력과 조직을 구비하고 전문적인 평가 기준이 적용된 전시 기획을 할 수 있게 함으로써 또 다른 방식으로 상징자본을 축적하게 한다. 셋째, 리움미술관은 삼성그룹이 일반적으로 사회에서 가지는 브랜드 이미지를 통해 문화장 내에서 지배적 위치를 인정받는다. 그리고 이러한 세 가지 방식의 자본 변환을 통해 리움에 미술계에서의 상징자본, 즉 인정recognition의 축적을 가속화한다. 이렇게 상호변환을 통해 축적된 상징자본은 리움으로 하여금 특정 종류의 문화적 실천을 사회적으로 승인, 배제할 수 있는 권력을 갖게 한다.

라투르Bruno Latour의 이해관계 번역의 관점에서 보면, 이러한 리움 미술관의 이익과 역량은 결국 삼성의 이익을 자신의 이익으로 자율적으로 번역(또는 굴절)함으로써 생겨난 것이다. 이는 리움의 이익을 삼성과 미술계의 이익으로 변환시킴으로써 유지된다. 이를 좀 더 구체적으로 설명하면 다음과 같다. 첫째, 리움미술관은 삼성재단의 사회 공헌 활동의 일부로서, 삼성이 사회 각계에 대한 영향력을 강화하는 수단이 될 수 있다.[29] 둘째, 현대 사회에서 미술은 주요한 투자 상품이 되었으며 이런 의미에서 리움미술관은 미술품 구입의 중요한 수단이자 통로가 될 수 있다.[30]

3. 대안공간: 공공미술과 시민사회의 성장

국가를 외접하는 국립현대미술관과 삼성이라는 경제자본과 환류하는 리움이 예술장 내에서 '지배자'로서의 위치를 차지하는 반면, 다양한 대안공간과 공공미술의 실천자들은 현재의 결정된 장 구조에 유의미한 대안alternative을 제공함으로써 변화를 초래하려는 '전복자'들일 수 있다. 대안공간은 말 그대로 새로운 예술적 실천의 대안적 '선택지'를 제기하고, 이 대안을 미래의 제도화된 가능성의 공간으로 공인하려는 시도로서 나타난다. 1960~70년대 서구 예술장에서 시작된 대안공간은 당대 지배양식에 저항하는 이미지 조직 방식을 제시했으며, 이는 동시대 예술장에서 퍼포먼스, 비디오아트, 설치미술, 개념미술 등 혁신적인 예술적 실천을 제도권에 도입하는 데 기여했다. 대안공간의 활동은 단순히 예술장 내에서 벌어지는 예술적 실천뿐만 아니라 6·8혁명이나 히피문화와 같은 사회공간에서의 저항적 문화운동과도 연계되었다. 그런 의미에서 대안공간은 예술계를 새로운 방식으로 재편하기 위한 투쟁을 수행하는 예술장 내 투쟁가이자 예술장 내 투쟁을 통해 사회공간의 지배와 저항의 상황에 개입하는 사회적 행위자였다.

국내에서 제도화된 대안공간의 본격적인 활동은 2000년을 전후로 이른바 '1세대 대안공간'으로 호명되는 대안공간 루프, 쌈지, 사루비아다방 등이 출범하면서 시작되었다.[31] 이들 초기 대안공간이 제시한 대안은 젊은 신진작가들에게 무료 전시공간을 제공하는 것이었다. 이는 단순한 전시공간의 제공이 아니라 소수 미술관과 상업화랑에 의한 전시공간의 독점, 지나친 상업화로 인한 다양성의 상실이라는 당대 주류 예술장의 상황에 대한 일종의 예술적 저항이었다. 여기서 중요한 점은 대안공간이 제시하는 대안이 그 자체로 주어지는 것이 아니라는 점이다. 예술장 내에서 '대안' 역시 장 내 지배자인 주류 제도와의 투쟁에 의해 성취되는 '내깃물'이다. 그도 그럴 것이 신진작가들에게 무료로 전시 기회를 제공한다는 의미에서 대안은 주류 제도권 미술관과 화랑들에 의해 손쉽게 전유되었다. 2000년대 중반 과열된 미술 시장에서 신진작가들에 대한 수요가 높아졌고, 이에 맞물려 국립현대미술관이나 리움 역시 국내 신진작가들의 작품 전시 비중을 높여 나갔다. 그에 따라 대안 제시 기능으로써 차별성을 확보하려 했던 초기 대안공간들은 심각한 정체성의 위기에 직면하게 되었다. 대안성을 전유당한 대안공간들은 예술장에서의 상징자본을 배경으로 점차 주류에 편입되거나 폐관하게 되었다. 지난 2009년 개관 10년 만에 폐관한 쌈지 김홍희 관장의 증언은 대안공간이 직면한 대안성의 전유 투

쟁 상황을 보여준다. 개관부터 폐관까지 관장을 맡았던 김홍희에 따르면,

"근래 들어 대안공간과 입주프로그램이 많이 생기고 미술관과 화랑이 젊고 혁신적인 작가들을 수용하면서 대안공간의 역할이 축소되는 상황에서 쌈지가 매너리즘에 빠져 비슷한 프로그램을 반복하고 있다는 자체 진단을 내렸다"며 "새로운 돌파구를 찾으려면 패러다임의 획기적인 전환이 필요한데 쉽지 않았다"고 말했다. 그는 "중소기업인 쌈지가 지난 10년 동안 남다른 의지로 지원을 해왔는데 그 이상을 바랄 수는 없어 아쉽지만 폐관을 결정했다"고 설명했다.[32]

2000년대 중반 이후 이 같은 국내 예술장의 지형에서 대안성을 전유하려는 새로운 시도들이 본격화되었다. 새로운 대안성을 성취하려는 대안공간들의 전략은 다양한 방식으로 나타났으며, 이는 예술장에서 대안공간들의 차별적 분화와 '위치 취하기positioning'로 이어졌다.[33] 그 가운데서도 특히 경기 지역을 중심으로 지역사회에 근거를 두고 활동을 시작한 일부 대안공간들은 대안성을 사회공간에서 벌어지고 있는 첨예한 지배와 저항의 상황에서 찾고자 했다. 지역사회가 직면한 빈곤, 도시 빈민, 지역, 다문화, 여성, 노동, 철거, 세대 문제와 관련된 저항과 투쟁은 이들 새로운 대안공간의 대안성이 뿌리내린 사회적 지층이었다. 서울 홍대, 인사동 등 이른바 예술계의 지리적 중심에서 활동했던 루프, 쌈지, 사루비아다방 등 1세대 대안공간들이 협소한 예술 개념을 중심으로 주류 예술계에 편입되기 위해 경쟁했던 반면, 사회공간의 첨예한 저항과 연계되었던 지역 대안공간들은 상대적으로

대안성의 전유 투쟁에 있어서 보다 효과적으로 대응하고, 활발한 활동을 전개해나갈 수 있었다.

새로운 대안공간들에게 이른바 시민사회의 영역으로 호명될 있는 사회적 저항 세력과의 연대는 상대적으로 국립현대미술관이나 리움을 포함하는 예술장의 주류mainstream에 의해 손쉽게 전유될 수 없는 새로운 대안성의 사회적 근거로 기능했다. 국가나 자본과 환류하면서 예술장과 사회공간에서의 영향을 상호 강화하는 주류와 달리, 이들 새로운 대안공간들의 예술장 내 활동은 1980년대 본격화된 경제발전, 정치적 민주화와 시민사회의 성장에서 비롯된 한국 사회공간의 맹렬한 분화, 그리고 그 분화에서 비롯된 시민사회의 저항을 강화하는 방식으로 전개되었다. 그러한 전개는 예술장의 다원화, 그리고 사회공간의 정치적 민주화, 경제적 평등이라는 서로 다른 효과를 환류했다.

예술장에서의 국립현대미술관, 리움, 대안공간은 사회공간에서 그것들에 외접하는 국가, 자본, 시민사회와의 관계 속에서 환류를 수행한다. 중요한 사실은 그러한 환류가 차별적인 예술 개념으로 나타나고 있다는 점이다. 국립현대미술관과 리움의 소장품과 전시 기획은 주로 회화, 조각을 중심으로 비교적 전통적인 예술 개념과 작품 형태를 존중하며, 미술사적 '걸작master piece'을 소장하고 재현하는 방식으로 나타났다. 이는 그러한 전통적 예술 개념과 걸작들이 그들이 대리하는 국가와 자본의 지배적 위상과 상동적이기 때문이다.[34] 반면 대안공간은 이른바 예술장에서 저항적인 예술 실천의 방식, 즉 공공미술 혹은 커뮤니티아트의 형태로 나타났다.[35] 대안공간의 미학적 활동은 사회공간에 대한 개입을 미학화하는 보다 직접적이고 파격적인 형태

[표 4-6] 공공미술 및 커뮤니티 아트 활동 중심 대안공간 현황

대안공간명	소재/대표/개관	주요활동
대안공간 루프	서울 홍대 서진석 1999~	- 최초의 대안공간 - 신진작가 등용 - 단일적 국제화에 대항하는 아시아 미술 문화 생산 - 아시아 현대미술의 새로운 미술 유통 플랫폼을 구축 - 재능 있는 젊은 작가 발굴 및 활발한 문화교류 - 대안공간 국제네트워크 구축
쌈지	서울 홍대 김홍희 2000~2009	- 20~30대 작가들의 탈장르적·실험적 작업을 발굴 소개 - 레지던시 운영, 국내외 작가·비평가·큐레이터 연결
사루비아 다방	서울 인사동→창성동 이관훈 외 1999~	- 독창적 사고와 정신의 예술가 선정 - 새로운 개념과 담론, 경향을 제시 - 한국 현대미술의 다양성과 역동성을 강조
대안공간 풀	서울 인사동→구기동 이성희 1999~	- 탈근대와 탈분단이라는 시대적 화두 선점 - 대안적인 시각, 주체적 미술담론 생산 - 미술과 인접학문, 공공, 지역 현장과의 연계 - 문화권역 간, 지역 간, 대인, 대기관 협업 - 시장과 제도권력 주도의 창작 현장 현실을 극복하고 미술의 자율과 자립을 지향
대안공간 눈	경기도 수원 이윤숙 2005~	- 작가와 주민, 그리고 관광객들에게 예술을 매개 - 지역 문화예술을 활성화 - 행궁동사람들 프로젝트 진행 - 낙후된 수원 행궁동 지역주민을 위한 문화예술 활동

커뮤니티 스페이스 리트머스	경기도 안산 백기영 외 2007~	- 예술가, 비평가, 기획자, 시민운동가, 노동자, 이주민 등 - 안산 〈국경 없는 마을〉 원곡동에 위치한 공동체 공간
		- 이주민이 80퍼센트가 넘는 이 지역의 다문화적 정체성을 반영 - 특히, 아시아 지역의 이주민 공동체들의 문화 생산과 교류를 위한 다채로운 프로그램 개발 실행
보충대리공간스톤앤워터	경기도 안양 박찬응 2002~	- 안양 석수시장을 중심으로 한 지역, 공동체 예술활동 - 지역 예술가 발굴 - 문화상품을 개발하고 자료 보존사업, - 기록과 보존을 전제로 한 출판, 유통, 보급자족적인 경제기반을 마련하기 위해 문화상품을 개발하고 판매
스페이스 빔	인천 민운기 2002~	- 신진작가 등용, 지역 현안에 관한 공동체 미술 - 배다리 지역 철거 반대 투쟁 등 인천의 지역 현안 개입 - 상호 교류와 소통을 위한 '느슨한 연계'의 '커뮤니티' 형식
아트포럼리	경기도 부천 이훈희 2003~	- 지역에 녹아나는 접속공간connective space의 역할 확대 - 공공적 영역에서 지역의 제 사회단체와 연계 - 작가와 대중의 직접 대화의 활로 모색 - 지역 자생적 문화 활동, 지역 문화예술 공간 창출 정책 제시
오아시스 프로젝트	서울, 전국 김강, 김윤환 2003~2007	- 2004년 목동예술인회관 점거 프로젝트 - 우리 예술계에서 최초로 예술점거 활동 수행 - 대안공간 랩39(2007~2013) 운영

로 표현되며, 이는 미술시장에서 상품으로 인정되는 예술의 존재 방식과는 거리가 멀었다. 그러한 급진적 형태의 공공미술은 후발 대안공간들에게 1세대 대안공간에 비해 주류에 전유될 수 없는 새로운 대안성을 제공해주었다. 한 대안공간 운영자는 자신을 "사회를 조각하는 사람"으로 소개하면서 다음과 같이 말했다.

> 저는 원래 조각을 전공했어요. 지금도 조각을 하구요. 그런데 대안공간을 운영하는 지금은 조각에 대한 생각이 좀 달라졌어요. 사회를 조각하는 거죠. 사회를 다른 방식으로 조각하는 거예요. 꼭 나무나 돌을 조각하는 것만 조각이 아니라 사회를 조각하는 것도 예술이라고 생각해요. 지금은 조각을 안 하지만 더 큰 사회를 조각하는 셈이에요 (C).

위의 인용은 대안공간 활동이 공공에 대한 개입이며, 그 개입 자체가 하나의 예술일 수 있음을 말하는 것이다.

대안공간이 급진적인 공공미술 실천을 통해 사회에 개입하는 과정은 사회공간에서 국가나 자본의 작동을 비판하는 방향으로 전개되기도 했다. '답사' 형식의 공공미술 프로젝트 '도시유목'을 진행한 인천의 한 대안공간 운영자는 다음과 같이 말했다.

> 2007년 겨울 1월부터 3월까지 저희가 도시유목 프로젝트라고 공공미술 프로젝트를 진행한 적이 있는데, 작가들 한 열 명으로 구성된 도시문화 탐사대를 구성해서 인천에 도시공간 열 군데를, 텐트를 치고, 이렇게 답사를 한 적이 있었어요. 그 때 이곳(배다리)에 왔었고, 그때

서야 이 도시의 성격에 대해 알 수 있었고, (철거와 도시개발로 인해) 파혜쳐진 장소와 공간의 성격에 대해 알게 되었죠. 이제 이 도로, 파혜쳐진 도로가 그냥 마을 하나 이렇게 지나가는 도로가 아니고 마을 하나 망가지는 차원이 아니다, 이런 거 생각하다 보니까, 이제 이 도로가 바로 이런 경제자유구역 조성 기획과 맞물려 있고 또 알고 보니까 인천시가 생각하는 흔히 말하는 기업가형 도시, 뭐 이런 도시 경쟁력을 위해서 모든 것들을 생산의 관점에서 바꾸고 모든 걸 상품화하는 전략하고 맞물려 있다, 그래서 이게 그냥 도로 하나 막는 걸로 끝날 문제가 아닌 거 같다, 오로지 그 경제 논리만이 지배적인 이런 상황하고 이걸 어떻게 뒤바꿔낼 수 있을까, 이런 쪽으로 싸움을 확대하지 않으면 안 되겠다, 하는 그런 생각을 좀 가졌습니다(D).

그는 하나의 공공미술 개념으로서의 '답사'를, 지역사회를 이해하고 지자체와 정부의 도시계획, 나아가 그 이면의 '상품화'와 '경제 논리'를 극복하기 위한 방법론으로 보고 있다.

대안공간 운영자와 대안공간 활동 예술가들 가운데 보다 직접적으로 주류 미술관, 특히 국립현대미술관이나 리움에 거부감을 표하는 경우도 있었다. 한 대안공간 기반 예술가는 우리 사회를 가로지르는 자본의 논리가 공간을 독점하는 반면, 예술가들은 작은 작업 공간 하나 없이 거리로 내몰리게 된 현실을 비판하면서 다음과 같이 말한다.

사실 미술판, 문화판, 예술판이라는 게 굉장히 얌전해져 있어요. 불의를 보고 화낼 줄을 몰라요. 두렵거든요, 살아가는 데 있어서. 그게 다 거세가 돼서. 이를테면 최고 권력자가 삼성 같은 데죠. 그림 그리면서 리움 같은 그런 데서 전시하는 게 꿈이에요. 예술에서 돈이 권력이에요. 지금은 정치권력 같은 것보다 경제권력이 훨씬 우세하죠. 저는 별로 중요하게 생각하지 않아요. 저는 지금 제도권에 있는 사람이 아니기 때문에. 물론 제도권 교육을 받긴 했죠. 홍대 서양화과를 나왔고, 거기서 가르쳐주셨던 분들도 제도권에 있던 분들이긴 하니까. 지금은 흥미가 없어요. 화면에다 그냥 그림 그리는 것은 재미가 없어요(E).

E는 "최고 권력자가 삼성"이라는 점과 "리움 같은 그런 데서 전시하는 게 꿈"인 세태를 연관시키면서 "예술에서 돈이 권력"이 되는 현실을 비판하고 있다. 이는 곧 사회공간에서 삼성의 경제적 영향이 예술장에서 리움의 상징자본으로 변환되는 실태를 명확히 인식하고 있음을 보여준다. 나아가 E는 자신의 파격적인 예술적 실천을 모순된 사회 현실을 공론화하고 비판하기 위한 사회적 실천의 일부로 규정했다. 그에게 예술이란 고정된 형태의 예술이 아니라 작품의 전시를 포함해 토론, 세미나, 시위, 페스티벌, 음악연주, 퍼포먼스, 나아가 먹고 마시는 등 예술가의 삶의 형식 모두를 아우르는 것이었다. 그것은 예술장 내에서 공인된 지배적 예술 개념의 일반적 형태에 대한 거부를 의미했다.[36]

지금까지 부분적으로나마 인용된 진술들은 대안공간이 수행하는 예술적 실천이 예술장 내에서 그들이 차지하는 저항적 위치와 관련되어 있을 뿐 아니라 사회공간에서 시민사회의 영향력을 상호 강화하고 확대하는 방식으로 수행되고 있음을 보여준다. 국립현대미술관과 리움의 경쟁이 현 사회공간의 구조를 유지하고 지탱하기 위한 문화적 평형추라면, 대안공간과 공공미술은 이 평형을 교란함으로써 문화장의 변동과 사회공간의 재편을 추구한다. 대안공간과 공공미술의 실천자들은 국립현대미술관과 리움이 공인한 문화적 가치들의 대립점에 자신들의 실천과 저항의 결과물을 위치시킨다. 전자가 문화를 사적이고 고립된 형식과 내용으로 규정한다면, 이들은 보다 유동적이고 공유 가능하며 공동체적인 문화를 내세움으로써 문화장과 사회공간의 지배적 가치들을 전복하고자 한다.

IV. 결론을 대신하여, 문화장 내 투쟁과 사회공간의 지형들

한국의 예술장은 고정불변의 구조로 되어 있지 않다. 다양한 방향의 문화적 실천을 전개하는 경쟁자들로 구성되어 있는 객관적 공간이다. 이 경쟁자들의 투쟁은 향후 문화장뿐 아니라 한국 사회 전체를 재구조화하는 데 기여한다. 리움은 단순히 사회공간에서 삼성이라는 초국적 거대자본의 문화적 대리인이 아니라, 예술장 내에서 국립현대미술관과 함께 장 내 상징자본을 생산하고 전유하기 위해 투쟁하는 경쟁관계를 형성한다. 국립현대미술관 역시 국가권력의 문화적 변형으로서 사회공간 속에서 국가의 위상의 걸맞은 문화적 실천을 통해 기능하며, 이는 리움에 대한 경쟁관계로 나타나고 있다. 국립현대미술관과 리움은 문화장 내 투쟁의 중요한 극점이며, 이는 사회공간의 자본과 국가의 경쟁을 대리하고 변환한다. 국립현대미술관과 리움의 경쟁이 한국 사회의 문화적 실천의 객관적 공간을 점유하는 지배적 거점이라면, 다양한 대안공간들과 공공미술의 참여자들이 수행하는 문화적 실천은 문화장의 지배적 구조를 재편하기 위한 전복 지점이다.

이 장에서는 미술관을 예술장과 사회공간 사이의 교차점으로 보고, 한국의 문화 생산장에서 리움과 국립현대미술관, 그리고 대안공간이 여타 장들과의 관계 속에서 환류 효과를 통해 미술장뿐 아니라 여러 장으로 구성된 사회적 공간의 구조를 어떻게 재생산하는지를 보여주고자 했다. 미술관은 보다 많은 예술장 내에서 상징자본을 획득하기 위해 경쟁한다. 이를 통해 미술장의 위계적 자본 배분의 구조가 재생산되고, 그에 따라 미술관은 예술의 형식과 내용을 규정하는 권력을 갖게 된다. 또한 이러한 예술장 내 투쟁은 부르디외가 지적한 장과 사회공간의 상동성이라는 전제 위에서 국가와 자본, 시민사회의 이해관계를 미술장의 이해관계에 정합적인 형태로 번역하고, 나아가 예술장의 이해관계를 사회공간에서 지배와 저항의 이해관계로 환류한다. 이를 통해 경제적 · 정치/사회적 · 문화적 자본은 상징자본으로, 그리고 상징자본은 경제적 · 정치/사회적 · 문화적 자본으로 변환되는 것이다.

한국의 사례는 리움이 삼성과의 관계를 통해 어떻게 경제적 자본을 문화적 · 상징적 자본으로 변환시키고 삼성이 어떻게 상징적 · 문화적 자본을 경제적 자본으로 변환시키는지를 보여준다. 또한 국립현대미술관이 국가와의 관계를 통해 어떻게 정치적/사회적 자본을 문화적 · 상징적 자본으로 변환시키고, 국가가 어떻게 문화적 · 상징적 자본을 사회적/정치적 자본으로 변환시키는지를 보여준다. 이를 통해 리움과 국립현대미술관은 미술장의 구조를 친자본·친국가적으로 재생산하는 동시에 장 내에서 자신들의 상징권력을 강화한다. 국립현대미술관과 리움은 문화장 내 투쟁의 중요한 극점이며, 이는 사회공간의 자본과 국가의 경쟁을 대리하고 변환한다. 그러므로 이들은 결코 개별적으로 분리되고 고립된 문화적 실천자들이 아니고, 그렇다고 자본과 국가의 논리를 그대로 반영하는 꼭두각시도 아니다. 반면 대안공간과 공공미술은 도시 빈민, 이주자, 지역 주민들의 일상과 삶, 그리고 사회정치적 요구들을 문화장의 실천 논리로 변화시키면서, 그들이 추구하는 '대안성alternativity'과 '공공성publicity'을 획득한다. 예술장과 사회공간의 교차점에서 국립현대미술관, 리움, 대안공간이 수행하는 예술적 실천의 환류를 도식화할 때 [그림 4-3]과 같은 결과를 기대해 볼 수 있을 것이다.

국립현대미술관과 리움의 경쟁이 한국 사회의 문화적 실천의 객관적 공간을 점유하는 지배적 거점이라면, 다양한 대안공간과 공공미술

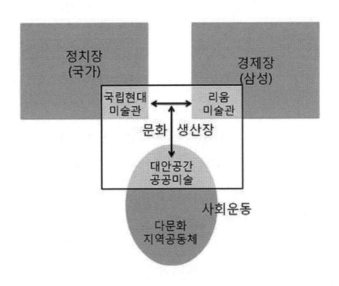

[그림 4-3] 한국 문화장 내 투쟁과 사회공간의 외접자원들

의 실천자들은 현재의 결정된 장의 구조에 유의미한 대안alternative을 제공함으로써 변화를 초래하려는 '전복자'들일 수 있다. 국립현대미술관과 리움의 경쟁이 현재의 사회공간의 구조를 유지하고 지탱하기 위한 문화적 평형추라면, 대안공간과 공공미술은 이 평형을 교란함으로써 문화장의 변동과 사회공간의 재편을 추구한다고 볼 수 있을 것이다.

물론 국립현대미술관, 리움, 대안공간과 국가, 자본, 시민사회와의 관계쌍이 서로 무관하거나 배타적인 것만은 아니다. 또 국립현대미술관이나 리움이 걸작 중심의 지배적이고 전통적인 예술 개념에만 고정되어 있거나 공공미술이 대안공간의 전유물인 것만도 아니다. 여기서 제시된 예술장 내 제도들과 사회공간의 요소들 사이의 관계쌍이나 예술적 실천의 차별성은 일종의 이념형으로 이해될 수 있다. 이 장에서 지적하고자 하는 것은 예술장과 사회공간 사이의 상동적 관계는 추상적 차원에서만 논의될 수 없으며, 보다 구체적인 상황에서 나타나는 상호 환류를 통해 이해될 수 있다는 점이다. 미술관은 작품들이 걸리거나 놓이고 관객들이 걸어 다니며 큐레이터들이 활동하는 단순한 물리적 공간이 아니다. 예술이 규정되고, 사회적 권위와 제도들이 조직되며, 권력과 자본 등 사회공간을 지배하는 거대한 힘들의 그물망-네트워크로 작동하는 구체적인 장소이다. 이 장에서 다룬 국립현대미술관, 리움, 대안공간 등은 한국 현대 사회에서 문화적 풍경의 구조가 만들어지는 현장의 전형이다. 중요한 것은 우리 사회의 문화적 풍경이 그 현장에 참여하는 행위자들의 실천에 따라 고정불변의 정태적 구조가 아니라 역동적인 변화를 겪어나가게 되리라는 사실이다.

5장 국가가 만드는 환대의 공간

: 런던 로열 페스티벌 홀

김동완

I. 서론: 국가는 자신의 영토를 해체할 수 있는가

국가는 한결같지 않다. 국가는 상황에 따라 논論과 술術을 바꾼다. 통치 일반의 거대한 논리가 변하지 않더라도, 국가의 구체적인 전략과 형태는 집권 세력에 따라 언제든 변할 수 있다. 강압적이고 투박해 쉽게 속내가 드러나는 정권이 있는가 하면, 온화하고 부드럽지만 학문과 지식을 적극적으로 동원하는 교묘한 정권도 있다. 또한 국가는 일관성 있는 체계가 아니다. 같은 정권 내에서도 부처에 따라 동상이몽을 한다. 한국의 근현대사에서도 경제 관련 기획부처와 산업 관련 부처는 고비마다 대립각을 세웠다.[1] 각 부처의 뒤에는 서로 다른 세력들이 지지대처럼 버티고 서 있다. 한 정권 내에서도 상이한 전략이 늘 경합한다. 사회 세력의 개입도 일상적이다. 일관성 있고 논리 정연한 국가는 신화일 뿐이다.

우리는 이러한 국가의 정체를 '전략적 관계strategic relation'[2]로 설명한다. 국가는 다양한 전략이 경쟁하는 장이다. 전략들의 경합관계는 국가의 형태를 일시적으로 결정하지만, 영속적이지는 않다. 만약 전략관계가 국가 공공성의 정의와 성격, 나아가 국가의 공적 과업에까지 영향을 준다면, 국가의 공공성도 유일 불변의 법칙이 아니다. 국가의 공공성과 공적 실천은 다양한 형태를 띨 수 있다. 당연히 국가 공공성이 드러나는 공적 공간의 형태에도 잠재적인 다양성을 가정할 수 있다. 어느 홍보 문구처럼 지금까지와는 다른 방식으로 공적 공간을 경험할 가능성은 늘 열려 있다.

국가, 특히 근대국가에서 공간을 통치하는 가장 오랜 기술은 영토territory이다. 영토의 기술은 선을 그어 안과 밖을 나누고, 경계 안쪽에서 권력을 행사한다. 비단 국경선에 국한되는 권력 행사가 아니다. 사적으로 소유한 땅이라 하더라도 국경 안에 있다면 국가의 기본적인 구획 논리 안에 있다. 근대국가 형성기에 땅을 구획해 정리하는 일부터 시작한 것은 우연이 아니다. 경계를 긋고 닫아 잠그는 영토의 기술은 가장 직접적으로 발견되는 국가의 단면이다. 국가가 소유한 공간은 모두가 하나의 영토이다. 도로·공항·발전소·문화관·축구장 등 공간의 형태와 무관하게, 구립·시립·도립·국립 등 소유의 주체와 무관하게 국가가 소유하고 관리하는 공적 공간은 통제의 대상이다.

국가의 공식적 영토를 완전히 해체할 수는 없다. 영토는 국가를 구성하는 기본 요소이다. 하지만 선별적으로 경계를 해제하거나 관리를 유연하게 할 방법은 충분히 많다. 국가의 성격이나 전략에 따라, 관할 정부 기관에 따라 국가의 영토(들)은 다양하게 관리될 수 있다. 이를테면 공공공간의 공공성을 중요한 정치적 아젠다로 설정한 정부, 그것도 훨씬 시민의 삶에 가깝게 접근해야 하는 지방정부라면 우리의 상식을 뛰어넘는 프로젝트를 진행할 수도 있다. 공적 공간에 작동할 법한 배제의 메커니즘을 걷어내고 정부 스스로 공적 공간을 탈영토화시키는 경우를 상상해보라. 우리의 상식으로는 불가능한 일일지도 모른다. 그런데 그런 일이 실제로 있었고, 나라 전체에 영향을 미쳤다.

이야기의 주인공은 영국 런던 템즈강변에 자리 잡고 있는 '로열 페스티벌 홀Royal Festival Hall'(이하 RFH)이다. RFH는 영국에서 "가장 소란스럽고, 가장 역동적인 공간"[3]으로 평가받는다. 우리가 흔히 클래식 공연장에서 기대하기 어려운 신체와 행위가 풍성하게 공간을 채운다. 공연이 없는 시간에도 다양한 목적의 방문객들로 분주하다. 클래식 공연장이라면 떠올릴 법한 '고상함'은 찾아보기 어렵다. 정보 없이 찾은 방문객은 낯선 광경에 당황하기도 한다. RFH가 주는 이질감은 충격적이다. 낯선 경험의 원천은 타자의 신체와 행위이다. RFH에는 '고상한' 장소에 어울리지 않는 신체나 행위로 가득하기 때문이다.

RFH는 전형적으로 고급문화를 소비하는 공간이다. 서울로 치면 '예술의전당'이나 '세종문화회관'에 해당한다. 이런 공간들은 국공립인 경우가 많다. 소위 공공공간으로 불리는 범주다. 물론 행위에 제약이 큰 장소들이기도 하다. 공원이나 광장, 놀이터나 거리에 비해 행위와 발언을 배제하고 규율하는 장치가 훨씬 조밀하게 배치되어 있다. 입구에서 마주치는 보안요원들은 이런 류의 공간에 작동하는 통제의 상징이다. 상대적으로 RFH에서 발견하는 '날것'은 더 충격적이다. 특히 이곳은 지방정부의 전략적 판단이 큰 변화를 이끈 사례였기 때문에 눈길을 끈다. 건물을 더 짓거나 공원을 더 늘리지 않고 주어진 공간에 배치된 통제 방식을 바꿈으로써 공간적 해방감을 선사한 경험이다.

이 글은 RFH에 대한 사례연구이다. 나는 RFH에 체류하면서 RFH 내 공간의 신체와 행위를 관찰했다. 조사 기간은 2011년 12월 1일부터 2012년 9월 29일까지 총 10개월이고, 이 중 기록을 남긴 일수는 총 90일이다. 월별 방문 일수는 편차가 있으나 매월 최소 5회 이상이었다. 해당 날짜에 RFH 체류시간은 평균 6시간으로 총 540시간 정도이다. 여기에 기록을 남기지 않은 단순 방문, 체류를 더하면 총 120여일, 700시간 정도가 된다. 방법론적으로는 일상사 연구의 시각자료 활용법, 특히 일상적인 사진일지와 인터뷰일지 병행을 제안하는 래섬Alan Latham의 방법론[4]을 준용했다. 이 글에서는 방문일 동안 일어난 사건과 행위들 중 일부를 시각자료로 직접 제시했고, RFH를—최소한 지난 5년간, 평균 주 3회 이상—방문했던 영국 현지인 3명과 RFH 직원 2명과의 일상적 인터뷰는 참고자료로 활용했다.

II. 로열 페스티벌 홀, '날것'이 되다: 오픈 포이어 정책

1. 로열 페스티벌 홀: 축제의 장에서 잊힌 공간으로

1951년 영국 노동당 정권은 50년간의 전쟁, 특히 제2차 세계대전의 후유증을 극복하기 위해 "브리튼 페스티벌Festival of Britain"이라는 축제를 기획한다. 1851년의 대박람회Great Exhibition가 세계에 영국의 산업적 성취를 알리기 위해 기획되었다면, 이 페스티벌은 대내적 결속을 도모하기 위함이었다. 브리튼 페스티벌 60주년이 되던 2011년 1월 20일《텔레그라프Telegraph》지는 한 기고문을 통해 페스티벌의 취지와 당시 분위기를 소개하고 있는데, 이 글에 따르면 당시 영국왕 조지 6세는 페스티벌을 통해 모든 영국인들이 과거 영국의 자부심을 되찾고 미래를 열 자신감을 회복하자고 호소했다.[5] 이를 기화로 잉글랜드, 스코틀랜드, 웨일즈, 북아일랜드 등 영국 전역에서 동시다발적으로 축제가 열리게 된다.

[그림 5-1] 브리튼 페스티벌 엠블럼

특히 런던에서는 1951년 5월부터 5개월간, 템즈강 워털루교Waterloo Bridge 남단 사우스뱅크Southbank가 축제의 장으로 꾸며졌다. 행사 기간 동안 연인원 850만의 관람객이 사우스뱅크 일대를 방문했다고 하니 축제는 대성공을 거뒀다.[6] 당시 전경은 [그림 5-2]와 같은데, 이 중 한 가운데 보이는 RFH를 제외한 나머지 건물은 1951년 10월 집권한 보수당에 의해 해체되었다.

1951년 당시 RFH는 총 2900여 개의 좌석을 가진 대형 콘서트홀로서 파격적인 건축 양식과 실험적인 음향 설계로 유명했다. 시각적으로 RFH는 이전에 보지 못했던 콘크리트 건물이었다. 자긍심 회복을 기조로 하는 브리튼 페스티벌의 일환이었던 만큼, 미래 지향적인 첨단 양식을 도입했다. 젊은 건축가들에게 일임한다는 원칙이 섰고, 레

[그림 5-2] 브리튼 페스티벌 당시의 사우스뱅크 전경

* 출처: http://www.thefestivalwing.co.uk/our-story/(최종접속일: 2014.8.16.).

슬리 마틴Leslie Martin, 로버트 매튜Robert Matthew, 피터 모로Peter Moro 등
이 참여했다. 모더니즘 건축 경향이 진하게 베인 '상자 속 달걀egg in
a box' 개념은 그렇게 탄생했다.[7] 영국 저널리스트 버나드 레빈Bernard
Levin은 처음 RFH를 보고 "미래의 어느 다른 행성으로 내가 옮겨진 것
같았다"고 말했다.[8] 당시 RFH가 가졌던 건축적 파격을 잘 보여주는
대목이다. 영국 건축사에 한 획을 그은 이 건물은 그 가치를 인정받
아, 1988년 영국문화유산재단English Heritage에 1등급Grade I 건축으로 등
재된다.[9]

그러나 당시 RFH의 '공공성'은 '날것'이 아니라 권력에 동원된 것
이었다. 런던에서 열린 페스티벌의 핵심 건물 중 하나였고, 영국적 근
대의 상징과 담론으로 가득했다. RFH를 포함한 사우스뱅크 전역은

동질성과 하나 됨의 공간이었다. 거대한 국민적 기획이 사우스뱅크를 휩쓸고 지나갔다. 차이, 다원성, 지방성이 배제된 페스티벌 이후 정치적 소명을 다한 사우스뱅크와 RFH가 그저 그런 고급 문화공간으로 잊힌 건 당연한 수순이었을지도 모르겠다.

15년의 세월이 더 지나 1967년 '퀸 엘리자베스 홀Queen Elizabeth Hall'

[그림 5-3] 로열 페스티벌 홀(상)과 사우스뱅크(하)[10]

과 퍼셀 룸Purcell Room이, 1968년 '헤이우드 갤러리Haywood Gallery'가 완성되면서 복합문화공간 사우스뱅크센터Southbank Centre가 조성된다. 불행히도 시설 투자가 RFH의 흥행을 보장하지는 못했다. 1985년 잭 스트로Jack Straw가《더 타임즈The Times》에 기고한 내용에 따르면 1980년대 이전 RFH의 침체는 분명했다. RFH는 고급문화 소비자를 위한 공공공간의 전형적인 모습이었다. 주로 클래식 공연을 했던 RFH는 공연이 있는 날, 그중에서도 공연 전후의 몇 시간을 제외하면 거의 비어 있었다. 덕분에 콘서트 관람객은 1963년부터 1983년 사이 20년 동안 매해 감소했다. 한 직원의 증언처럼 이제 RFH는 무슨 옷을 입고 와야 할지 고민해야 하는 공간이 되었다.

RFH가 처음 열었을 때, 그 홀은 진정한 인민의 궁전이었다. 그러나 점차 하루 중 2/3는 사용하지도 않고, 사랑받지도 못하는 단지 또 하나의 콘서트홀로 변해갔다. 케이터링Catering 시설은 빈약했다. 리버사이드 레스토랑Riverside Restaurant은 점심시간에 열었지만, 근처 쉘Shell 본사 임직원이나 런던의 부호들이나 갈 만한 가격대였다. 콘서트 관람객은 1963년부터 1983년 사이 20년 동안 매해 감소했다. 그곳은 오직 Radio 3[11] 청취자들에게나 어울리는 곳이었다. 박스 오피스 직원은 토니 뱅크스(하원의원)[12]에게 콘서트 오는 사람들이 어떤 옷을 입어야 하는지—마치 런더너Londerner를 위해 런더너가 세운 공공시설이 아니라—프라이빗 클럽처럼, 묻는다고 말했다.[13]

잭 스트로는 RFH의 지루함을 꼬집었다. 폐쇄적이고 고루한 공간 이용이 RFH의 매력을 떨어뜨렸다는 조롱이었다. 그리고 1983년 RFH

와 사우스뱅크에 일어난 역사적 사건을 소개한다. 이야기의 주역은 런던광역시의회Greater Londono Council, GLC를 이끌던 노동당의 켄 리빙스턴Ken Livingstone이다. 1983년 영국은 '철의 여인' 마거릿 대처Margaret Hilda Thatcher 보수당 총리 시절이다. 중앙정부 집권에 실패한 노동당이 '지방사회주의local socialism' 실험을 본격화하던 그때, 켄 리빙스턴과 런던 노동당은 뜻밖의 카드를 꺼냈다. 이른바 '오픈 포이어Open Foyer' 정책이다. 이 정책은 평소에 쓰지 않고 폐쇄했던 공간을 개방한다는 간단한 발상이지만, 장차 RFH와 런던 공공공간 전반에 거대한 전환을 가져온다.

2. 매개를 제거하기: 오픈 포이어 정책Open Foyer Policy

켄 리빙스턴, 이른바 '레드 켄Red Ken'이 이끌던 GLC는 지방국가local state라는 아이디어를 통해 적극적인 사회주의 문화 정책을 폈다. 사우스뱅크 일대에 새로운 피어 페스티벌pier festival을 벌인다는 기획이었다.[14] 당시 사우스뱅크와 인근 람베스Lambeth 지역은 저소득 노동자 밀집 지구로서 노동당의 지지 기반이 되는 지역이었다. 1981년부터 1986년 사이 GLC가 사우스뱅크에서 진행한 일련의 실험은 문화 프로그램을 통해 도시 전반에 영향을 주려는 공간 생산의 일환이었다.[15]

오픈 포이어 정책은 GLC가 피어 페스티벌을 진행한 지 3년째가 되던 1983년 4월에 처음 등장했다. 포이어foyer(혹은 포이에이, 퐈예)는 본래 프랑스 극장의 그린 룸green room을 의미했던 단어로, 극장이나 콘서트홀의 큰 방을 지칭했다. 그러나 오페라하우스와 콘서트홀이 확산되면서, 공연 중간 휴식 시간에 간단한 음료와 아이스크림을 즐기는 휴게공간을 포이어라 통칭하게 된다.[16] 기능만 따진다면, 이 공간은 오직 공연이 있는 시간에만 운용되는 것이 당연하다. 반대로 공연이 없는 시간에는 방치되는 공간이다. 리빙스턴의 혁신은 이 공간을 공연과 무관하게 일반 공중에게 연중 개방했다는 것이다. 그는 전시나 공연 티켓을 구매하지 않아도 포이어와 로비에 자유롭게 접근할 수 있도록 했다. 포이어에는 별도의 공간을 구획하지 않은 바bar와 뷔페 등이 들어섰고, 점심과 저녁 시간에 무료공연이 이어졌다.[17] GLC의 노동당 의원이었던 토니 뱅크스Tony Banks는 오픈 포이어 정책 1주년 즈음 인터뷰에서 "예술기관 대부분을 잠식했던 장벽을 무너뜨려" 이룬 성과를 다음과 같이 평가한다.

지난주 GLC '예술과 레크리에이션 위원회arts and recreation committee'는 RFH 오픈 포이어 정책 시행 12개월간의 결과를 보고받았다. 그 정책은 사정을 잘 모르는 여러 반대를 무릅쓰고 추진했던 것이다. 의회는 우아한 중년의 콘서트홀에서 사람들이 붐비는 아트센터로 탈바꿈시키려 했다. GLC의 성공은 어떤 기준에서 봐도 명확하다. 저녁 콘서트에만 열던 RFH를 매일 10시부터 열어두고, 모든 종류의 예술 활동을 제공한다. 아트홀은 무료 음악 공연, 댄스와 연극 등으로 하루 종일 활기가 넘친다. 공중은 GLC의 혁신에 열렬히 호응해왔다. 우리는 보다 젊고 넓은 계층 부문을 유치하고 있고, 이는 콘서트 관객과 RFH의 수입으로 이어져왔다.

나는 구체적인 성공 사례를 보여줄 수 있다. 지난 10년 동안 이어진 콘서트 관객 감소가 멈췄다. 최초 경험 관객first-time-concert-goers의 숫자가 거의 두 배로 늘었고, 이는 RFH 객석의 4퍼센트에 해당한다. 지난 12년 동안 최대치이다. 우리는 세 공연장의 티켓 세일 100만 명에 도

달했다. 50만여 명의 관객과 방문객이 있었다. …… GLC의 정책은 예술을 자만과 지루함에서 해방시켰고, 런던 시민 최대다수에게 최고 수준의 예술을 제공했다.

- 토니 뱅크스 인터뷰 중에서[18]

당시 GLC의 오픈 포이어 정책은 대체로 노동당의 사회주의적 기획으로 평가되었던 것 같다. 비안치니Franco Bianchini는 GLC의 정책이 사회적 약자를 배려하는 노동당의 사회주의적 공간 생산이었다고 본다.[19] 토니 뱅크스 역시 비슷한 취지의 평가를 내린다. 1986년 GLC는 해체됐고, RFH의 운영주체는 잉글랜드 예술위원회Arts Council England로 바뀐다. 그럼에도 불구하고 RFH의 오픈 포이어 정책은 현재까지 지속되고 있다.

그렇다면 이 정책은 사회주의의 유산으로 남겨진 것인가? 일단은 '그렇다'고 말할 수 있다. 분명 오픈 포이어 정책은 노동당의 사회주의적 도시 전략에서 출발했다. 고급문화의 소비 공간에서 소외되었던 집단을 배제하지 않는 계급적 실천이었다. 그러나 오픈 포이어 정책 이후 RFH는 하나의 이데올로기로 정의할 수 없는 '날것'의 특성을 획득해갔다. 그리고 '고상한' 문화시설에서 기대하기 어려운 신체와 행위로 채워졌다.

III. '날것'으로서 공공공간과 행위의 다원성

'날것'으로서 공공공간은 타자를 만나는 공간이다. 공약 가능한 동질적 정체성이 아니라 매개되지 않은 타자를 만나는 공간이다. 공약 불가의 타자는 하나의 기준으로 줄 세울 수 없다. 나와 다른 존재이지 나보다 못하거나 나은 존재가 아니다. 타자는 양적인 기준으로 따질 수 있는 대상이 아니다. 따라서 이런 공간에서 벌어지는 행위는 다양하다. 아이들을 데리고 와 낮 시간을 보내고 가기도 하고, 퇴근길에 들러 회포를 푸는 자리가 되기도 한다. 이민자들이 모여 무료한 시간을 보내는 공간이기도 하고, 학생들이 함께 공부하고 토론하는 장이 되기도 한다. RFH에서는 이 모든 일이 일어난다.

1. 오픈 포이어와 '날것'이 된 공간들: 물리적인 측면에서

1983년 오픈 포이어 정책이 현재 RFH의 공공성을 조형했다는 점은 사실이지만, 당시의 정확한 공간 이용을 확인하기는 어렵다. 지난 30년 사이 RFH의 내부 설계에 변화가 있었기 때문이다. 따라서 여기서는 현재의 내부 공간과 공간 운영을 준거로, RFH 내부 공간에서 어떤 형태의 영토 해체가 이뤄졌는지 소개하도록 하겠다.

물리적으로 RFH에는 총 6개 층이 있다. 이 중 로비와 복도를 모두 포함하는 넓은 의미의 포이어는 2, 3, 4, 5 층에 자리 잡고 있다. 2층 외부 마당은 특별한 프로그램이 없을 때 내부 포이어와 마찬가지로 활용된다. 특히 여름철엔 이곳에도 바$_{bar}$를 설치해 주류를 판매한다. 5층에는 외부 발코니가 있는데 이곳 역시 특별한 제한 없이 접근할 수 있다. 이 중에서 오픈 포이어는—회원 전용 공간인 6층을 제외하고—기왕에 개방되어 있던 2층 로비와 정책적으로 개방하는 3, 4, 5층 포이어이다.

[그림 5-4]는 2~5층 각각의 평면도인데 객석$_{Auditorium}$을 제외한 나

[그림 5-4] 층별 평면도, 공연장과 포이어

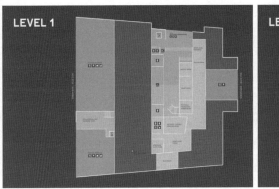
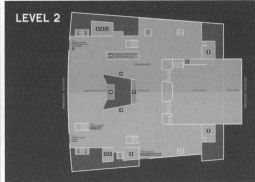
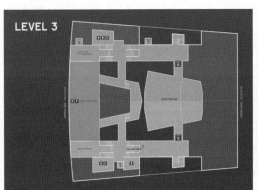
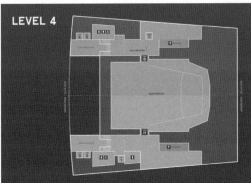
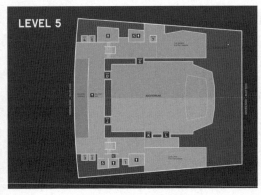
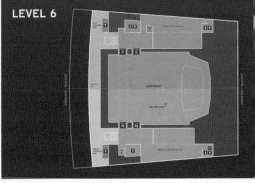

* 출처: 사우스뱅크 센터 웹사이트(https://www.southbankcentre.co.uk; 최종접속일: 2014.8.21.).

머지 밝은 부분이 포이어이다. 2층의 경우 바bar와 카페, 기념품 숍, 클로어 볼룸Clore Ballroom을 제외한 나머지 전 부분이 공중에 개방된 포이어인데, 프로그램이 없을 때는 볼룸도 여느 포이어처럼 쓰인다.

포이어 개방은 시간과 공간 두 차원에서 함께 봐야 한다. 앞서 언급한 대로 포이어는 공연과 연관된 부속공간 개념이기 때문에 하루 종일 열어두지 않는다. 그러나 오픈 포이어 정책은 이들 공간을 공연이 없는 낮 시간에도 열어두도록 했다. 표를 구매한 소비자를 위한 공간에서, 티켓 구매와는 무관하게 모든 이에게 하루 종일 개방하는 공간으로 전환한 것이다. 물론 공연이 열리는 시간에도 공연을 방해할 정도의 소란을 피우지 않는 한 접근이 보장된다. 정리해보면 오픈 포이어 정책은 RFH의 전 공간을 하루 종일(오전 10시~오후 11시) 연중무휴의 공공공간으로 개방하게 했다. 개방한 포이어에는 늘 테이블과 의자가 비치되어 있다. 테이블이 없어도 잘 관리된 카펫에 언제든 앉아 쉴 수 있다. 마치 '누군가를 위한 자리'가 언제나 마련되어 있는 것처럼 보인다.[20]

2. '날것'인 공간에서 드러나는 행위들: 다원적 공공공간

물리적인 개방은 하나의 가능성이다. 가능성을 현실로 바꾸는 것은 그 자리에 들어서는 신체와 행위다. 문자 그대로 수만, 수십만 명이 오가는 RFH에는 '날것'이라 소개하기에 충분한 다양함이 있다. 자연히 흘러드는 인파도 인파지만, RFH의 촘촘한 기획도 중요한 역할을 했다. RFH의 공공성과 다양성을 드러내는 장면은 수없이 많다. 여기서는 그중 인상적이었던 세 장면을 소개하겠다. 각각은 영토성이 해체된 공공공간이 우리에게 줄 수 있는 잠재적 현실을 선명하게 보여준다.

1) 안 또는 바깥: 영토 없는 기획의 개방성

문화예술시설에서 그 기관이 주최하는 프로그램에 참여하는 것은 가장 기본적이고 초보적인 행위이다. 그런데 로열 페스티벌 홀에서는 콘서트홀이라는 기능에서 벗어나는 프로그램이 열리고, 방문객은 손쉽게 이 프로그램에 동참하게 된다. 특히 전시나 무료공연이 가장 빈번하게 열리는 공간은 2층 볼룸과 볼룸 좌우의 전시공간이다. 때에 따라서는 템즈강 방면 야외마당이나 다른 층 포이어에서도 공연과 전시가 열린다([그림 5-5] 참고).

엄밀히 말해 사우스뱅크센터의 기획에 참여하는 것도 매개된 공간 경험이다. 일 년 연중 다양한 프로그램이 열리는 RFH에서 공간의 기

[그림 5-5] 포이어에서 열리는 프로그램과 시민들의 참여

획을 온전히 벗어나기는 어렵다. 그러나 매개되지 않은 공간 경험이 바로 곁에서 일어난다는 점이 중요하다. RFH의 공간은 '전시 중이므로', '공연 중이므로' 해야 하고 하지 않아야 할 것을 규율하지 않는다. 상식선에서 지킬 것만 지키면 된다. 자연히 기획공간과 '날것'인 공간이 섞여들어 공존한다. 타인을 만나기 위한, 타인과 만나게 되는 공약 불가능한 공간에서 참여자 각각은 내가 누구인지를 자각한다. 세상에 나로서 존재하기 위한 계기는 그렇게 만들어진다.

[그림 5-6]은 2012년 9월 2일 일요일 오후 3시부터 한 시간 동안 2층 볼룸을 중심으로 동시다발적으로 이뤄진 행위들이다. 특별히 이 날은 사우스뱅크 센터의 프로그램이 2층 볼룸에서 열리고 있었다. [그림 5-6]은 같은 시각에 같은 공간에서 일어난 여러 장면을 관찰한 것으로 이 공간이 포용하는 행위의 다양성을 보여주는 한편, 기획된 것과 그렇지 않은 공간적 경험이 어떻게 공존하는지를 확인할 수 있게 한다.

[그림 5-6]에서 ①, ②는 클로어 볼룸에서 열린 무료공연과 이를 관람하는 사람들의 모습이다. 같은 시간 ③의 두 그룹은 각각 가족모임과 친구모임을 위해 RFH를 방문했다. 공연은 모임의 부수적인 유흥이다. 물론 ②에서 공연을 관람하는 이들도 모두 공연 관람을 위해 RFH를 방문한 것은 아니다. 런던에서 가장 유명한 약속 장소라는 RFH의 명성은 괜한 것이 아니다. 때문에 무료공연이 열리는 주말 저녁이면 ②와 ③ 같은 모습을 볼룸 주변에서 흔히 발견할 수 있다.

[그림 5-6]의 ④와 ⑤은 같은 2층이지만 볼룸에서 약간 떨어진 공간들로 볼룸의 공연과는 무관한 행위를 보인다. ④는 당시 열리고 있던 런던 패럴림픽을 관람하는 모습이고, ⑤은 2층 바와 카페에서 맥

①

②

③

④

⑤

⑥

[그림 5-6] 기획한 것과 날것의 공존

주나 커피, 간단한 식사를 주문해서 대화하는 장면이다. 저녁에 열릴 공연까지 시간을 보내는 경우도 있지만, RFH에서 누군가를 만나고 여가를 보내는 경우도 많다. [그림 5-6]의 ⑤는 3층 포이어에서 2층 볼룸 쪽으로 열려 있는 곳이다. 3층은 발코니 형태로 생겨 2층 천장을 같이 쓰기 때문에 3층에서 2층을 내려다볼 수 있다. 사진에서 보이는 사람은 2미터 앞으로 자리를 옮기면 볼룸의 공연을 감상할 수 있는 위치에 있지만, 스스로 공연 공간 바깥을 택해 업무를 보고 있다.

오픈 포이어에서 열리는 기획 프로그램은 자신의 영토를 획정하지 않는다. 오픈 포이어의 행사는 모두 무료이기 때문에 센터 측에서 영토를 주장하지 않는다. 물리적 경계가 없고 사방이 트여 있는 곳에서 사람들은 각자의 선택을 존중받는다. RFH의 포이어는 기획된 공연공간인 동시에 탈영토의 공공공간으로서 존재한다. 센터의 기획은 그곳에 모인 신체와 행위를 더욱 풍성하게 만드는 역할을 성실히 수행한다. 이것이 탈영토화된 RFH에서 발견할 수 있는 첫 번째 공공성이다.

2) 소비하지 않을 자유와 '날것'으로서 포이어

잠시 3층 포이어를 언급했지만 3층 포이어 중 볼룸과 분리되어 있는 부분과 4, 5층 포이어는 2층에 비해 조용하다. 기획된 공연이나 전시는 거의 없다. 때문에 거의 아무런 매개 없이 개개의 신체가 드러난다. 이곳에 처음 들어서면 전망 좋은 휴게실에 온 착각에 빠진다. 그러나 이곳은 공연장 객석에 들어가기 위한 출입구이다. 기본적으로 포이어는 공연장 출입구가 있기 때문에 공연 티켓이 있어야만 출입할 수 있다. 공연 시간 전후가 아니면 개방하지 않을뿐더러 공연시간에도 검표하는 직원이 소비자의 신체 외에는 모두 배제한다. 귀족들의 사교 무대였던 17세기 어느 포이어만큼은 아니겠지만, 여전히 공연장 포이어는 문화자본의 과시적 현장이기도 하다.

오픈 포이어 정책은 포이어의 영토를 해체했다. 일차적으로 포이어 출입을 통제하던 물리적 절차를 제거했다. 공연 여부와는 무관하게, 티켓 구매와는 무관하게 오전 10시부터 오후 11시까지 포이어 전 공간에 대한 진입이 자유로워졌다. 포이어 공간에 등장한 공중은 고급문화 소비자로 자신을 일치시킬 필요가 없었다. 그리고 이 공간에도 테이블과 의자가 마련되었다. 영국 역사상 중요 건축물로 손꼽히는 RFH, 그중에서도 템즈강과 빅벤Big Ben이 훤히 보이는 소비의 영토가 사라졌다. RFH의 포이어는 더 이상 분류하고 배제하지 않는다.

3, 4, 5층의 포이어에는 2층에서보다 훨씬 다양한 타자들이 공존한다. 독서클럽이나 뜨개질 동호회도 곧잘 보인다([그림 5-7]의 ①). 그런가 하면 개인 공부를 위해 찾아온 학생이나([그림 5-7]의 ④), 중국어 개인지도를 받는 백인 화이트칼라도 있다. 물론 2층 포이어의 소란을 피해 담소를 나누는 모습도 흔한 장면이다([그림 5-7]의 ⑤, ⑥). 그러나 이런 장소가 가장 반가운 이는 구매력 약한 사회적 약자들이다. [그림 5-7]의 ② 속 노년 남성은 거의 매일을 저곳에 앉아 신문을 읽고 직원들과 담소를 나눴다. 그처럼 머무름이 필요한 사회적 약자에게 RFH는 환대의 공간이었다. RFH 전역에서 무료로 제공되는 와이파이 서비스는 취업을 준비하는 청년이나 작업할 공간이 필요한 비정규직 노동자를 포이어로 불러들인다. 또한 동유럽이나 북아프리카에서 영국으로 이주해 정착을 준비하는 사람들이 낮 시간 동안 머무르며 생활을 정비하는 공간이 되기도 한다.

RFH의 오픈 포이어에서는 '보이지 않는 신체invisible body'가 스스로

[그림 5-7] 소비하지 않을 자유와 타자의 대면

를 드러낸다. 노인, 청년실업자, 이주민 등 주변적인 정체성이 일상적으로 나타난다. 때론 드러난 신체에, 행위에 대한 불쾌감을 표명하는 사람들도 있다.[21] 그러나 이는 타자를 지각했다는 한 가지 방증이다. 타자를 만남으로써 비로소 사이in-between가 생길 수 있다. 배제하지 않고 부딪히는 현장이 있기 때문에 정치적 가능성을 생각할 수 있다. 다양한 정체성의 공존은 그 자체로 '행위'하고 '피력'할 권리를 행사하는 것이며, 적극적인 발언을 위한 전제조건이 된다.

3) '피력'하고 '발언'하는 공간

영토가 해체되자 '날것'이 들어섰다. RFH에는 다양한 신체와 행위가 등장했다. 타자와 마주쳐도 이상할 것 없는 교류와 환대의 장이 열렸다. 더 적극적인 '행위'와 '의사표현'은 자연스럽게 따라올 수밖에 없었을 것이다. 내가 관찰한 기간 동안 두 차례의 정치적 의사표현이 있었다. 우리 사회라면 "종북"이라고 밀어냈을 법한 두 번의 정치 집회가 버젓이 열렸다. 하나는 세계 여성의 날에 진행된 여성단체의 행진이었고, 다른 하나는 그해 RFH 공연을 후원하던 쉘Shell을 비판하는 기습시위였다.

나를 놀라게 했던 첫 번째 정치 행위는 2012년 3월 8일 '세계 여성의 날' 행사였다. 여성들을 위한 국제여성단체Women for Women International와 국제소롭티미스트 협회Soroptimist International가 세계적으로 개최한 "다리 위에서 함께하기Join Me on the Bridge"가 런던에서도 열렸다. 테이트 모던에서 밀레니엄 브릿지를 건넌 후 서쪽으로 행진한 후 골든주빌리 교Golden Jubilee Bridge를 건너 RFH에서 정리집회를 하는 일정이었기 때문에, 이날 RFH 내외부는 행진 참여자로 가득했다. 게다가 같은 날 사우스뱅크 센터가 '세계 여성의 날'에 맞춰 해마다 진행하는 세계의 여성Women of the World, WOW 주간이 시작되었다. RFH의 2층 볼룸은 온통 여성 인권을 주장하는 말들로 북적였다.[22]

행진이 끝나자 템즈강 쪽 야외마당은 정리집회를 하는 행진 참여자들에 점령당했다. 여느 집회처럼 연사들이 이어가며 목소리를 높였다. 참여자들도 질세라 환호성을 질렀다. 바깥의 어수선함과 달리 RFH 안쪽 볼룸은 정돈된 행사가 이어졌다. 센터가 주관하는 WOW 프로그램이 차분하게 진행되었다. 볼룸 중앙에서 문화행사와 학술프로그램이 열리는 동안, 한쪽에서는 난민 여성 지원을 위한 퀼트 퍼포먼스 시위가 계속되었다. 행사 기간 RFH는 여느 때처럼 찾아온 사람들과 WOW 프로그램이 뒤섞여 거대한 난장을 연출했다. 일부 방문

[그림 5-8] 쉘Shell의 공연 후원을 반대하는 시위대의 모습

객은 여성의 날 행사를 비난하고 조롱하기도 했지만, 약간의 긴장이 오히려 역동적인 장면을 연출했던 것으로 기억된다.[23]

RFH에서 목격한 두 번째 직접 행동은 일체의 매개 없는 정치적 시위였다. '여성의 날' 행사가 사우스뱅크센터의 기획과 지원 속에 이뤄진 것이라면 이날 시위는 오히려 사우스뱅크센터를 발언의 타깃으로 삼았다. RFH에서는 2012-13시즌 프로그램을 운영하면서 글로벌 정유기업 쉘Shell의 후원을 받았다. 이 후원을 쉘의 이미지 세탁으로 보았던 환경운동가들은 2012년 4월 16일 기습시위를 벌였다. RFH 보안요원 2명이 급히 뛰어오는 장면이 목격되었다. 하지만 시위대에 대한 물리적 제재는 없었다. 보안요원은 잠시 대화를 한 후, 시위가 끝날 때까지 현장을 지켰다. 환경운동가들은 2층 포이어를 돌며 피켓팅을 한 후 물러났다. 이날 시위에 대해서도 주변의 반응은 엇갈렸다. 찬성하는 사람, 비난하는 사람이 있는가 하면, 무관심하게 있는 이들도 있었다.

두 장면 모두 우리에게는 낯설다. 한국에서 정치적 시위는 옥외에서, 그것도 경찰에 신고한 후에나 가능하다. 사인私人이 아닐 뿐 공공시설물 내부를 관할하는 공공기관의 허락 없는 집회가 뒤탈 없이 끝날 리 없다. 세계적으로 당연하게 여겨지는 '여성의 날' 행진이라 해도 예술의전당이나 세종문화회관 같은 '고상한' 공간을 열어 행진 대오를 진입시킬 가능성은 높지 않다. 그러나 RFH는 그러한 시위와 발언에도 관대했다. 물리적으로 배제하지 않았고, 사법적으로 처리하지도 않았다. RFH가 환대하는 공간이 아니었다면 기획도 시위도 사실상 어려웠을 것이다.

IV. 결론

우리에게 로열 페스티벌 홀은 낯선 공간이다. 런던 필하모닉 오케스트라가 상주하고, 영국문화유산재단English Heritage에서 1등급을 부여한 콘서트홀, 게다가 건물 명칭에 "Royal"의 권위가 붙어 있는 '고상한' 공간에서 기대하지 못했던 신체와 행위를 마주친다. 이곳에서는 인근 고등학교 학예회와 자식을 보러 온 학부모들의 환호, 백팩에 샌드위치와 물을 싸서 신문을 보러 오는 노년층, 노트북을 들고 일에 열중하는 구직자, 포커판을 벌이고 있는 동유럽 이민자를 목격하게 된다. 낯선 신체와 낯선 행위들이다. 한국인이 느낄 이질감의 원천은 타자의 경험이다. 예술의전당이나 세종문화회관 같은 곳에서 마주친 적이 없는, 그래서 기대하지 않았던 타자를 마주친 경험이 이질감을 낳는다.

RFH를 소개하는 많은 기사에서는 이것을 독특한 분위기atmosphere라고 부른다. 이 분위기는 우리가 익숙한 규율에서 벗어나 있다. 하루 종일, 일주일 내내 온갖 사람들이 찾아와 각각의 삶의 공간lived space을 연출한다. 처음 이곳을 찾은 사람이라면 전혀 기대하지 못한 신체와 행위에 직면한다. 여러 종류의 타자와 마주친다. 이 낯선 공간이 주는 이질감은 공공공간에서 연출되는 사이in-between의 공간이다. 필자는 이런 공간을 '날것'으로 정의한 바 있다. 매개를 걷어낸 공공공간이 주는 기분 좋은 긴장감이다.

'날것'인 공간은 이 글을 통해 제안하려 했던 공공공간의 가능성이다. '날것'인 공간은 국유나 사유 같은 소유 형태와는 무관하다. 특히 국가 소유가 공공공간, 즉 '날것'인 공간을 보장하지 않는다. 사유 공간이라 해도 그 공간의 영토성이 해체되고 있거나 해체하려는 시도를 한다면, 우리는 그곳을 '날것'이라 부를 수 있을 것이다. 반영토, 반경계의 공간으로서 공공공간은 실천적 과정이다. 반대로 '날것'인 공공공간이 있다 해도 이것을 영토화하려는 정치권력과 자본권력의 기획은 언제나 존재한다. RFH가 '날것'의 특징을 보인다 해서 그것이 당연하고 자명한 것은 아니다. 여전히 RFH는 영토/반영토의 충돌 위에 놓여 있다. 지금의 모습은 가능한 여럿 중 한 가지 상태일 뿐이다.

RFH의 경험이 한국 사회에 던지는 함의는 분명하다. '지금 우리가 경험하는 공공공간이 유일한 것이 아니며, 다른 형태의 대안이 가능하다'는 실천적 메시지이다. 국가의 공식적 공간에 부여된 무색무취, 가치중립의 이미지는 공공성의 가상이다. 공적 공간의 본연은 늘 정치적이다. 공공공간에서 신체와 행위를 매개하는 것이나, 그것을 벗겨내는 것이나 모두 정치적 실천이다. 공공공간의 영토성과 경계를 해체하기 위한 지속적인 정치적 실천 없이는 어떤 '날것'도 주어지지 않는다. 런던 GLC의 실험은 국가가 스스로 만들어낸 환대의 공간이다. 제도정치와 국가적 기획에서 발견한 가능성이자 전망이다. 로열페스티벌 홀은 지방정부가 포악한 도시에 만든 한 점의 휴식처지만, 환대 받은 타자들의 자기 전시는 충분히 빛났다.

6장 성적 반체제자와 공공공간

: 2014 신촌 퀴어퍼레이드를 중심으로[1]

김현철

I. 성적 반체제자sexual dissidents, 거리 위 '불온한 당신'²

동성애자 무리는 더러운 좌파 …… 동성애자들이 노리는 게 궁극적
으로는 국가 전복이라고 확신한다.

− 조우석 KBS 이사

(2015.10.8. 바른사회시민회의와 자유와통일을향한변호사연대 주최,
〈동성애·동성혼 문제 어떻게 봐야 하나〉 토론회 중)

최근 한국 사회에서는 '동성애자'에 대한 공식적인 혐오 발언이 부
쩍 증가하고 있다. 조우석 KBS 이사에게 "동성애자 무리"는 "더러운
좌파"이며 무려 "국가 전복"을 "노리는" 이들이다. 그의 인식에서 '동
성애자 무리(로 통칭되는 다양한 몸들)'는 사회 구성원이라기보다 사회
체제에 반反하는 자들, 사회의 경계 바깥에 놓인 사람들, '더러운' 몸
들이다. 규범적인 이성애만을 주장하는 세력들은 다양한 성적 지향·
성별 정체성을 담지한 몸들을 국가가 구축해온 체제성 자체에 대한
위협으로 여기며, 더 나아가 그들을 체제 밖에 설정함으로써 기존 성
규범의 경계를 견고히 하고자 한다. 이러한 측면에서 비규범적인 젠
더, 성적 지향, 성별 정체성을 지닌 몸들, 즉 성적 반체제자는 규범적
인 이성애로 도포되어 있다고 '믿어지는' 도시공간 위 '불온한 당신'

들이다.

그러나 "국가 전복"을 꿈꾸는 이 불온하기 짝이 없는 성적 반체제자들은 여간해서는 도시공간에서 찾아보기 힘들다. 드라마나 영화에서는 간간히 성적 반체제자의 모습이 재현되지만, 그 모습이 규범화되어 있을 때에만 받아들여지거나 그마저도 거부되는 경우가 빈번하다. 예컨대 〈인생은 아름다워〉(SBS, 정을영 연출, 김수현 극본, 2010)에 나오는 게이 커플인 태섭과 경수는 규범적이고 도덕적인 연애를 하는 모습으로 재현되었으나 곧 반대 세력의 격렬한 저항에 부딪혔다. 당시 참교육어머니전국모임과 바른성문화를위한전국연합은 조선일보에 《〈인생은 아름다워〉 보고 '게이'된 내 아들 AIDS로 죽으면 SBS 책임져라!)라는 광고[3]를 내며 드라마 시청 거부 운동을 개진하기도 했다. 또한 〈선암여고 탐정단〉(JTBC, 여운혁·유정환 연출, 신광호 극본, 2015) 11화의 여고생 커플 키스 장면, 12화의 포옹 장면은 방송통신심의위원회(이하 방심위)로부터 경고조치를 받기도 했다.[4] 성적 반체제자가 미디어에 드러나는 것에 대한 공포, 더 나아가 '불온한' 성적 지향, 성별 정체성, 젠더 수행이 거리에 전시display되는 것에 대한 발작에 가까운 거부감은 규범적 이성애로 규율된 도시 공공공간에서 강력히 통용되고 있으며, 공간에 이성애적 규범을 확대·재생산한다. 게다가 점차 우경화되는 한국 사회의 분위기는 이러한 이성애적 규범의 재생산에 일조하고 있다.

이 같은 상황에서 도시공간을 일정시간 점유하면서 이루어지는 퀴어퍼레이드는 최근 몇 년간 한국 사회에서 급격히 이슈화되며 지탄의 대상이 되어왔다. 예컨대 문창극 전前 국무총리 내정자는 고별 강의에서 신촌 퍼레이드에 대해 "무슨 게이 퍼레이드를 한다며 신촌 도로를

왔다 갔다 하느냐. …… 동성애가 좋으면 집에서 혼자 하면 되지, 왜 퍼레이드를 하느냐"라는 발언을 했다.[5] 신촌 퀴어퍼레이드를 반대하는 측이 지배적으로 내세운 의견 역시 거리에서 '동성애자'들을 보고 싶지 않다는 것이었다. 서대문구청 자유게시판 443번 글의 "그들만의 축제로 끝나게 하십시오. …… 그런 것들을 어떤 형태로든지 보게 하고 싶지 않습니다. 나 또한 보고 싶지 않습니다"라는 언급은 이 같은 인식을 대변한다. 성적 반체제자를 '사적 존재'로 만드는 공간 통치는 집, 찜방, 종로 극장가, 게이바와 같은 '그들의 공간'에서만 성적 반체제자가 존재하도록 영역화한다. 이처럼 퍼레이드(를 비롯한 동성애) 반대 측은 집, 찜방, 극장가, 게이바와 같은 공간을 공적 논의가 일체 배제된 장소로 사적 영역화하고, 이 공간에 있는 동성애자의 존재만을 예외적으로 묵인하고자 하는 경향을 보인다. 이는 이중의 사화私化, 즉 해당 공간의 사화私化와 존재의 사화私化라는 중첩된 작업을 포괄한다. 이 같은 퍼레이드 반대 측의 논지에서 '동성애자'는 사적이라고 영역화된 공간에만 존재하는 존재, 즉 공적인 장소에 존재하지 않는 사화死化된 존재로서만 역설적으로 존재하게 된다. 즉 그들은 집에서만, 극장에서만, 찜방에서만, 게이바에서만 예외적으로 존재하는 이탈적 존재가 된다. 이러한 공간 통치는 도시공간 전체를 '확장된 벽장extended closet'[6]으로 만든다.

그러나 성적 반체제자는 도시의 공공공간과 밀접한 관계를 맺고 있다. 사회에 그들의 존재를 드러내는 것, 혹은 드러내지는 것, 감추는 것, 감춰지는 것과 관련한 모든 행동들은 공간과 동떨어져 생각할 수 없다. 실제로 성적 반체제자와 사회의 관계를 나타내는 언어들은 다분히 공간적이다. 예컨대 '벽장closet에서 나오다'라는 뜻의 '커밍아웃

coming out the closet', 강제로 성정체성을 폭로당하는 '아웃팅outing', 온·
오프라인에서 자신의 성정체성을 숨기지 않는 사람을 표현하는 용어
인 '오픈 게이', 파트너 관계 외에는 성정체성과 관련한 사회관계를
맺지 않는 사람들을 일컫는 용어인 '커플벽장', 주로 외양이나 걸음걸
이, 행동에서 성정체성을 확연히 드러내는 사람들을 일컫는 말인 '걸
커(걸어다니는 커밍아웃)' 등의 용어들은 성 정체성과 관련하여 공간의
안팎을 내포하고 있다.

　　이 같은 용어들은 성적 반체제자가 이성애정상가족 중심적인 공공
공간에서 경합하는 공간적 방식들을 대변한다. 커밍아웃과 아웃팅 사
이의 수많은 스펙트럼, 즉 공간상에서 자신을 얼마만큼 드러내고(혹
은 강제로 드러내지고) 또 감출 것인가(혹은 타의로 감춰질 것인가)의 전략
은 성적 반체제자들의 일상생활과 생존에 직결되는 문제이다. 집, 거
리, 학교, 직장, 화장실과 같은 여러 공간에서 성적 반체제자들은 매순
간 드러냄(드러내지기)과 감추기(감춰지기)의 경계 사이에 있다. 드러냄
(드러내지기)의 예로는 퀴어/비혼 페미니스트로 자신을 정체화한 활동
가들이 마포구/은평구를 근거지로 하는 지역공동체인 〈마포레인보우
주민연대〉(이하 〈마레연〉)나 〈살림의료복지사회적협동조합〉 등에서 성
정체성과 관련한 정보를 드러내고 사회망을 만드는 것[7]이나 (수술 중
인) FTMFemale-to-Male이나 (수술 중인) MTFMale-to-Female, 혹은 '티부(티나
는 부치)'처럼 비규범적인 젠더가 '남과 여'밖에 적혀져 있지 않은 공
공화장실 앞에서 매순간 맞닥뜨리는 긴장의 역학 등을 들 수 있다. 또
한 레즈비언이 집을 방문하는 손님에 따라 공간에서 자신의 정체성을
식별할 수 있는 물건을 감추거나 드러내는 선택적 전략[8]거나 학
교, 직장 등에서 동성애자로 식별될 것을 우려하여 연애나 우정의 대

상으로 티부를 기피하는 것 등을 감추기/감춰지기 스펙트럼의 예로 들 수 있다. 상황에 따른 드러냄(드러내지기)과 감추기(감추어지기)의 스펙트럼은 규범적 이성애로 성애화sexualized/젠더화gendered된 일상공간과 성적 반체제자가 밀접한 관계를 맺고 있음을 보여준다.

이러한 맥락에서 필자는 LGBTQ/Queer 운동 진영[9] 및 퍼레이드 지지자들이 2014년 6월 7일, 신촌 연세로에서 열린 퀴어한 퍼레이딩[10]에 참여함으로써 사회로부터 낙인찍힌 '성적 반체제성' 자체를 공공 거리에 전시display하고 기존 공공 거리에 부과된 이성애정상가족의 규범을 전도하고자 한 지점에 주목하고자 한다. 퀴어한 퍼레이딩은 1969년 뉴욕의 스톤월 항쟁을 기점으로 시작되었다. 북미와 유럽 일대에서 연례행사로 정착해온 이 행사는 68혁명과 대항문화운동의 흐름 속에서 형성된 게이해방운동전선이 '상담의자'에서 내려와 '거리'로 나가는 것을 택한 역사적 배경과 관련이 있다.[11] 이 퍼레이딩은 이후 북미와 유럽 일대, 남미 등지, 그리고 아시아에서는 한국과 일본, 대만, 태국 등에서 공간에 각인된 이성애지배적인 젠더/섹슈얼리티 가치에 전도順倒를 시도하는 커밍아웃 스펙트럼의 최전선에 있는 '세계화된' 운동 전략으로 자리매김해왔다. 이 운동은 공공공간인 거리를 일정 시간 점유한 상태에서 다양한 성정체성들과 몸들을 드러내거나 이에 대한 지지를 표방하며 걷고 춤추는 집단적 행위로 규정할 수 있다.

퍼레이딩이 이루어지는 거리는 도시공간을 퀴어화하는 창발적인 생산의 공간임과 동시에 기존 도시공간의 허상적인 이성애규범성을 드러내는 경합의 장이기도 하다. 축제적 시위로 나타나는 이 경합에 참여하는 행위자들은 일종의 유희적 주체들로, 이들의 '낯선' 몸들과 리듬은 성적 반체제자를 사적 존재로 귀속시키는 도시공간의 배타적인 공공성의 규범을 흔들고 균열을 낳는다. 이를 통해 이들은 기존의 이성애규범적인 공공공간을 복수複數와 이질적인 것으로 가득찬 혼종성hybridity으로 채우고자 한다. 다시 말해 혼종성으로의 공공공간은 다층적인 섹슈얼리티와 그에 기반한 다양한 스펙트럼의 관계들을 거리에 현현appearance하게 하는 것이다. 또한 이 같은 공공공간은 섹슈얼리티의 스펙트럼뿐 아니라 몸을 수행하는 방식을 주체화함으로써 몸과 섹스, 노출 그 자체를 스스로 향유하는 방향을 추구한다.

퀴어한 퍼레이딩 참여자들이 추구하는 향유에의 열망은 이성애정상가족규범에 부합하지 않는 몸들과 정체성들을 이탈과 위험으로 규정하고 '거리'를 균질적인 공간으로 만들려 하는 입장과 대조적이다. 2014년 연세로에서 퀴어한 행진을 한 몸들은 지배적인 성규범에 균열지점을 낳음과 동시에 도시를 퀴어화queering하며 전유하고자 했다. 이 몸들은 성적 반체제자가 단순히 이성애정상가족적 공간 통치의 잔여물 혹은 오류로만 귀결되지 않으며, 오히려 도시공간을 생산하는 주체의 가능성을 가진다는 것을 보여준다. 이 장에서는 2014년 신촌 퀴어퍼레이드에서 지지 측의 '괴이한queer' 도시공간 생산 과정에 주목하면서 행사에 참여한 단체/개인이 도시의 공공성을 어떻게 전유하고자 했는지 살펴보고, 이들의 행위를 통해 급진적/해방적인 도시공간의 가능성을 전망해보고자 한다.

II. 도시를 퀴어화하라 Queering the City :
2014 신촌 퀴어퍼레이드

서울퀴어문화축제 측은 제14회 서울 퀴어퍼레이드가 열린 홍대 일대를 제15회 퍼레이딩 장소로 고려했었다. 그러나 마포구는 2012년 〈마레연〉에서 요구한 현수막 걸기를 거부한 이후 관할 지역 내에 성적 반체제자들의 행사가 열리는 것을 공공연히 불허해왔다.[12] 이러한 상황에서 서울퀴어문화축제 측은 홍대가 아닌 신촌의 연세로를 퍼레이딩 장소로 선정했다. 서울퀴어문화축제 측은 3월부터 신촌민회와 연락 후 신촌 상가회의 팀장과 축제에 대해 논의했고,[13] 이후 신촌번영회는 해당 퍼레이드를 지지하면서[14] 4월 초 서대문구청에 장소 신청을 했다. 그 결과 서울퀴어문화축제 측은 5월 12일 연세로 장소 사용을 승인받았다.[15] 그러나 이 승인은 "퀴어문화축제와 관련하여 세월호 여객선 침몰사고에 따른 국가적 추모 분위기가 계속 이어질 경우 축제를 연기하거나 취소하는 등 행사 일정 재검토"[16]라는 조건이 붙은 승인이었다.

신촌 연세로에서 퀴어한 퍼레이딩이 열리게 되었다는 소식에 〈에스더기도운동〉(이하 〈에스더〉), 〈예수재단〉, 범동성애반대단체인 〈동성애문제대책위원회〉(이하 〈동대위〉),[17] 〈대한민국 어버이연합〉(이하 〈어버이연합〉) 등은 즉각적으로 반응했다. 〈에스더〉 관련자 측은 '신촌동성애반대청년연대'라는 이름으로 페이스북 계정을 만들고 축제 반대 운동을 홍보하기 시작[18]했으며, 〈동대위〉의 경우에도 신촌 퀴어퍼레이드를 막기 위해 〈긴급공지〉 문서를 만들어 배포했다. 이 문서는 동대위에 속한 단체뿐 아니라 SNS(주로 카카오톡), 문자 등을 통해 〈어버이연합〉 등 동성애를 반대하는 입장의 단체들에게 공유되었다. 〈에스더〉 관련자 측과 〈동대위〉는 신촌 퀴어퍼레이드를 막기 위해 서대문구청과 서울지방경찰청, 서대문경찰서, 신촌번영회에 항의할 것을 채찍질하는 동시에 이 글을 주위 사람들에게 전달할 것을 독려[19]했는데, 이 같은 네트워킹의 효과는 서대문구청 홈페이지 내 자유게시판(이하 자유게시판)에 5월 23일부터 퀴어퍼레이드가 끝난 후인 6월 10일까지 19일 동안 총 신촌 퀴어퍼레이드와 관련해서 총 109개의 반대/항의 글이 올라오는 형태로 나타났다. 이 기간 내 서대문구청의 자유게시판 글이 총 130개였다는 점을 감안해봤을 때, 이는 83.85퍼센트에 해당하는 비율이었다.

이들은 항의글을 게재할 뿐 아니라 관할부서에 전화를 걸어 업무를 마비시켰다. 또한 반대 측 중 일부는 5월 28일, 서울퀴어문화축제 측에 집회 신고를 허가해준 서대문경찰청 앞에서 1인 시위를 벌이기도 했다. 그는 서대문경찰청 정문 앞에서 피켓을 들고 시위를 벌였는데, 그가 든 피켓에는 "동성애자 "퍼레이드" 중단/서울 경찰청 퀴어문화축제 시가행진 허가를 취소하고 중단시켜라"는 문구가 쓰여 있었다. 반대 측의 항의 속에서 서대문구청 측은 5월 26일에는 상가 번영회로 연락해 취소를 알렸고,[20] 5월 27일 장소 승인을 취소했다.[21]

그러나 서울퀴어문화축제 측은 5월 9일 서대문경찰청에 집회 신청을 한 상태였기 때문에 6월 7일 연세로에서 퀴어퍼레이드 행사를 예정대로 진행했다. 서대문구청의 '문화 행사' 허가는 취소되었지만 경찰 측이 6월 7일 연세로에서의 '집회'를 허가했기에 퍼레이딩 측은 집회의 성격으로 그 공간을 점유할 정당성을 확보한 것이다. 그런데 서대문경찰청은 예수재단의 탈동성애 예배 집회와 에스더 관련자 측의

〈신촌 동성애 반대 일만명 국민대회〉(이 행사는 세월호 추모제로 신고되었다) 집회, 어버이연합의 집회 신고 역시도 받아주었다. 신촌 퀴어퍼레이드에서의 경합은 사실상 퍼레이드 전부터 예정되어 있었다.

1. 퍼레이딩 전前 부스 행사: 패러디, '되기'로의 수행

…… 공연이 이루어질 유플렉스 앞 광장에는 성소수자를 상징하는 육색무지개 깃발과 화려하게 치장한 사람들 사이에서 한 남성이 동성애혐오와 반대 발언을 적은 피켓을 10여개를 펼치고 자리에 앉아 있다. 커피 내리는 향이 향긋하게 퍼지는 퀴어커피부스 옆 대형 스크린에서는 혐오 세력에게 직접적으로 대응하지 말라는 내용이 안내되고 있다. 환호와 노랫소리, 고함과 항의가 섞여 웅웅대는 소리, 상반된 감정을 표출하는 문구들. 경계의 균열들. 마치 평화로운 카오스의 한가운데에 있는 것 같다.

- 2014.6.7. 현장노트 중

퍼레이드 반대 측 역시 퀴어퍼레이드가 예정되어 있던 6월 7일 연세로에서 집회를 진행함에 따라 퍼레이딩 전 부스 행사가 진행되었던 오전 10시경부터 오후 5시경까지 연세로에는 상반되는 경관이 펼쳐졌다. 퀴어문화축제 무대가 펼쳐지는 유플렉스 앞에서 오후 1시부터 2시경까지 홀리라이프와 신촌 아름다운교회, 〈예수재단〉이 주도한 탈동성애예배가 진행되었으며, 퍼레이딩 경로인 창천교회 앞쪽에는 〈신촌동성애반대청년연대〉 및 〈에스더〉, 〈예수재단〉 등이 연대하여 진행한 〈신촌동성애축제 반대 1만명 시민대회〉가 열렸다. [rmfla

6-2~4]는 당일 퍼레이드 반
대 측의 활동을 보여준다.

신촌 퀴어퍼레이드를 지
지한 세력은 신촌을 이성애
규범적인 공간으로 정화하
고 '비우려' 했던 반대 측의
영역화[22]와 달리 신촌 퀴어
퍼레이드의 공간성을 이질
성과 복수성으로 '채우기' 위
한 전략을 세우고 몸의 패러
디와 '되기'로의 수행을 적극
적으로 활용했다. 아래의 글
은 급진적 퀴어단체인 액트-
업ACT-UP과 퀴어내이션Queer

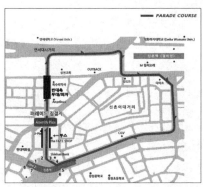

[그림 6-1] 퍼레이드 시작 전 부스행사
당시의 대략적인 배치도
(서울퀴어문화축제 전단지 편집)

퍼레이드 집결지를 중심으로 아래쪽 부스 행사가 열리던
공간에는 예배를 보는 홀리라이프 및 반대 시위 세력이 있
었으며, 집결지 위쪽에는 〈예수재단〉과 〈에스더〉 등의 연
대로 열린 〈신촌 동성애 반대 1만명 시민대회〉가 진행되
고 있었다.

Nation이 자신들의 몸 자체를 수행의 장으로 전유한 내용을 담은 것으
로 필자가 본 절에서 언급하고자 하는 수행과 패러디의 성격을 잘 보
여준다.

나는 에이즈 액티비즘의 정치적 관점만큼이나 독특한 슬로건과 로
고를 내 몸에 붙인 걸 보면서 독자들이 나를 이런 단어들로 상상했으
면 좋겠다. 내가 이런 행동을 하는 이유는 '에이즈는 끝나지 않았다',
'여자들이 더 빨리 죽고 있다', '나는 동성애자다', '침묵은 죽음과 같
다'라는 말을 사람들에게 상기시키는 것뿐만 아니라 공중장소를 무단
으로 점거함으로써 내 몸을 정치적으로 전유하기 위함이다.[23]

[그림 6-2] 탈동성애 예배(1)

* 출처: 서울퀴어문화축제.

[그림 6-3] 탈동성애 예배(2)

* 출처: 서울퀴어문화축제.

[그림 6-4] 신촌동성애축제반대 1만 명 시민대회

신촌 퍼레이드 참여자들이 해당 장소를 '무단'으로 점거한 것은 아니었지만, 그들은 패러디와 '되기'로의 수행을 통해 몸을 정치적으로 전유함으로써 몸이 표현하는 언어와 의미를 공간에 새기고, 또 그로써 유희적 주체와 혼종적 공간을 생산해내고자 했다.

1) 패러디

먼저 패러디의 경우, 패러디가 가지는 역학은 주디스 버틀러가 주지했듯 그것이 단순한 '원본'과 '모방품'의 관계가 아니라는 데 있다.[24] 버틀러는 젠더 패러디가 원본의 실재를 가정하지 않는다면서 "패러디는 원본이라는 개념 자체에 **관한** 것, …… 특히 '정상적인 것', '원본인 것'이 하나의 모방본이며, 따라서 어쩔 수 없이 실패한 것"[25]이라고 언급했다. 즉 버틀러는 젠더 패러디의 개념을 설명하면서 특정 '젠더'라고 반복적으로 수행되어온 그 행동적 정체성이 실상은 하나의 개념, 즉 그 자체로 이미 하나의 모방본이라 말한다. 그렇기에 패러디는 '본질적인', '유일무이한' 그 무언가를 따라하는 것이 아니라 이미 '그 자체'가 되는 것에 '실패한' 개념을 따라하는 것이다. 버틀러식으로 말하면 '환영의 환영'이라고 말할 수 있을 것이다. 이러한 측면에서 볼 때 무언가를 '의식적으로' 패러디한다는 것은, 이미 그 패러디하는 대상이 담지하는 환상에 대한 일종의 조롱이자 유희이며, 그 환상이 드러난 순간 충격적으로 다가오는 실재를 보게 함이기도 하다.

[그림 6-5]는 신촌 퍼레이드 당일 행해졌던 패러디의 일부이다. 우선 첫 번째 사진에서 퍼레이드 참여자들은 신촌 퍼레이드를 점거했던 일부 기독교 세력이 본질이라고 여기는 '원본', 즉 '예수와 사도'라는 상징을 패러디한다. 이들은 '소돔과 고모라'라는 타락에의 '원본'인 퀴어퍼레이드에 '예수와 사도'라는 구원에의 원본을 전시함으로써 그 역설에서 발생하는 미끄러짐slippage과 경계 사이를 생산한다. 또한 두 번째 사진에 적힌 "엄마 애들이 나보고 이성애자래요ㅜㅜㅜ"라는 문구는 흔히 정상이성애규범적 사회의 일상공간에서 낯설고 괴이한 존재로 자리 매김되는 '동성애자'라는 원본을 '이성애자'로 패러디하는 것이다. 기존의 성규범 가치를 역전시키는 퀴어퍼레이드에서 "엄마 애들이 나보고 이성애자래요ㅜㅜㅜ"라는 패러디가 가지는 효과는 극대화된다. 마지막으로 세 번째 사진에는 "교회에서 기타 치던 그 오빠 사실 게이야"라는 문구를 통해 '종교'와 '이성애/동성애'라는 두 '원본' 요소를 모두 패러디함으로써 '어쩔 수 없이' 실패할 수밖에 없는 두 원본에 대해 꼬집는다.

[그림 6-5] 신촌 퍼레이드에서 패러디

* 출처: 서울퀴어문화축제.

2) '되기'로의 수행

본 절에서 말하는 수행은 기계적인 반복을 바탕으로 하지 않는다. 오히려 이때의 수행은 공공공간에서 자신 스스로가 하나의 '작품적 주체'가 되는 것이다. 다르게 표현하면 이는 기존 거리에 "일상적인 혹은 영구적인 효과를 목표로 하는"[26] 이성애규범적 규율 대신 자신의 리듬, "추억과 기억, 말해진 것과 말해지지 않은 것"[27]을 꺼내는 작업이다. 이를 통해 주체는 자신을 (상품과 구별되는) 작품으로 도시에 전시하고, 또한 도시공간을 작품으로 생산하는 적극적인 행위자로 존재하게 된다.

[그림 6-6]은 일종의 수행적 성격을 띠는 사진으로, 첫 번째와 두 번째 사진의 경우 "나는 게이다", "여기 레즈비언 있다"라는 언어를 몸에 부착함으로써 '퀴어한' 것의 존재가 용납되지 않았던 기존 거리를 퀴어화하고 있다. 이를 통해 이 주체들은 '이성애자'로 패싱되는/패싱되어야 하는 기존의 거리규범에서 새로운 언어를 생산하고 있다. 이들의 수행은 행사 당일 거리를 수놓은 수많은 6색 깃발과 상징들 속에서 그 수행적 의미가 더 확장되었다. 다음으로 세 번째 사진은 손톱을 깎았냐는 질문, 즉 '레즈비언의 성 행위'를 의미하는 표현을 가감 없이 드러낸다. 그것은 수없이 '말해지는' 남녀 간의 섹스와 로맨스 사이에서 '말해지지 않은 것' 혹은 '말해지지 않은 기억'이기도 하다. 특히 '동성애자=항문섹스'라는 왜곡되었지만 어찌 보면 지극히 게이 중심적인 표상에서 다시 한 번 삭제되는 레즈비언의 섹스를 표현하는 것이기도 하다. 더불어 "섹스가 좋아"라는 표현을 통해 '말해

[그림 6-6] 신촌 퍼레이드: '되기'로의 수행(1)

* 출처: 서울퀴어문화축제.

지지 않은 것', 즉 감춰진 것으로서만 사화되었던 여성 간의 섹스에 다른 의미를 부여하고자 했다. 섹스를 '말해지지 않은 것'의 위치에 놓는 사회는 특히 여성에게 섹스에 대해 말하지 말 것을 더 많이 요구하며, 여성의 몸을 최대한 '섹스'와 멀리 떨어진, 무성의 위치에 놓길 요구한다. 그러므로 "섹스가 좋아"라는 문구는 섹스에 대해 말할 수 없도록 하는 혹은 감춰야 하거나 두려운 것으로 자리 매김하게 하는 공공공간의 질서에 대한 도발이며, 그러한 측면에서 수행적 측면을 지닌다.

이 같은 수행은 단순히 섹슈얼리티와 성 수행의 측면에서만 표출되는 것은 아니다. 그 리좀적 세계는 들뢰즈가 언급했듯 인종과 계층, 계급, 민족 등의 다양한 결들이 '그리고'라는 언어로 끝없이 연결되면서 펼쳐진다. 예컨대 면담자 중 한 명이었던 E는 노동인권단체의 활동가로, 레즈비언이기도 하다. 그녀에게 퀴어퍼레이드에 '레즈비언'으로서가 아니라 '노동인권단체의 활동가'로 참여한 이유에 대해 문자 아래와 같이 답했다.

> E: 퍼레이드에 (노동인권단체 활동가로) 참여한 이유는 제가 가진 정체성이 하나가 아니기 때문이에요. 저는 노동자고 레즈비언이고, 또 학생이기도 하죠. ㅇㅇㅇ(단체명)로 참여하지 못할 이유는 없다고 생각했어요.
>
> - E와의 인터뷰, 2014.7.22.

E의 대답에서도 엿볼 수 있듯 퀴어퍼레이드에 참여한 사람들은 단순히 성 정체성만의 범주로 참여한 것이 아니었다. 그들은 노동자로,

당원으로, 동물병원협동조합원으로, 장애인으로, 미국과 독일, 이탈리아 대사관 직원으로, 구글회사 직원으로, 천주교인권위원회로, 도쿄퀴어퍼레이드 운영진으로, 기독교인으로 등 다양하고 복합적인 정체성을 지니고 신촌 퀴어퍼레이드에 참여했다. 이 같은 복수성은 단순히 퍼레이드 당일에만 표출되는 것이 아니다. 퍼레이드 공간에서의 복수성은 기존 일상생활에서 구축되어온 연대 지점을 보여주는 것인 동시에 퍼레이드에서 생산되는 것이기도 하다.

　실제로 퀴어퍼레이드는 기존 LGBTQ/Queer 운동 진영의 연대 현황을 드러내는 지표이며, 연대를 생산하는 장으로 존재한다. 한국레즈비언상담소는 지난 10년간 한국의 여성성소수자의 현황에 대해 언급한 북경 20보고서에서 지난 10여 년간 LGBTQ/Queer 진영이 형성해온 지평과 연대망에 대해 논한 바 있다.[28] 특히 이 보고서는 게이와 레즈비언 외의 주체들, 예컨대 트랜스젠더와 바이운동이 구체화되는 지점[29]을 논하고 있으며, LGBTQ/Queer 운동 채널이 다각화되어온 흐름 역시 짚고 있다. 이 보고서에서는 채널의 다각화로 미디어운동과 마을운동에 주목하고 있는데, 미디어운동의 예로 들고 있는 〈여성영상집단 움〉(이하 〈움〉)의 경우 안티-퀴어 액티비즘에 대한 영상을 지속적으로 기록해오고 있다. 〈움〉은 이번 퀴어퍼레이드에서도 퍼레이드 반대 측과 지지 측의 장면들을 영상으로 기록했고, 평소에도 〈무행〉 측과 긴밀한 협력 구조를 형성하는 등 연대의 지점을 가지고 있다. 또한 〈마레연〉의 경우, "다양한 형태의 협동조합이나 마을 만들기 등 기존의 지역운동 흐름과 그 궤를 같이한"[30] 흐름을 보여주고 있다. 〈마레연〉은 임미영의 논의[31]에서 알 수 있듯 마포 지역의 진보단체 중 하나인 〈마포민중의집〉과 연대관계에 있다. 이는 [그림 6-7]의

①에서도 확인할 수 있다. 〈마레연〉은 〈마포민중의집〉과 밀접한 연관성 속에서 구성되어온 역사를 지니고 있다. 또한 이들은 〈마포민중의집〉 이용자들을 중심으로 구성된 〈마포의료복지사회적협동조합〉, 〈우리동물병원생명협동조합〉에 참여하고 있기도 하다. 마포 지역에서의 대안적 공동체 운동이 '퀴어한' 정체성들/몸들과 맞닿는 지점을 보여준다.

또한 퀴어퍼레이드에 참여한 정의당, 노동당, 녹색당은 단순히 퀴어퍼레이드에서만 지지를 표현하는 소극적 위치에 있지 않다. 실제로 정의당은 성소수자위원회를 두고 있으며, 노동당 역시 성정치위원회를 두고 있고, 녹색당은 성소수자/이주민/장애인 인권 특별위원회를 두고 있는 상황이다.[32] 이 같은 기존 연대와 운동의 흐름은 퀴어퍼레이드에서 집약적으로 드러난다. [그림 6-7]의 ②는 퍼레이드의 다양한 정체성의 흐름과 섞임의 성격을 잘 보여준다. 이 사진은 장애인운동과 LGBTQ/Queer 운동이 연대해온 지점을 보여줌과 동시에 장애와 퀴어를 연관시킴으로써 장애인을 무성적 존재, 단순한 시혜적 존재로 여겼던 기존의 시각, 더 나아가 장애인 가운데 이성애 외의 섹슈얼리티를 가진 사람이 존재할 것이라는 인식이 미비한 기존의 시각에 일침을 가한다. 일상에서 구축되어온 연대의 궤적은 퍼레이딩에 참여하는 몸들이 하나의 단일한 정체성으로 존재하는 것이 아니며, 자신이 추구하는 다양한 가치를 생산하고자 하는 의지들의 합으로 존재함을 보여준다. 이처럼 퀴어퍼레이드는 기존의 LGBTQ/Queer 운동 진영과 커뮤니티가 구축하고 생산해왔던 연대 지표를 드러낸다.

이와 더불어 퀴어퍼레이드는 도시공간에 퀴어한 장면을 생산하고, 앞으로의 연대를 확장해나가는 장으로도 존재한다. 이는 퀴어퍼레이

①

②

[그림 6-7] 신촌 퍼레이드: '되기'로의 수행(2)

* 출처: 서울퀴어문화축제.

드에 참여하는 주체와 더불어 퀴어퍼레이드의 공간 역시 끊임없이 되어가는 과정에 있음을 보여준다. 예컨대 퀴어퍼레이드에 참여하는 사람들은 알지 못했던 정보를 얻기도 하고, 우발적 만남을 통해 참여자는 특정 LGBT/Queer 운동의 후원자, 회원이 되기도 한다. 필자가 있었던 〈한국레즈비언상담소〉의 부스에는 실제로 퍼레이드 당일 CMS 후원회원으로 가입하거나 혹은 단체에서 활동하고 싶다는 의사를 밝히는 경우가 있었다. 또한 배진교 대구 퀴어퍼레이드 위원장은 당일 다양한 부스를 돌며 활동가들과 참여자들에게 대구 퀴어퍼레이드에 연대해줄 것을 요청하기도 했다. 이 같은 연대에의 요청은 이후 6월 27일에 있었던 대구 퀴어퍼레이드 준비에 기폭제로 작용하기도 했다. 이처럼 퀴어퍼레이드는 기존의 연대 장면들을 보여주는 장임과 동시에 연대를 생산해내는, 되어가는 장으로서 존재한다.

　도시공간에 퀴어한 장면을 전시하고, 또한 생산하는 퀴어퍼레이드에서 참여자들은 패러디와 '되기'로의 수행을 통해 연세로를 향유하고자 했다. 이 같은 전략을 통해 퍼레이드 참여자들은 반대 측의 공간 정화 전략에 대항하여 유희적 주체와 혼종적 공간 생산의 의지를 보여주었다. [그림 6-8]의 ①은 부스 행사가 진행되던 중 전통복장을 한 남성과 십자가를 든 남성의 가운데에 악기를 들고 눈에는 6색 무지개를 페인팅한 백인 남성이 자리를 잡고 연주하기 시작하는 광경을 포착한 것이다. 그가 악기를 연주하자 축제의 참여자들은 걸음을 멈추고 그 모습을 지켜보며 환호하고 신기한 듯 웃기도 했다. 획일적인 이성애가부장적 규범을 주장하는 사람들 사이에 퀴어한 퍼레이딩을 지지하는 연주자가 배치됨으로써 해당 공간은 유희적 성격을 띠게 된다. 또한 오른편 사진은 탈동성애를 지지하는 노선의 예배에 예수의

복장을 패러디한 참여자가 이에 대해 피켓으로 항의하고 있는 장면이
다. 이 장면에서 '장소 정화'와 '패러디'의 영역화가 섞이면서 '기독교

①

②

[그림 6-8] 신촌 퀴어퍼레이드: 유희적 주체의 생산

* 출처: 서울퀴어문화축제.

의 예배에 예수가 항의하는' 유희적 의미를 형성해낸다.

이상으로 본 절에서는 퍼레이딩 전前 부스 행사에서 퍼레이드 참여자들이 어떠한 전략으로 공공공간을 의미화하고 생산하고자 했는지 분석했다. 지지 측은 반대 측의 배제적인 영역화에 대해 패러디와 '되기'로의 수행 전략을 통해 열린 공공공간에 대한 전유의 의지를 표현했다. 이러한 전략 사이에서 공간은 때로는 국지적인 충돌이 벌어지는 장이 되기도 했지만, 유희적 주체와 공간이 산발적으로 생산되기도 했다. 이러한 양상은 이후 퍼레이딩이 예정되었던 오후 5시경부터 〈신촌 동성애 반대 일만명 국민대회〉를 하던 세력과 어버이연합 중 상당수가 퍼레이딩 공간에 본격적인 점거를 시작한 후에도 지속되었다.

2. 퀴어한 퍼레이딩: 작품적 걷기를 통한 권력의 현현

퍼레이딩이 시작될 시간까지도 〈신촌동성애축제 반대 1만명 시민대회〉는 퍼레이드 루트를 점거하고 있었다. 이러한 상황에서 주최 측은 집결지에서 방향을 틀어 루트를 변경하는 것을 계획했다. 참여자들은 주최 측의 안내에 따라 루트를 바꾸어 이동을 시작했으나 이내 그 이동은 막히고 말았다. 이는 〈신촌동성애축제 반대 1만명 시민대회〉를 열고 있던 측과 〈어버이연합〉 등의 단체들이 퍼레이딩이 예정되어 있던 오후 5시경에 퍼레이드 경로를 점거했기 때문이다. 이들은 이성애 외의 성 정체성들과 몸들을 거리에 드러내는 퀴어한 퍼레이딩을 안정된 '공동common'의 공간규범을 흔드는 위험으로 규정하고, 이러한 논리하에서 연세로를 배타적인 공공공간으로 (재)생산하고자 했다. 이들의 인식은 "신촌에 동성애가 풀어지면, 서울 어느 곳이든 동성애가 풀어진다는 말 …… 서울 어느 곳에서든 동성애가 풀어진다는 것은, 대한민국 어느 곳에 서든 동성애가 풀어지는 것으로, 이번에 지혜롭게 대처하고 막아서야 한다"[33]라는 언급에서도 드러난다. 그들은 퍼레이드 경로 자체를 점거함으로써 '신촌 땅'에 동성애가 '스며들지 않도록' 막았다.

[그림 6-9] 퍼레이드 시작 전 점거 상황
(퀴어문화축제 전단지 재구성)

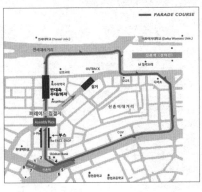

이 같은 대치 상황에서 퍼레이드 참여자들은 점거하는 측과 일정 수준 감응하려는 노력을 하기도 했다. K는 인터뷰에서 자신의 퍼레이드 경험을 아래와 같이 언급했다.

K: 아, 저는 늦게 도착했었거든요. 연세대 쪽에서 내려와서 그 사람들(반대 측)이 누워 있는 걸 먼저 봤는데 '아, 저 미친 인간들' 했죠. 앞이 꽉 막혀 있고, 나가지지도 않고, 애국가 부르고 있고 …… 근데 이쪽(지지자들)에서 갑자기 '당신은 사랑받기 위해~~(찬송가)' 그 노래를 부르기 시작하는 거예요. 그러고 나서 누워 있던 사람들이 일어나서 조금 자리를 비켰어요. 그렇게 앞으로 조금 이동하는데 사람들이 '와~~' 하더라구요.

필자: 그때 기분이 어땠어?

K: 좋았죠, 완전 좋았죠. 우리 이번 퍼레이드 구호도 '사랑은 혐오를 이긴다'였잖아요. 그 구호 그대로인 것 같아서 기분이 너무 좋더라구요. 그 장면을 보고 저도 막 소리치면서 친구들이 있는 뒤쪽(퍼레이드 차량이 있던 쪽)으로 갔어요. 저 춤췄

[그림 6-10] 신촌 퍼레이드: 대치 상황

* 출처: 서울퀴어문화축제.

다니까요? 기분 좋아서.

- K와의 인터뷰, 2014.8.27.(강조는 필자)

또한 퍼레이딩 대치가 4시간여 이상 계속되면서 퍼레이드 행렬을 기다리는 대치 뒤편의 사람들을 중심으로 우발적인 경관이 펼쳐졌다. 그 공간을 전유하는 것이었다. [그림 6-11]을 보면, 상단 측 두 사진의 경우 성적 반체제자를 상징하는 6색 무지개를 덮고 있는 모습이 보인다. 특히 상단 오른쪽 사진의 경우, 뒤에 있는 경찰의 모습과 6색 무지개를 덮은 모습이 대조적이다. 이와 더불어 하단 왼쪽 사진의 경우, 퍼레이드에 참여한 학생들은 노트북과 휴대폰 등을 꺼내 상황을 서로 공유하고 이야기를 나누기도 했다. 이 같은 '축제'와 '시위' 사이의 성격은 대치가 첨예해져가는 상황에서도 축제적 성격을 잃지 않았다는 점에서 의미가 있다. 사람들은 퍼레이드가 시작되길 기다리는 동안 수다를 떨고, 춤을 추었으며, 건배를 하고, 노래를 불렀다. 실제로 어떤 한 외국인이 춤을 추며 노래를 부르기 시작하자 모든 사람들이 그에게 박수를 치며 리듬을 맞추기도 했다. 이러한 성격은 상동 공간을 구축하려는 반대 측의 영역화 전략과 대비되는 전유적 성격을 띤다. 대치하는 상황에서 수동적으로 기다리기만 하는 것이 아니라 나름대로 대치 상황을 전유하고자 했던 참가자들의 노력은 본격적으로 퍼레이딩이 시작되면서 '작품적 걷기'를 생산하는 것으로 이어졌다.

대치가 몇 시간도 넘게 이루어지던 상황에서 주최 측은 창천교회 쪽에 점거되어 있던 시설물들이 치워졌다는 소식과 함께 다시 본래의 루트로 방향을 틀었고, 드디어 퍼레이드는 본격적으로 시작될 수 있었다. J는 인터뷰에서 대치 상황에서 퍼레이드로 넘어가던 순간 느꼈

[그림 6-11] 퍼레이딩 대치 뒤편

 * 출처: 서울퀴어문화축제.

던 희열과 퍼레이드를 도는 동안 느꼈던 감정에 대해 다음과 같이 표현했다.

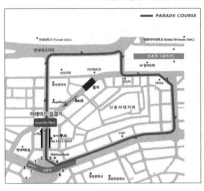

[그림 6-12] 본격적인 퍼레이딩
(서울퀴어문화축제 전단지 재구성)

J: 맨 처음에는 왜 앞으로 안 가는지 몰랐어. 꽹과리 소리 들으면서 신나서 애인이랑 손잡고 걸어가고 있는데 얼마 걷지도 않아서 갑자기 멈추는 거야. 무슨 일인지 처음엔 전혀 몰랐어. 그러다가 10분인가. …… 한참 있고 나서야 앞에서 문제가 생긴 걸 알았어.

필자: 앞에 그 난리 난 거?

J: 응. 애인은 혹시 모르니까 위험하다고 나가지 말라고 했는데 궁금해서 앞에 가봤지. 진짜 난리도 아니더라. 사람들 다 '연행해' 외치고 있고. 다시 돌아와서 또 한참을 기다리다가 진짜 조금? 한 다섯 발자국? 정도 움직였어. **근데, 그렇게 조금 움직였는데 나도 모르게 함성이 막 터지면서 순간 울컥하는 거야.**

필자: 퍼레이드 돌기도 전에?

J: 어. 애인이랑 친구들이 옆에 있어서 울진 않았는데 울컥했었어. **그렇게 몇 번? 감질나게 움직일 때마다 울컥하고. …… 퍼레이드가 시작되고는 도는 내내 소리 지르고 그랬던 것 같아. 특히 그 어디야. …… 연세대 쪽 굴다리 지나갈 때는 사람들 함성소리가 막 몇 배로 더 커지는데, 이렇게 표현하면 좀 중이병 같지만 정말 그 세계에 우리밖에 없는 것 같았어. 함성소리가 귀에 먹먹하고 나도 고래고래 소리 지르고. 뭐라 그래야 할까. 막 그 …… 끓어오르는**

······ 음 ······ 그래, 일종의 카타르시스 같았달까.

필자: 나도 그때 정신없이 소리 질렀어.

J: (잠시 생각하다가) 그리고 결국 마지막에 앞에서 그 조끼 입었던 분(한채윤)이 눈물 흘리면서 얘기하시는데 나도 결국 울었어. 자존심이고 뭐고. 막 눈물이 나더라고.

- J와의 인터뷰, 2014.7.12.(강조는 필자)

J의 인터뷰 내용에는 퍼레이딩에서 느낀 카타르시스뿐 아니라 퍼레이드를 같이 걸었던 사람들과 공감했던 부분이 잘 드러나 있다. 신촌의 퍼레이딩에서 이루어진 '걷기'는 기존의 '상품product적 걷기'와는 차별화되는 '작품적 걷기'를 창조해낸다. 더불어 이 같은 '작품적 걷기'를 함께함으로써 집단의 기억은 해당 공간에 새겨진다. 이 같은 '작품적 걷기'는 근대적 만보객flâneuse/flâneur의 조망적 걷기와도 차별되며, 이동을 위한 반복과도 차별된다. J가 느꼈던 '카타르시스'는 '작품적 걷기'의 행위를 통해 '날것'으로의 공간을 향유한 경험이 가져올 수 있는 감정의 역학을 보여준다.

즉, 퍼레이딩하는 몸parading body은 유통과 소비를 위한 반복적 이동만을 허용하는 도시의 거리 개념에 균열을 낳는 것이다. 이때 그 걷기는 단순한 행동action이 아닌 하나의 행위behavior로 존재한다. 그리고 그 과정에서 거리를 '학습'하는 것이 아닌 '향유'하고자 하는 몸짓은 능동적 주체를 생산한다. 이 같은 걸음걸이의 생산은 해당 거리를 퀴어링queering하는 동시에 '자연스럽다'고 여겨지는 기존의 거리규범에 함축된 획일적 질서를 드러낸다.

거리의 개념을 재구축하고 몸을 표현하는 것, 춤을 추는 것, 함성

[그림 6-13] 퀴어한 퍼레이딩: 작품적 걷기의 생산

* 출처: 서울퀴어문화축제.

을 내지르는 것, 걷는 몸짓을 자유롭게 하는 것, 몸을 이완시키고 뛰는 것 모두 '몸짓 하나조차 자유로울 수 없는' 기존 공간 질서에 대한 일종의 축제적 저항이다. 그것은 공간에 각인된 이성애가부장적 규범과 더불어 '소유자' 혹은 지배적 주체만이 거리에 권리를 가진다는 논리와 '소비하지 않는 주체'가 거리를 돌아다닐 권리를 지우는 논리, 거리를 배회하고 거리에서 모임을 가지며 유희를 즐길 권리를 모두 삭제해나갔던 기존 거리 규범에 대한 저항이다. 이처럼 존재의 주체적 전유가 드러나는 몸짓은 '작품적 걷기'로 명명될 수 있다. 이러한 '작품적 걷기'에서 타인의 존재와 목소리는 삭제되지 않는다. 이는 '함께' 걷는 연대적 걷기로 나아갈 가능성을 시사한다. [그림 6-13]에는 민영화에 대한 비판과 서울의 인종차별에 대한 비판SEOUL, AGAINST RACISM, 그리고 '평등한 사랑'을 지지하는 노동정당의 슬로건이 성별주의sexism, 동성애 혐오에 맞서 행동하자는 피켓이 같은 공간에서 표출된다.

Ⅲ. 퀴어한 퍼레이딩이 정체성만의 퍼레이드가 되지 않기 위하여: 공공공간에서의 노출 규범에 대한 성찰 필요

앞서 논의한 바와 같이 신촌 퀴어퍼레이드 참여자들은 성적 반체제성과 몸의 복수성 자체를 도시공간에서 향유하고자 했다. 이 과정에서 그들은 기존 이성애정상가족 중심적인 공공공간의 가치체계를 전도하여 퀴어화된 거리를 생산하고자 했다. 이 과정은 비단 퀴어

[그림 6-14] 퀴어퍼레이드에서의 노출 수행

* 출처: 서울퀴어문화축제.

퍼레이드 당일의 행위로 귀결되는 것만은 아니다. 오히려 이 퀴어화
된 공공공간을 생산하는 과정은 일상공간에서의 실천, 연대와 맞닿아
있다.

　이처럼 2014 신촌 퀴어퍼레이드는 성/젠더 정체성에 대해서는 도
시공간의 퀴어화 가능성을 시사했지만, 정작 몸 그 자체의 규율에 대
해서는 효과적인 전략을 펴지 못했다. 예컨대 퍼레이드가 가장 많이
공격받은 지점인 거리에서의 노출 규범에 대해 퀴어퍼레이드 참여자
들은 이를 언어화하지 못했다. 신촌 퍼레이드 이후 6월 11일에 열린
〈성소수자와 공적 공간, "물의인가, 무리인가"〉 토론회에서도 역시 노
출에 대해 찬성하며 환영한다는 측과 역효과를 우려하거나 지나치다
는 측의 입장이 갈렸는데, 이는 노출 규범에 관해 퍼레이드 지지 측이
지니고 있는 긴장을 보여준다. 아래는 노출과 관련하여 토론회에 나

온 플로어 의견 4개이다.

플로어 3: 퍼레이드에서 빤스만 입고 돌아다닌 것. 대다수의 사람들이 중도인 사람들이 많은데 그 사람들에게 좋게 보이지 않을 것 같다. 역효과가 나서 소수들만 즐기는 문화가 되지는 않을까.[34]

플로어 8: 제 주변에 게이 친구들도 많고, 나는 표현의 자유를 극단적으로 허용해야 한다고 생각해서 팬티 입는 것 괜찮다고 생각한다. 그런데 기독교에서 극단적으로 나가는 것도 그에 동의하지 않는 입장에서는 반감이 이는 것처럼, **성소수자 운동도 화합 중심으로 가야한다고 생각하는데, 가끔씩 보면 거부감이 드는 워딩들이 있다.** 저 같은 사람도 그러는데 다른 분들은 더 그러실 것 같다.[35]

플로어 9: 그렇다면 우리는 그들의 노출을 금지해야 하나? 누군가에게 그거 하지 말라고 할 수 있나? **성정체성을 드러내도 몸은 드러내면 안되는 건가?** 이것은 자기검열에 관한 문제이고, 그런 질문이 두려운 것도 사실이지만, 그런 식으로 자기검열을 하자는 건, 포비아의 눈에 맞춰서 살아가자는 얘기이다.[36]

플로어 2: 노출이 불법인지 아닌지 따져보면, 강의석 씨의 경우 정치적 의사표현이었다고 무혐의가 나왔고, 예전에 목사님들이 나체로 나왔을 때도 무혐의 났었다. **노출 자체에 대해, 기존에 안 봐왔던 것을 봤기 때문에 그런 것이다.** 축제는 즐거워야 한다고 생각한다. 기존에 하지 않았던 것을 해야 축제라고 생각하고…….[37]

또한 아래는 퀴어퍼레이드에서 훈도시를 입어 논란이 되었던 우주
군이 유튜브 방송 〈OPEN〉을 통해 노출에 대한 자신의 입장을 밝힌
부분이다.

저는 3년 전에 처음으로 훈도시를 입었었는데요. 옷을 입는다는 게
군인이면 군복 학생이면 교복처럼 옷은 하나에 사회가 만들어놓은 틀
이잖아요. 그래서 사회에서 억압받는 사람들이 옷을 벗음으로써 그 억
압에 저항할 수 있고 자유를 누릴 수 있는, 1년에 하루 정도는 그리 해
도 되지 않겠느냐, 라는 생각에 그 옷을 입게 되었습니다. …… 그중에
서 흥미로운 댓글이 있었어요. 멋진 몸을 가진 사람이 벗는 거랑 뚱뚱
한 사람이 벗는 건 사람들에게 많은 차이가 있다, 뚱뚱한 사람이 벗으
면 누가 그거를 좋게 봐주겠느냐, 라는 그런 댓글이 있었어요. 근데 저
는 그게 되게 이상했거든요. 근육은 노출해도 되고 지방은 노출하면
안 되나? 그런 생각이…….[38]

위의 글들을 통해 퀴어퍼레이드에서의 노출을 둘러싼 논의는 퀴어
퍼레이드를 지지하는 사람들 사이에서도 의견이 갈리고 있음을 알 수
있다. 이 같은 경향은 비단 한국만 해당되는 것은 아니다. 일례로 스
페인의 경우, 마드리드 퀴어페스티벌에서 게이들의 '근육질 몸'이 게
이를 대변하는 풍토를 지적한다. 마드리드 퍼레이드 지지 측 사이에
서는 프랑코 독재시기에 대한 저항의 경험, 그리고 민주화의 경험 속
에서 퀴어퍼레이드 역시 '운동'이며 '시위'이기에 지나친 노출과 몸
을 견제해야 한다고 주장하는 측과 퍼레이드는 '축제'이며 '파티'라
고 주장하는 측의 입장 차이가 두드러졌다.[39] 이는 비단 마드리드 퀴

어퍼레이드만의 문제는 아니다. 뉴욕 등 미국 대도시에서 이루어지는 상업화된 퀴어퍼레이드에 대해 (벗은) 게이의 몸이 이미 하나로 규격화·시장화되었다고 비판하며 퍼레이드의 의미를 재규정해야 한다고 주장하는 목소리 또한 적지 않다.[40] 이 같은 상황에서 국내의 퀴어퍼레이드에서도 노출 규범에 대한 논의가 시작된 것은 퍼레이드 참여자 개개인이 가지는 복수적인 위치성이 충돌하는 지점을 드러냄과 동시에, 앞으로 퀴어한 퍼레이딩의 의미를 어떻게 만들어나갈 것인가에 대한 논의가 시작되는 것으로 볼 수 있다.

그렇다면 퍼레이드가 이루어졌던 공공공간에서의 노출 규범은 어떻게 언어화되어야 할 것인가. 이와 관련하여 필자는 공공공간에서의 노출이 '음란과 평범' 사이에 존재하게 되는 체계는 조련적 반복에 기인한 것이며, 이 반복이 공간에서 노출의 위치성을 만들어내는 것이라 주장한다. 예를 들어 공중목욕탕이나 누드 비치, 혼탕 등 특정한 '공공' 공간에서 노출, 그것도 '성기'가 모두 드러나는 노출이 문제시되지 않는 것은 공간의 위치성과 그 공간이 형성해온 '수행'과 '반복'이 노출의 '정당화'와 관련됨을 보여준다. 즉 엄밀히 말해 노출은 '일탈'의 문제가 아닌, '위반'의 문제이다. 일례로 더글라스는 다음과 같이 언급했다.

신발은 그 자체로는 더럽지 않다. 그러나 그것은 식탁 위에 놓으면 더럽다. 음식은 그 자체로는 더럽지 않다. 그러나 침실에 조리기구를 놓아두거나, 옷에 튀었을 때 음식물은 더럽다. 이와 유사하게 응접실에 있는 목욕 용품, 의자 위에 놓은 옷들은 지저분해 보인다.[41]

이 말은 노출의 공간 분류와 관련해 다음과 같이 패러디할 수 있다.

성기는 그 자체로는 음란하지 않다. 그러나 그것을 거리에 내놓으면 음란하다. 항문은 그 자체로는 음란하지 않다. 그러나 그것을 교실에 드러내거나 배설 외의 용도로 사용했을 때는 음란하다. 이와 유사하게 지하철에 가슴 패인 옷을 입고 앉은 여자는 음란해 보인다.

크레스웰은 "공간적 분류가 강하면 강할수록, 즉 추방하고 배제하려는 욕망이 커질수록 현존 질서를 지키는 사람들을 전복시키는 일이 더 쉬워진다. ⋯⋯ 우리가 잘못된 시간에 놓인 것을 **시대착오**anachronism라고 부르는 것처럼, 잘못된 장소에 놓인 것을 **장소착오**anachorism라고 부를 수 있다"[42]고 언급했다. 즉 노출을 분석하는 작업은 일상공간의 위치성과 더불어 이루어진다.

그 연장선상에서 신체공간의 위치성 역시 문제가 된다. 주디스 버틀러는 "성의 범주와 당연시된 이성애 제도야말로 **구성물**이며, 사회적으로 제도화되고 규정된 *환영물이거나 '페티시'*이다. 이들은 **자연스러운** 범주가 아니라 **정치적인** 범주이고, 이런 맥락에서 볼 때 '자연스러운' 것에 의지하는 것은 언제나 정치적이라고 입증된 범주이다"[43]라고 언급했다. 즉 공공공간에서의 노출 '부위'에 대해 문제를 제기하는 것은 기존 정상이성애규범이 가지고 있는 '성 페티쉬'에 논쟁을 거는 것이다.

기존 여성 신체공간 부위에 대한 노출 규범은 성 행위 혹은 애무와 관련하여 '야함'을 느끼게 하는 부위(허벅지 안쪽, 유두, 가슴골)를 노출하는 것은 '성욕'을 불러일으킨다고 말한다. 이는 곧 성폭력에 노출되는 것에 본인도 책임이 있다는 것이었다. 이 같은 노출 규범에 대해 여성운동 진영에서는 2011년 4월 토론토를 기점으로 '잡년 행진Slut walk'이 시작되었으며, 한국에서도 역시 2011년 6월에 탑골공원 앞에서 행진이 이루어져 2016년까지 이어지고 있다. '야한 옷을 입어서 성폭행당한 것이다, (피해자가) 먼저 조심해야 한다'라는 기존의 노출 규범에 저항하는 이 운동은 '노출'이 문제인지, '노출을 바라보는 시선'이 문제인지에 대해 반문한다. 반대 측의 입장에서 '항문'이 문제가 되는 가장 주요한 이유는 그것이 '배설하는 기관'이라는 아브젝트적 위치에 있다는 점과 더불어 그것이 '남성 성기와 여성 질'의 결합이라는 기존의 '성 페티쉬'에 부합하지 않기 때문이다.

노출에 제재를 가하거나 제재를 완화하는 것은 젠더/섹슈얼리티 규범의 구축과 더불어 공공공간의 영역화, 공간의 반복적 실천과도 연관되는 것이다. 실제로 서유럽 일대와 북미에서는 역사적으로 브래지어를 거부해온 운동의 흐름이 있었으며, 그 결과 공공장소에서 여성이 브래지어를 착용하지 않는 것이 별다른 사회적 지탄을 받지 않는다. 또한 뉴욕시는 1992년부터 여성이 가슴을 드러내는 것이 '경범죄'로 분류되지 않는 도시이다. 여성운동 활동가들은 '가슴을 드러낼 권리'를 주장하는 '고 토플리스 데이Go topless day'의 제1회 가두시위를 뉴욕시에서 벌였다. 남성이 가슴을 공공공간에 드러내는 것이 '범죄'가 아닌 반면, 여성이 가슴을 드러내는 것이 '음란한 행위'로 귀결되는 것은 신체공간의 '특정' 부위를 '음란함'으로 규정짓는 공간의 반복적 실천이 전제되어 있음을 보여준다. 이 같은 기존의 규범에 대해 뉴욕시는 '여성의 가슴이 거리에 드러나는 것이 곧 성욕망의 페티쉬를 자극하는 것은 아니다'라는 입장에 손을 들어준 것이다. 이처럼 공공공간에서 여성이 가슴을 드러내는 것이 공간의 반복적 실천을 통해 하나의 '자연스러움'이 되어간다면, 그때 여성의 가슴은 이성애규범적 '성 페티쉬'의 위치성을 초월하게 된다.

뉴욕시의 사례에서 볼 수 있듯 여성의 가슴이 공공공간에 노출되는 것이 '언제나' 지탄의 대상이 아니라는 점은 노출에 대한 기존 공간 규범이 담지하고 있는 지배적인 담론을 드러낸다. 공공공간에서 신체공간의 '특정' 부위가 노출되는 것에 대한 논란은 공공공간에서 개인의 몸이 '섹스하다'라는 동사의 목적어 위치에 있는가, 아니면 주체의 위치에 있는가라는 논의이며, 이 논의는 공간의 반복적 실천 속에서 재구성될 가능성을 가지고 있다.

이러한 의미에서 신촌에서의 퀴어한 퍼레이딩은 도시의 공공공간을 퀴어화하는 지속적인 논의를 구축하는 데 긍정적인 영향을 끼쳤으나 그 과정에서 성 정체성이 아닌 성적 실천과 몸 그 자체에 관한 논의는 또 다시 주변화되었다. 즉 신촌 퀴어퍼레이드는 공공공간에서의 노출을 통해 '노출'이 담지하는 '경계' 자체를 언급하고 이를 '정치'의 경계에 놓는 장이 되지 못했다. 이는 끊임없이 '낯선' 몸을 생산하고 논쟁을 생산하는 장, 즉 "그리고"로 이어진 리좀의 장을 구축하는 데 한계로 작용했다.

그러므로 필자는 앞으로의 '퀴어한' 퍼레이딩이 동성애규범적인 퍼레이딩으로 고착되지 않기 위해, 무수히 많은 행위자들이 연대하는 '대안적 공공 영역'[44]을 형성하기 위해 퍼레이딩 지지 측에서 보다 넓은 정치적/급진적 테제를 생산해나갈 것을 제안한다.

Ⅳ. 소결

이 장에서는 패러디와 '되기'의 수행, 작품적 걷기의 측면에서 2014 신촌 퀴어퍼레이드에서 퍼레이딩 참여자들이 이성애정상가족 규범적 공공공간의 정의를 재구축하는 과정을 분석했다. 퀴어한 퍼레이딩은 기존 LGBTQ/Queer 운동 진영과 커뮤니티가 구축해온 연대와 지지의 지표를 압축적으로 파악하는 공간이자 퍼레이드 과정 중에서도 다양한 형태의 연대들이 생산되는 장으로 기능한다. 또한 복수화된 다양한 결의 수행들이 이 같은 퍼레이드의 퀴어함queerness을 증폭시키는 기제이기도 하다. 이 '되어가는' 공간에서 성적 반체제자들은 공공공간을 전유하는 주체로 떠올랐으며, 이들의 행위는 다양한 사회적 계층과 집단이 연대할 수 있는 가능성을 보여주었다.

그러나 2014년 신촌 퀴어퍼레이드 이후에도 집단적 혐오는 〈서울시민인권헌장〉의 폐기(관련 내용은 박스를 참고)와 2015 서울광장 퀴어퍼레이드, 2016년 서울광장 퀴어퍼레이드, 그리고 삶의 매순간에서 공공연히 표출되고 있다. 이 집단적 혐오는 도시공간의 주체를 무성적 혹은 이성애(가족)적 존재로 획일화하며, 비규범적인 섹슈얼리티를 지닌 몸들을 공적 논의에서 주변화한다. 이 같은 배제의 궤적은 지금 이 순간에도 계속 이어지고 있다. 그 결과 도시의 공공공간에서 '규범적인 이성애자'라는 표상 외에 도시의 공간에 실제로 존재하는 수많은 몸들은 공적 논의에서 철저히 사私의 위치로 설정되었다.

〈서울시민인권헌장〉은 박원순의 서울시장 선거 공약이었다. 박원순이 서울시장에 재임한 이후 2014년 지방선거가 끝난 후부터 본격적으로 〈서울시민인권헌장〉 제정 작업에 착수했다. 개인자격과 활동가, 성별, 세대 모두를 아우르는 시민위원을 신청하는 작업이 6월부터 이루어졌으며, 이때 뽑힌 시민위원을 중심으로 가안을 만들고 이를 시민과의 토론회를 통해 다듬어나가는 형식이었다. 그리고 12월 10일, 세계인권의 날에 발표할 예정이었다. 이 인권헌장 제정이 본격적으로 착수되자 극우기독교 세력과 어버이단체들은 인권헌장의 의의와 목적, 숨겨진 의도에 대해 의문을 제기하기 시작했다. 퍼레이드 때와 같은 전략으로 '전화 사역', '문자 사역'이 이루어졌다. 더불어 시청 앞에서의 시위도 지속적으로 진행되었다. 인권헌장 제정을 반대하는 이들의 정화'작업'은 인권헌장 가안이 강남권역 토론회에서 공개된 순간부터 활성화되었으며 10월 17일 강북권역 토론회와 11월 20일 서울시민인권헌장 공청회, 11월 27일 인권재단 사람 사무실 점거 시도에서 점차 그 정도가 극심해져 갔다. 아래는 필자가 10월 17일 강북권역 토론회에 참여했을 당시의 간략한 스케치이다.

나는 오늘 강북권역의 시민 토론회에 일종의 토론자의 자격으로 참여했다. 토론회는 성북구청에서 열렸으며, 필자가 도착했을 때에는 문 앞에서 실명을 확인하는 절차가 이루어졌다. 더불어 본 회의장에 들어가기 전 논의 테이블을 정하는 뽑기를 했는데, 이는 각 테이블 별로 논의할 사항이 정해져 있었기 때문이다. 이는 지난 9월 30일에 있었던 강남권역 토론회에서 테이블별 분담 토론 없이 진행한 결과 반대 측이 '성소수자' 조항을 삭제하라는 주장만 하다 끝난 경험에서 나타난 전략이었다. 토론회장에는 테이블이 9개 정도 놓여 있었고, 벽 쪽으로는 청중들이 홀을 빙 둘러 서 있었다. 필자가 뽑은 테이블은 성소수자 조항이 속한 1번 테이블이었다.

시민위원들의 개회사가 끝난 후 본격적인 토론회로 들어가려는 순간, 테이블에 앉아 있던 사람들이 토론회 진행 방식에 의문을 제기하기 시작했다. 그들의 주요 주장은 "내가 하고 싶은 얘기는 1번 테이블에 있으니 1번 테이블로 가겠다"였다. 실제로 이들의 계속되는 주장에 원래 계획되어 있던 토론시간 1시간 중 40분을 각 테이블에 배정된 의제별 토론을 하고, 나머지 20분은 전체 토론을 하기로 합의했다. 더불어 청중석에 있던 '바쁜 시간을 내서 온' 무리가 토론회 테이블로 쏟아졌다. 그들은 주로 '성소수자' 관련 의제가 있는 테이블에 자리를 잡았다. 또한 이후 의제별 토론이 시작되었을 때, 2번 테이블에 있던 여성 한 명 역시 필자가 앉아 있던 1번 테이블로 와서 앉았다. 필자를 포함하여 1번 테이블에 있던 시민들이 그 여성에게 2번 테이블로 돌아갈 것을 요구했지만 그녀는 오히려 자신의 인권이 침해당했다며 목소리를 높일 뿐이었다. 필자가 완강히 돌아가라고 말하자 청중에 있던 한 남성은 필자에게 삿대질을 하며 "네가 뭔데!"라고 소리를 지르기도 했다. 그 남성은 신촌 퀴어 퍼레이드 행렬을 막던 사람들 속에서 봤던 익숙한 얼굴이었다.

청중들과 2번 테이블에서 자리를 옮긴 그 여성이 1번 테이블에 들어온 후 본래 토론자들에게 배정되어 있던 발언 횟수는 3번에서 2번으로 줄어들었다. 소요 끝에 겨우 토론이 시작되지만 1번 테이블에서는 청년 주거에 대한 의견이 하나가 나온 것을 제외하고는 '성소수자' 조항에 관한 이야기만으로 토론은 점철되었고 의견 역시도 하나로 합의되지 못했다. 40여 분간의 의제별 토론이 끝나고 테이블별 논의 발표 시간도 역시 비슷한 양상이었다. 그중 필자가 앉았던 1번 테이블은 논의가 합의에 이르지 못해 성소수자 조항 지지와 반대 두 측으로 나누어 발표를 했는데, 조항 반대 측의 의견을 발표했던 여성은 발표 도중 인권헌장 제정 배후에 무엇이 연결되어 있을지 모른다며 두려움에 차 소리 질렀다.

강북권역 토론회에서 '성소수자 조항' 반대 측은 절차의 불합리성, 사회자의 자질에 대한 의문을 제기했으며, '자신들의' 논리대로 토론회의 방식을 재구성하려 했다. 실제로 성소수자 조항이 없었던 2번 테이블의 경우, 토론회가 끝날 즈음엔 원래 인원 중 절반도 채 남아 있지 않았다. 항문성교와 에이즈를 동성애와 연관시키는 언급 역시 처음부터 끝까지 일관되게 제기되었다.

강북권역 토론회는 상당한 소요가 있었고, 일정부분 절차가 변경되었으나 토론회 자체가 무산된 것은 아니었다. 공공연한 차별과 혐오를 드러내는 피켓도 등장하지 않았다. '동성애 아웃'을 외치는 일명 '떼창'도 없었다. 그러나 11월 20일 공청회의 상황은 이와 많이 달랐다. 서울시민인권헌장 공청회는 시작도 하지 못하고 무산되었다. 그들은 모두 "박원순 아웃!", "동성애 아웃!"을 외쳤으며, 무엇보다도 사회자가 〈인권재단 사람〉의 사무국장, 즉 종북 좌파적 성향을 가진 사람이며 '동성애 옹호자'이기 때문에 사회를 맡겨선 안 된다는 주장을 펼쳤다. 공청회에 참여한 소수의 활동가를 제외하고 공간을 장악한 그들은 이내 사회자에게서 아예 마이크를 뺏었으며, 그의 멱살을 잡기도 했다. 성적 반체제자들의 권리를 지지하는 사람들이 피켓을 들고 서 있었지만 그들에게 대놓고 욕설을 숨기지 않았으며, 권리를 지지하는 할머니에게도 "할머니 동성애 해요?"라는 발언을 서슴지 않았다. 아수라장이 된 공청회가 무산되고, 지지 측 사람들이 물러난 회의장 안에서 한 남자가 "자, 우리 여기에 4시까지 있다가 움직이겠습니다, 할렐루야!"라고 외쳤다.[45]

서울시민인권헌장 공표를 바로 앞둔 11월 27일, 인권재단 사람 사무실 앞에서도 역시 '항문 섹스도 인권이냐? 정말 잘났어', '동성애 아웃' 피켓이 적힌 사람들이 등장하며 한바탕 소요가 일었다. 인권재단에서 서울시의 행사가 있단 소식을 들은 반대 측은 '인권헌장 회의를 하는 게 아니냐'며 사무실 안으로 들어가야겠다고 주장했다. 이 과정에서 인권재단 사람에서 근무하는 상근자들과 소식을 듣고 온 지지자들이 건물을 에워싸고 출입을 막는 사건이 벌어지기도 했다. 11월 28일 서울시민인권헌장 발표가 있었던 날, 서울시청 벽면에는 '동~성~결~혼~반대한다~~~'라는 글을 포함하여 수십 개의 동성애혐오적 문자가 그려졌다. 혐오가 서울의 도시 경관에 새겨지는 순간이었다.

공공공간에 박힌 (무)의식적인 배제의 고리를 끊어내기 위해 필자는 르페브르의 도시에 대한 권리 담론 중에서도 참여의 권리, 차이에 대한 권리right to be difference와 같은 개념이 가지는 확장성을 소개하며 글을 마무리하고자 한다. 르페브르의 참여의 권리는 "도시거주자들이 도시공간의 생산을 둘러싼 의사결정에서 중심적 역할을 할 수 있는 권리"[46]로, "도시 거주자들이 능동적이고 집합적으로 도시 정치에 관여하면서 (도시를) 스스로 규정해나가는 것"[47]이다. 이 권리는 도시라는 공간을 어떻게 바라볼 것인가, 그리고 도시에 살아가는 사람들을 어떻게 규정할 것인가의 권리와 맞닿아 있다. 또한 르페브르는 차이에 대한 권리를 언급했는데, 이는 "차이 그 자체보다 서로 다를 수 있는 권리right to be difference"[48]에 주안점을 둔 것이다.

이러한 르페브르의 권리 담론은 〈도시에 대한 권리 세계헌장〉 (2004), 〈도시에서의 인권 보호를 위한 유럽헌장〉(2000) 등에서도 그 논의가 확장되어왔다.[49] 우선 〈도시에 대한 권리 세계헌장〉(2004)은 전문에서 "대다수의 도시 사람들은 그들의 경제적·사회적·문화적·인종적·성별·연령의 특성들로 인해 가장 기본적인 필요와 권리들을 박탈당하거나 제약받고 있다"고 언급하면서, 〈도시권리헌장〉이 "도시적 과정, 정당성, 투쟁들을 강화하는" 수단이 되어야 한다고 주장한다. 이러한 입장 하에서 이 〈헌장〉은 일반조항 제1조에 "모든 사람은 성별, 나이, 건강상태, 소득, 국적, 민족, 이주상황, 정치적, 종교적, 성적 성향에 따른 차별로부터 자유로우며, 본 헌장에서 밝히는 원칙과 규범에 따라서 문화적 기억과 정체성을 보존하기 위한 도시에 대한 권리를 갖고 있다"라고 명시한다.

〈도시에서의 인권보호를 위한 유럽헌장〉(2000) 역시도 제1장 '총칙'에서 도시에 대한 권리를 "도시는 그 안에 살고 있는 모든 사람에게 속하는 집합적 공간"이라 확장시키고 있으며, 제2조 '권리의 평등과 비차별 원칙' 제2조에서 도시에 대한 권리는 "지방당국에 의해 피부색, 나이, 성, 성적지향, 언어, 종교, 정치적 의견, 인종, 국가 또는 사회출신, 수입의 정도에 관해 그 어떠한 차별 없이 보장된다"고 언급하고 있다. 이처럼 르페브르의 도시에 대한 권리 담론은 강현수가 언급했듯[50] 세계인권 논의와 더불어 확장되어온 궤적이 존재한다. 이 입장에 있는 측은 도시권 논의와 관련하여 이주민, 여성, 난민, 비규범적 젠더/섹슈얼리티를 지닌 사람 등이 도시공간에서 처할 수 있는 복합적인 억압에 대해 관심을 기울인다.

이처럼 도시에 대한 권리 담론은 도시 공공공간의 다양한 억압 지점(인종주의, 성별주의, 이성애주의, 국가주의 등)에 저항할 가능성과 확장성을 지니고 있다. 그러므로 공공공간 논의는 도시권리 담론과의 조우에서 더욱 풍부하고 급진적으로 형성될 수 있을 것이며, 그 과정 속에서 공공공간 논의 역시 퀴어화될 수 있을 것이다. 그리고 이 과정 속에서 '불온한 당신'은 도시공공공간의 주체이자 발화자發話子로서 존재할 수 있을 것이다.

7장 하루만 여는 노점, 핀란드 레스토랑 데이

한윤애

Ⅰ. 핀란드 헬싱키, 레스토랑 데이의 시작

2011년 5월 21일, 핀란드 헬싱키에서는 40여 개의 일일 노점이 도시 곳곳을 점유했다. 이들이 일시에 주택가의 공터, 공원의 한쪽, 거리를 무작위하게 점유한 채 벌인 일은 다름 아닌, 음식을 팔거나 나눠먹는 것이었다. 얼핏 보기엔 여느 지역의 음식 축제나 노점이 몰려 있는 거리와 다를 바 없는 광경이었지만, 사실 이들은 헬싱키 시정부가 공공장소에서 음식을 판매하는 행위를 허용하지 않는 것에 반발하며 거리로 나온 평범한 사람들이었다. 이들은 도시에서의 일상을 규율하는 제도, 관습, 시선에 문제를 제기하기 위해 탄원서를 쓰거나 시청 앞에서 집회를 하는 것 대신, 평범한 사람들에게 열려 있는 도시에서 어떤 마주침이 일어날 수 있는지 보여주는 방법을 택했다.

작고 어딘가 어설픈 노점들이 예상치 못한 도시의 곳곳에서 튀어나오는 것은 평소 노점을 찾아보기 어려운 헬싱키에서 꽤나 낯선 풍경이었다. 하지만 오래지 않아 사람들은 아무 곳에서나 먹고 마시면서 낯선 이들까지 만나는 일이 주는 유쾌함에 익숙해졌다. 이날 일어났던 일은 헬싱키 사람들에게, 또 우리에게 이런 질문을 던지는 것이었다. 레스토랑으로 대표되는 소비 공간을 거치지 않고 우리는 타인과 만나고 소통할 수 있는가? 우리는 도시를 마음껏 누리고 있는가?

누구의 도시인가? '하루쯤, 수많은 규율적 시선과 제도가 아닌, 사람 사이의 마주침과 행위가 그곳이 어떤 도시인지를 결정하는 날'이 있으면 좋겠다는 유쾌한 상상은 점차 더 많은 사람들의 공감을 얻었다. 머지않아 이날은 핀란드뿐 아니라 세계 여러 도시에서 일 년에 네 번의 '레스토랑 데이Restaurant Day(ravintolapäivä)'로 자리 잡았다.

가까운 곳으로 눈을 돌려 보면, 서울의 이태원에서도 다양한 사람들이 모여 음식을 판매하는 일이 가끔 일어난다. 지구촌을 외치며 여러 국적의 사람들과 음식을 포켓몬 수집하듯 한 자리에 모아둔 세계음식 문화 축제와 레스토랑 데이는 음식과 다국적이라는 키워드를 공유하고 있기는 하다. 하지만 필자는 어떤 기획이나 경계도 없이 끊임없이 벌어지고 변화하는 진행형의 축제로서 레스토랑 데이가 가지는 의미를 강조하려 한다. 레스토랑 데이는 주최 측에 의해 기획되지 않으며, 무대 혹은 축제가 열리는 장소의 경계를 표시하는 테이프도 설치되지 않는다. 판매자와 소비자를 구분 짓는 경계도 없고 참가 자격도 없다. 레스토랑 데이는 누군가, 어디에선가 자리를 잡고 음식을 팔거나 나눠먹음으로써 벌어질 뿐이다. 아무도 그들이 누구인지 어디서 온 사람인지 문제 삼지 않는다. 그곳이 국공유지인지, 사유지인지, 그 경계에 있는 모호한 영토인지 또한 문제 삼지 않는다. 어떤 음식을 어떻게 판매하면 좋은지 권하지도 않는다. 그렇기 때문에 레스토랑 데이는 평소 경계와 감시가 가장 엄격한 곳 중 하나인 공항의 한쪽 구석에서도 벌어진다. 미슐랭의 별을 받은 레스토랑의 셰프가 냉동 피자를 데워 거리로 나와도 상관이 없다. 레스토랑 데이는 함께 드러내놓고 먹는 향연으로서 우리가 당연시해온 공공공간과 공중의 경계선에 질문을 던진다. 이 같은 레스토랑 데이에 대해 핀란드의 주간지《헬싱키 타임스*Helsinki Times*》에서는 다음과 같이 말한다.

> 당신이 누구이든, 선생님이든, 암 연구자이든, 혹은 서커스를 하
> 는 곡예사이든, 그런 것은 잠깐 잊고 레스토랑 데이에 참여해도 좋다.
> …… 당신은 컵케이크를 구워 나와도 좋고, 당신 할머니의 특별한 레
> 시피를 사용해 스파게티와 미트볼을 만들어 나와도 좋다. 말도 안 되
> 는 샌드위치를 만들어서 광장에 나와도 좋고, 또 미식가가 마실 법한
> 커피를 가지고 부둣가에 나와도 좋다. 아니면 그저 지나가다가 음식을
> 먹는 것도 좋다.[1]

레스토랑 데이에 노점으로 참여하는 사람들은 홈페이지에 자신의
위치와 음식의 종류에 대한 간략한 정보를 올리고 공유하기도 한다.
하지만 홈페이지는 정보를 제공하는 플랫폼으로서의 기능만 할 뿐이
다. 최소한의 기획이 존재한다면 그것은 3개월을 주기로 하는 레스토
랑 데이의 날짜를 정해 공지하는 정도이다. 레스토랑 데이가 다가오
면 대부분의 참여자들은 자신이 일일노점 행위를 하려는 곳의 위치와
메뉴, 판매 가격이나 혹은 가격을 통하는 것이 아닌 다른 거래 방식
(가령, 행인에게 돈을 받는 대신 노래를 부르게 하거나 얼굴에 반짝거리는 물감
으로 그림을 그리는 대가로 음식을 나눠주는 노점도 있기 때문이다)에 대한 간
략한 정보를 공유한다. 레스토랑 데이 홈페이지에서는 이를 위치 정
보화하여 보여준다. 최근에는 레스토랑 데이 모바일 애플리케이션의
사용도 활발하다. 일일 노점이 도시의 어느 거리나 공원에 나타날지,
지나가는 행인이 무엇을 먹을지, 먹으면서 누구와 대화할지, 혹은 노
래하고 춤출지는 참여자의 자유로 남아 있다.

크고 작은 마주침이 끊이지 않는 도시에서 우리는 하루에도 수많은 장소를 지나고 타자와 마주친다. 매일 일어나는 마주침 속에서 우리는 하루에도 수십 번씩 격려, 축하, 안타까움과 같은 감정을 공적으로 표현한다. 신체, 행위, 감정을 전시함으로써 우리가 이곳에 살아가고 있다는 것을 보여준다. 드러냄과 전시의 방법으로 누군가는 대로변의 가장 잘 보이는 모퉁이에 현수막을 내걸기도 하고, 다른 누군가는 피켓을 몸에 걸고 홀로 조용히 거리로 나서기도 한다. 지나가는 모든 사람을 향해 노래하기도 하고, 가만히 촛불을 밝히기도 하며, 고급주택가 앞에 드러눕기도 한다. 공적인 장소에서 드러내놓고 먹지 않는 또는 먹는 행위는 어떤 이슈를 공론화하는 수단이 되어왔다.

시청 앞의 광장이나 중앙역, 공원은 특히 잦은 마주침을 도모하기 때문에 전통적으로 상호전시의 공간으로 기능해왔다. 사적인 공간에서도 얼마든지 가능한 촛불을 밝히고 노래하고 음식을 먹는 행위도 광화문의 한가운데, 대사관의 정문 앞과 같이 도시의 가장 공적인 공간에서 내놓고 하면 그 행위가 지니는 의미는 달라진다. 사람들은 사회적으로 의미 있다고 생각하는 사건이나 함께 이야기하고 싶은 의제를 가지고 마주치기 위해 도시의 공공공간으로 나온다.

II. 하루쯤, 마치 규율 따위는 없었던 것처럼

레스토랑 데이가 택한 공론화의 전략은 공공연하게 드러내놓고 도시의 아무 곳에서나 먹고 마시며 재잘거리는 것이었다. 하루 정도 '도시와 도시 일상이 규율로부터 자유로운 날'에 대해 상상해보자는 제안을 한 사람은 티모 산탈라Timo Santala라는 청년이었다. 그는 재미 삼아 '이동 가능한 자전거 노점'을 운영해보려는 계획을 가지고 있었다. 며칠 동안 자전거를 타고 풀밭이나 호숫가를 돌아다니며 사람들에게 레모네이드를 팔아보겠다는 것이었다. 하지만 산탈라의 즐거운 상상은 멀리 뻗어가지 못한 채 좌절되고 말았다. 그런 형태의 노점이 기존의 헬싱키의 시 정부가 허용하고 있는 요식업의 범주 중 어느 곳에도 속하지 않는 것이었으며 공중위생 관련 제도에도 맞지 않는 것이었기 때문이다. 제도의 밖에 있는 행위가 제도의 인정을 받기 위해서는 선례가 필요했으나 선례는 또다시 제도 밖에 놓이게 되는, 흔한 관료주의가 산탈라의 발목을 잡았다.

어느 날인가 자전거 노점이라는 것을 열어보면 어떨까 하는 생각이 들었습니다. 노점인데 이동이 가능하니까 여기 저기 다니면서 레모네이드 같은 것을 파는 거죠. 그렇지만 핀란드에서 자전거 노점을 하기 위한 인허가나 자격증을 받아낼 방법이라고는 전혀 찾을 수 없었지요. 게다가 여기에 관료주의까지 개입한다면, 말도 마세요. …… 오늘날 우리는 삶의 거의 모든 부분은 강도 높은 규율을 받고 통제되는 사회에 살아가고 있습니다. 이런 사회에서 우리는 뭔가 새로운 시도라고는 하지 않는 사람들이 되어가고 있습니다.[2]

도시 곳곳을 횡단하는 자전거 노점은 매우 개인적인 바람과 좌절로 남을 수도 있었을 것이다. 티모 산탈라가 현행법이나 시정부에 정면으로 문제를 제기하는 대신에 축제를 벌이고자 한 것은 도시에서의 일상이 강도 높은 규율의 지배를 받는 데 대한 문제의식을 환기하려

했던 것으로 보인다. 그러니까 그가 레스토랑 데이를 통해 공적 장에서 꺼낸 이야기는 "공공공간은 사람들에게 속하고" "세상은 우리 행위들을 통해 만들어가는 것"인데 가까운 도시 현실에서는 사회적 삶은 수많은 제도와 규범의 여과기를 거치면서 훈육된다는 것이다. 공공공간을 만들어내는 주체와 과정에 대한 티모 산탈라의 이야기는 도시의 경계에 대한 이야기로도 이해할 수 있다. 이 이야기를 공론장에 꺼내기 위한 전략으로 무엇이 좋을지는 사람마다 의견이 다를 수 있다. 산탈라는 "모두가 피켓을 들고 시청 앞 광장에 나서는" 전략으로 충분히 끄집어내지 못하는 무언가가 있다고 본 것이다.

레스토랑 데이는 일상적인 도시공간에서 통용되는 질서를 잠깐 전복시키고(혹은 잠시 모른 척 눈을 감고) 그 틈에서 나타날 수 있는 긍정적인 대안을 보여주는 것이었다. 산탈라는 소셜 미디어와 지인들을 통해 참여자들을 모집했다. 2011년 5월 21일 첫 번째 레스토랑 데이에는 음식을 판매하거나 나누는 마흔 다섯 개의 노점이 참여했다.[3] 이후 레스토랑 데이의 의미에 공감하거나 도시 곳곳에서 예상치 못한 먹고 마시기의 즐거움을 나눈 이들이 늘어나면서 레스토랑 데이는 다른 여러 도시들로 퍼져나갔다. 3년 정도가 지났을 때 레스토랑 데이는 매년 4번, 세계적으로 35개국 2,724개(2014년 5월 기준)의 '일일 노점'이 참여하는 규모가 되었다. 심지어 다국어로 번역된 레스토랑 데이 사이트의 한국어판 페이지에서는 '강남의 한복판에서' 하루 동안 '당신의 레스토랑'을 시도해보지 않겠냐고 권하고 있다.[4]

만약 레스토랑 데이가 노점 문화가 삶의 일부로 자리 잡고 있는 타이베이나 방콕의 어느 거리에서 벌어졌다면 상황은 좀 다르게 전개되었을 것이다. 집에 가는 길에 노점에 들러 간단한 식사를 하며 건너편 사람과 짧은 대화를 나누는 것이 일상적인 저녁인 곳이었다면 레스토랑 '데이'라는 작은 반란은 애초에 생겨나지 않았을지도 모른다. 공적인 장소에서 드러내놓고 먹고 마시는 행위를 보는 시선과 이에 적용되는 제도를 간단히 살펴보면 레스토랑 데이라는 작은 반란이 수면 위로 나타난 것이 그다지 놀랍지 않은 일일 수 있다. 공적인 곳에서 내놓고 술을 마시는 것은 오랫동안 훈육과 교화의 대상으로 여겨졌다. 이는 핀란드가 스웨덴과 소련의 지배에서 벗어나 독립적인 국가로 형성되던 20세기 초 당시의 시대상에서 두드러지게 나타났다. 새로운 핀란드의 국민이 지녀야 할 바람직한 정체성으로 절제temperance와 건실함sober, 도덕moral, 애국patriotic과 같은 가치가 고양되었다.[5] 이런 '미덕'은 규범적인 이상으로 추구되었던 동시에 제도에도 반영되었다. 이렇게 설정된 이상에 부합하지 않는 행위와 신체는 공적인 장소를 활보하기에 적절하지 않은 것이 되었다.

술집과 거리 음식은 종종 무절제와 비위생과 동일시되었다. 특히 노동자 계급에 속한 이가 술을 마시는 행위는 그 자체만으로도 건실하지 못한 것으로 낙인찍히기도 했고 건강에 대한 위협으로 인식되었다. 예를 들어 뒤에서 소개할 헬싱키의 지역 중 하나인 칼리오는 최근까지 헬싱키의 대표적인 노동자 밀집 거주지였다. 역사적으로 깔끔치 못하고 게으름의 온상이라는 평판을 지녔던 곳이라 특별한 감시와 훈육의 대상이 되어왔다. 이 지역에 사는 노동자들은 절제를 모르는 욕망, 교화가 필요한 행태 때문에 상시적인 감시 하에 두는 것이 좋은, 궁극적으로는 적절하게 교정되어야만 비로소 공적 도시공간에서 그 존재를 허락받을 수 있는 규율의 대상이었다. 물론 당대의 도시 구조나 계급 구조, 사회적으로 장려되었던 가치가 지금의 도시공간과 제도에 그대로 투영되고 있지는 않다. 역사적인 노동자 지구로서 칼리오가 지니는 색이 퇴색되면서 통제와 규범은 덜 노골적이다. 하지만 여전히 치밀하며, 종종 겉보기에 좀 더 온건하고 세련된 현대적 기호로 치환되어 계속된다.

노점과 관련된 제도를 잠깐 살펴보면 헬싱키 도시공간에서 음식을 판매할 수 있는 방법에는 두 가지가 있다. 첫 번째는 공간이용, 위생관리, 안전관리, 주류관리, 환경관리, 사업신고라는 각 항목과 관련해 최소 여덟 가지 다른 공공기관으로부터 허가와 자격을 인증 받아 일반 음식점을 여는 경우이다. 두 번째 방법은 시정부의 허가를 받아 노점상을 운영하는 것이다. 그런데 이 경우에는 시정부가 허가한 지점에 설치된 소수의 균일한 철제 박스 형태의 노점에서, 심지어 허가된 종류의 음식(가령 '그릴리grilli'라고 하는 핫도그류가 대표적인데 이것은 헬싱키에서 사먹을 수 있는 유일한 '길거리' 음식이다)만을 판매할 수 있을 뿐이다. 이 두 범주에 속하지 않는 음식 판매 행위는 일체 허용되지 않는다. 이처럼 외형과 위치뿐 아니라 판매하는 음식의 종류까지 지정된 범위 안에서 행해지는 헬싱키의 노점은 우리가 일상에서 노점이라고 했을 때 떠올리는 이미지, 즉 '미등록' 사업자가 허가받지 않고 운영하는 '불법' 노점과는 사뭇 다르다.

까다로운 노점의 등록 절차와 관리 규정은 헬싱키에서 거리 음식문화가 발달하지 않은 배경 중 하나로 지적된다. 지나치게 관료주의적인 노점 관련 법제와 아직도 음주를 부덕의 상징으로 보는 듯한 공공의 관점에 대해 헬싱키 사람들이 불만을 터뜨리는 것을 듣고 있으면 그러한 불만이 도시공간을 마음대로 전유하고 먹고 마시는 형태로 표출되었다는 것이 수긍이 간다. 첫 번째 레스토랑 데이에서 45개 노점들이 나타나 부드럽고 유쾌한 방식으로 문제를 제기했던 것이 짧은 시간에 커다란 공감대를 만들었고 최근에는 여러 도시들로부터 이천여 개가 넘는 노점의 참여를 이끌었다. 보통 날에, 도시에 사는 보통 사람들이, 보통의 음식을, 보통은 지나치는 장소에서 팔거나 나눠먹은 것인데, 이런 '보통'들의 조합이 굉장히 낯선 감각을 불러일으키는 것이었다. 일례로 《포브스Forbes》지에서는 평상시 핀란드의 일상적인 보건위생 문화가 "위험을 기피하고 규제부터 하고 보는red-tape-driven" 문화라는 점을 지적하면서 레스토랑 데이가 이렇게 큰 규모로 성장한 것이 얼마나 이례적인 일인지에 대해 이야기한 바 있다.[6] 이 기사에서는 레스토랑 데이가 도시민들 사이에 공감대를 넓혀나간 것은 "사람들에게 완전한 자유가 주어졌을 때 어떤 대안이 가능한지 보여주었기에" 가능했다고 평했다.

Ⅲ. 타자를 멸균시킨 도시공간

이제 헬싱키의 두 사례 지역을 살펴볼 것이다. 두 지역에는 모두 중심부에 정갈하게 꾸며진 공원이 있다. 이 공원을 고급 주택지나 레스토랑, 카페, 바, 호텔, 백화점이 둘러싸고 있다. 이 공원들은 각각 '카르후푸이스토Karhupuisto'와 '에스플라나디Esplanadi'라는 이름으로 불린다.

헬싱키에는 공원이 수도 없이 많고 레스토랑 데이에 일일 노점이 자리 잡을 수 있는 장소의 종류도 거의 무한하다. 그중에서 필자가 특히 이 두 지역의 공원을 예로 드는 것은 이들 지역이 기획되고 꾸며진 방식과 이곳에서 타자를 은근하게 훑어보는 시선이 마치 그곳에 어울리는 이들을 허용하고 그렇지 않은 이들은 배제하는 여과기처럼 작동하고 있었기 때문이다. 그리고 두 지역은 레스토랑 데이에 많은 노점들이 나타나서 평소의 정갈한 모습과 대비를 보이는 곳이기도 하다. 헬싱키에서 두 사례지가 가지는 상징성과 지역적 맥락을 살펴보면 이곳이 어떻게 지배적인 가치를 공간적으로 내재하고 있으며 바람직한 공중을 선별하고 타자를 배제하고 있는지 이해하기 쉽다.

첫 번째 지역의 공원인 카르후푸이스토는 헬싱키 '칼리오Kallio' 지역의 중심부에 위치한 공원이다. 이름에서 '카르후karhu'는 핀란드 말로 곰을, '푸이스토puisto'는 공원을 뜻한다. 이는 공원 중앙에 위치한 곰 조각상을 본뜬 것이다. 카르후푸이스토가 위치한 칼리오는 헬싱키의 59개 근린지역 중 가장 인구 밀도가 높은 지역이며 핀란드 전체로 봐도 인구 밀도가 가장 높은 것으로 나타난다. 칼리오 지역에 소규모

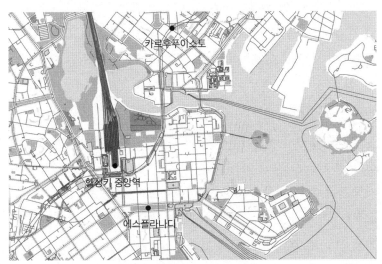

[그림 7-1] 카르후푸이스토(위)와 에스플라나디(아래)

'노동자형 주택'이 밀집해 있기 때문이다. 이는 19세기 산업 시설이 인근 지역에 자리 잡으면서 공장 노동자들이 이 지역에 정착한 것과 관련이 깊다. 좁고 천장이 낮은 노동자 주택의 전형은 칼리오에 있는 노동자 주택 박물관에 전시됨으로써 동네의 장소성을 드러내고 있다. 노동자 지구의 주택 구조와 지역 거주민이 지녀온 계급적인 동질성은 20세기 후반까지도 유지되어 이곳을 헬싱키의 상징적인 노동자 지구로 만들었다.

동네는 헬싱키의 핏카실타Pitkäsilta 다리를 북쪽으로 건너자마자 시작된다. 지역민들은 계급적·역사적인 맥락에서 '다리 북쪽'이라는 사실만으로도 칼리오가 노동자들의 주거지를 대표하는 곳이라고 설명한다. 많은 도시들에서 하천이 계급을 지리적으로 분화하는 역할을 하듯 헬싱키에서는 이 만을 건너는 핏카실타 다리를 중심으로 남쪽 지역은 부르주아 계급을, 북쪽 지역은 노동자 계급을 상징했다.

지역민들은 최근까지도 여전히 칼리오로 대표되는 다리 북단에 다른 지역과는 구분되는 노동자 특유의 문화가 남아 있다고 인식한다.[7] 전통적인 노동자 지구였던 칼리오는 도시민들의 인식에서 빈곤, 범죄, 밀매, 성매매의 온상으로 이미지화되었다. 가령 핀란드에서 주류 판매가 통제되었던 시기인 1919~1932년, 이 지역 '노동자들의 무분별한 음주 행위'는 훈육과 교화의 대상이었다.[8] 노동자 지구로서 칼리오가 지니는 상징성은 여전히 남아 있는 주택 구조나 지역민들의 정서를 통해 유지될 뿐 아니라 문화·예술로도 이어지고 있다. 여느 교회에서 종교적으로 주요한 부분에 교회에서 의미를 부여하는 인물, 가령 열두 제자나 동방박사를 조각해 재현하는 것과 달리, 카르후푸이스토 공원 옆에 위치한 칼리오의 교회 제대에는 독특하게도 '노동자들'이 부조로 조각되어 있다. 지역민들은 접근성이 좋은 카르후푸이스토를 교회 인근의 축구장에서 노동자 계급의 지역민들로 구성된 축구팀이 주말에 경기를 끝내고 나와 밤늦게까지 맥주를 마시던 지역 사교의 장으로 회상하기도 한다. 상징적 노동자 지구로서 칼리오는 불건전하고 무절제한 사회 병리의 온상이면서, 동시에 사회적 관계들 사이에 매개되지 않은 온전한 마주침이 일어나는 자유분방한 곳으로서 이중적인 지역성을 부여받았다.

헬싱키의 도심부가 도시 남쪽에서 북쪽으로 확장하면서, 20세기 후반부터 핏카실타 다리 북단에서 가장 남쪽에 위치한 칼리오 근린지역에 급격한 변화가 나타났다. 2000년대 초반을 기점으로 비교적 젊고 학력이 높은 전문직 중산층이 급격하게 이주하기 시작하면서 칼리오 지역이 중산층 밀집 주거지역으로 바뀌어버린 것이다.[9] 이러한 지역 변화는 기본적으로 헬싱키 도심부와의 근접성에 기반한 것이었다. 하지만 이 같은 물리적 특성 외에 고유의 자유로운 문화도 칼리오를 인기 높은 주거지로 만들었다. 오랫동안 감시와 교화의 대상이 되어왔던 노동자들의 행태, 즉 '밤늦게까지 어슬렁거리고' '무료 배식을 받거나' '거리에서 자도 이상하지 않은' '어슬렁거리는' '취객과 좀도둑'의 불온한 도시민으로 묘사된 이들의 신체와 행위가 만들어낸 지역성은 이제 '자유분방한 지난 세기의 노동자 문화'로 낭만화romanticize되어 소비의 기호로 중산층에게 전유되기 시작했다.

현재의 칼리오는 더 이상 노동자 지구의 상징이 아니라 거주민 계급 변화가 일어나는 정치적 지형이자 '헬싱키식 젠트리피케이션의 표본'으로 불리고 있다. 주류 거주민이 노동자 계급에서 중산층으로 대체되면서 주거지 고급화와 주택가격 상승이 뒤이어 일어났고, 자연스럽게 지역 공원인 카르후포이스토의 주요 이용자도 눈에 띄게 변화했다.[10] 칼리오에 거주하는 한 지역민의 말에 따르면, '해가 중천에 떠 있는데도 벤치에 누워 자고 술병이 굴러다니는' '아마도 직업이 없을' 그네들의 모습은 사실 꽤나 최근까지도 이 지역에서 쉽게 볼 수 있는 풍경이었다.

칼리오의 지역민들이 이들에 대해 가지고 있었던 무언가 불편한 감정이 집단적인 배제의 행동으로 이어진 것은 상당히 최근의 일이다. 이제 중산층 주거지가 된 칼리오의 한복판에서 이 같은 낯선 신체와 행태가 잔존하고 있다는 것이 탐탁지 않았던 일부 지역민들은 시 정부의 지원을 받아 벤치와 휴식 공간을 화려한 정원으로 대체하기 시작했다. 2009년 당시에 벌어진 이 정원화 작업에는 경찰악단의 연주와 지역민으로 구성된 자칭 '카르후푸이스토의 대부모Godparents'들이 함께했다.[11] 정원화 작업 당시 아무도 '부랑자들이 벤치에 앉아 있는 것이 보기 불편하다'고 노골적으로 표현하지 않았을지라도, 이는 낯선 타자들로부터 공공공간을 살균하는 작업이었으며 이들을 표적으로 삼은 정화 의식에 가까운 것이었다.

두 번째 사례지인 에스플라나디Esplanadi는 핏카실타 다리 남쪽, 헬싱키의 심장부이자 상징적인 부르주아 지역에 위치한 핀란드의 대표적인 도심 공원이다. 공원은 물리적으로는 정갈하게 관리된 녹지와 단아한 분수, 일렬로 가지런히 놓인 벤치로 구성되어 있다. 공원의 초입에 자리 잡고 있는, 핀란드에 대한 조국애를 형상화한 것으로 잘 알려져 있는 시인 요한 뤼네베르크 조각상은 에스플라나디를 한층 더 기품 있어 보이게 만드는 기호이다. 에스플라나디 공원을 둘러싸고 있는 웅장한 19세기 건물들은 헬싱키 최고의 소비 공간이다. 1층에는 고가 브랜드 상점과 유명 레스토랑, 카페가 입점해 있다. 이를 다시 극장과 호텔, 백화점과 고급 주택가가 겹겹이 둘러싸고 있다. 에스플라나디 공원이 거대한 직선 가로와 가로수로 구성된 일명 '빠리 스타일' 공원으로 설계된 1830년대 당시, 이 공간은 스웨덴어, 핀란드어, 러시아어를 구사하는 새로운 자본가 계급을 위한 '정제된 여가 공간'으로 고안된 것이었다.[12] 그렇기 때문에 공원에서는 부합하는 고상한 신체와 품위 있는 행태가 있을 것으로 기대되었다.

공원은 당대 헬싱키 자본주의의 성장을 과시하고 축적된 부르주아 계급의 부를 상징적으로 표현하는 곳으로,[13] 이곳에서의 행위 또한 그에 어울리는 것으로 기획되었다. 도시의 대표적인 공원으로서 에스플라나디와 그곳에서의 행위는 정제된 여가 공간의 광경spectacle으로 연출되었으며, 공원은 이에 따라 수동적으로 소비된다. 에스플라나디가 부르주아 계급과 자본주의적 부의 축적의 상징성을 표방하면서 계획되었을 당시 이 공원에 내재된 노골적인 시선과 규율은, 순화되긴 했지만 현 시기에도 도시계획적 기호와 기획으로 잔존하고 있다. 현재에도 에스플라나디에는 '그에 부합하는' 국가와 도시의 상징적인 행사들 '연출'되곤 한다. 이 공원의 올곧은 직선 형태의 산책로가 인근 고가 레스토랑과 카페의 야외공연 무대, 핀란드의 대표 디자인 브랜드의 패션쇼 무대, 중앙정부와 시정부가 주최하는 야외행사 무대로 사용되고 있는 것은 이 공간에 누적된, '연출된 공공성'의 산물이다.

공공공간에서의 내몰림을 이야기하면서 지난 세기 노동자 문화와 도시계획적 기획까지 언급하며 헬싱키의 두 공원을 살펴본 것은 이들 공간이 도시민이 향유하는 공공공간이 아닌, 선별과 배제의 기제를 내재한 영토를 대변하는 것이기 때문이다. 카르후푸이스토와 에스플라나디는 외형적으로 다르다. 전자는 젠트리피케이션의 대명사로 불리는, 한때의 노동자 문화가 소비의 기호로 전유되고 있는 지역의 공원이다. 반면에 후자는 부르주아 계급의 가치를 반영하며 계획된, 화려한 산책로를 중심으로 한 도시 최대 규모의 공원이다. 얼핏 보기에 두 공원은 헬싱키의 공원이라는 점을 제외하고는 공유하는 특성이 별로 없는 듯하다.

두 공원은 물리적 개방성, 접근성, 녹지의 풍부함, 여가생활 가능성을 기준으로 평가한다면 손색이 없어 보인다. 카르후푸이스토들의 대부모들이 함께한 정원화 작업을 진행한 이후 카르후푸이스토에 일어난 변화는 '지역민'들이 '자발적으로 참여'하여 '정원'을 가꾼 바람직한 도시 공공공간의 '개선' 사례로 꼽힐지도 모른다. 하지만 두 공원을 선별과 배제를 거치지 않은 온전한 공공성 혹은 규율의 매개가 없이도 타자와 마주침을 가능케 하는 공공공간인지의 관점에서 보면 평가는 달라진다. 연출된 광경에 어울리지 않는 타자들은 밀려나야 하는 공공공간이기 때문이다. 과거 도시미화운동에 이어 최근의 물리적 개선 위주의 도시 재생 논의에 대해서도 이와 비슷한 우려가 제기되곤 한다. 가령 뉴욕의 하이 레인High Lane 사례는 열린 공공공간public open space의 구현이라는 도시계획가들의 야심찼던 외침과는 달리 도시공간을 향유할 가능성을 극단적으로 감소시켰다고 평가받는다.[14] '오스만화Hausmannisation'이라 불리는 19세기 오스만에 의한 파리 도시 재정비 또한 당대 자본 흐름을 용이하게 하기 위한 도시구조 재편으로서 계급적으로 낯선 이와의 마주침을 축소시켰다고 평가받는다.[15]

헬싱키의 두 공공공간을 이 같은 관점에서 보면, 카르후푸이스토는 그곳에 어울리지 않는 공중을 선택적으로 '살균'한 공간이라는 점,

에스플라나디는 선별된 공중을 위한 정제된 공간으로 기획되어 여전히 수동적으로 소비되고 있다는 점에서, 마주침과 소통을 제한한 선별과 배제의 공간이자 기획된 공공성의 공간이다. 여기서 카르후푸이스토와 에스플라나디는 도시계획적 기호, 시선, 규율을 통해 '부적절하고' '낯선' 타자의 신체와 행위를 세심하게 보이지 않는 것으로 '숨김' 처리한 공간을 보여준다. 이와 같이 경계 지어진 공간은 도시민들에게 철저하게 기획된 무대, 연출된 도시의 광경을 관람하는 수동적 공중의 지위를 부여한다. 이렇게 활발한 소통과 마주침의 가능성을 축소시키는 공공공간은 영토화된 공공공간, 가짜의 사이비 공공공간이다.

Ⅳ. 레스토랑 데이: 내놓고 먹음으로써 만들어지는 대안적 공공공간

레스토랑 데이의 '드러내놓고 먹고 마시기'의 향연은 영토화된 공공공간을 향유할 수 있는 것으로 바꾸어놓았다. 2014년 8월의 레스토랑 데이에 카르후푸이스토에서는 27개의 일일 노점이, 에스플라나디에서는 약 53개의 노점이 공원과 인근 지역의 구석구석에 자리를 잡았다. 이보다 2년 앞선 2012년 8월에 관찰한 레스토랑 데이와 비교해 2014년 레스토랑 데이에는 일일 노점으로 참여한 사람들의 수가 두 배 이상 증가했을 뿐 아니라(레스토랑 데이 홈페이지 참조), 참여하는 사람들의 이질성이 두드러졌다. 이날 두 지역에서는 이주자와 난민들, 유랑자들, 다양한 인종과 국적의 도시민들이 참여했다. 음식을 팔거나 나눌 뿐 아니라 서로 대화하고 심지어 처음 만난 이들끼리 춤을 추기도 하는 등 저마다의 방식으로 도시공간을 향유하는 모습을 관찰할 수 있었다.

어떤 이들은 레스토랑 데이가 꽤 큰 규모로 자리잡아가고 있는 것을 걱정하기도 한다. 이들은 참여자 수의 증가에는 기존에 레스토랑을 운영하는 전문 요식업자, 그러니까 '진짜로 상업적인' 노점들이 거리로 나온 것을 무시하기 어렵다고 말한다. 이런 점에서 도시민들의 자발적인 집합 행동이 상업화되고 있지 않은지 우려 섞인 시선을 보내는 이들도 있다. 하지만 전문적인 요식업자의 참여는 2014년 8월에 필자가 관찰한 80여 개의 노점을 기준으로 했을 때, 열 개 중 한 개 노점 미만의 비율인 것으로 나타났다. 여전히 레스토랑 데이에 참여하는 도시민들은 하루 동안 유희적 목적으로 음식을 팔거나 나눠먹는 '일일 노점'들이었다. 설령 전문적인 요식업 종사자가 운영하는 노점의 수가 늘어났다 하더라도, 이 사실이 일일 노점들의 참여를 위축시키지는 않는다. '보통'사람들이 도시 곳곳에서 벌이는 향연으로서 레스토랑 데이가 가지는 의미를 질적으로 변질시킨다고 보기는 더더욱 어렵다.

먹고 마시는 행위가 불러일으키는 유쾌함은 도시의 공적 공간이 내재하고 있던 경계를 일시적으로 무력한 것으로 만듦으로써, 평상시 익명성으로 가득한 도시공간에서는 일어나지 않았을 법한 마주침을 담아냈다. 2014년 8월 레스토랑 데이에 카르후푸이스토에서는 당시의 지역민들뿐만 아니라 한때 이곳의 지역민이었으나 최근 주택 가격이 상승하고 주거지가 고급화되는 과정에서 도시 외곽으로 이주해야 했던 이들, 칼리오가 노동자들의 주거지로서 상징성을 상실하게 된

후 더 이상 이 공간의 다수자가 아니게 된 지난 시절의 노동자들, 그리고 이주자들도 일일 노점으로 참여했다.

이날 레스토랑 데이에 참여한 한 지역 주민에 따르면, 이 지역에 중산층 인구가 유입되고 주택 가격이 급등하기 이전 시기인 2000년대 초반까지만 해도 일요일이면 어디선가 무료 음식을 나눠주는 장면을 볼 수 있었다고 한다. 레스토랑 데이는 이 지역민에게 카르후푸이스토에서 사라졌던 사회적 삶을 상기시켜주었다. 또 레스토랑 데이는 비주류 도시민으로서의 자기검열을 통해 공적 공간으로부터 스스로를 배제시키던 이들을 공적 공간으로 이끌었다. 가령 헬싱키에 이주한 지 7년여 된 어떤 이주자 가족은 마침내 '우리도 이제 그들(이주자가 아닌 핀란드 사람들)처럼 밖으로 나와 어울려보려고' 고국의 음식을 만들어 공원으로 나왔다. 공원을 지나던 어떤 행인은 '제일 작은 참여자들을 응원하기 위해' 일부러 가장 소박해 보이는 노점을 찾아 소비하며 낯선 이를 응원하기도 했다. 또 어떤 사람은 사먹으려던 음식 앞에 잠시 멈춰 서서 그것이 전문 요식업 종사자가 식당에서 가지고 나온 음식이 아닌 '평소 식당 메뉴에서 볼 수 없는 집에서 만든home-made 음식임'을 재차 확인하고 안심하기도 했다.[16]

같은 날, 기품 있는 산책과 휴식, 인근 고급 레스토랑과 카페에서 제공하는 야외 공연, 시정부 공식 행사를 수동적으로 감상하는 공간이었던 에스플라나디에서도 이질적인 도시민들, 특히 이주자들의 모습이 눈에 띄었다. 필자가 관찰한 바로는 전체 53개의 일일 노점 중 30개 노점이 아시아 음식을, 15개 노점이 핀란드, 4개 노점이 아프리카, 2개 노점이 다른 유럽, 2개 노점이 라틴 아메리카 음식을 가지고 거리로 나왔다([그림 7-2]). 연출된 도시 광경spectacle을 감상하는 이들

[그림 7-2] 레스토랑 데이(2014.8.17.: 2015.11.21.) 에스플라나디Esplanadi의 일일 노점들

이 주를 이루었던 도시공간의 질서가 잠시 전복된 사이, 평소 핀란드 중심가의 대표적인 공원에는 어울리지 않아 보였던 이질적인 도시민들은 모국의 전통적 가무, 자신의 민족적·계급적·성적 정체성을 담은 표식이나 문구를 주저 없이 드러냈다. 축제의 기획이나 지시, 권장 사항 따위가 최소한으로 축소된 레스토랑 데이의 성격상 일일 노점 참여자들은 언급한 두 공원 외에도 도시 내 무작위한 공간과 시간대를 자신들의 것으로 전유함으로써 도시 곳곳을 낯선 것으로 만들었다.[17]

일상적인 감시와 통제가 해제된 틈을 타서 도시 중심부에 나타난 타자들은 평소 흔히 매체를 통해 유랑자, 좀도둑, 도시난민 등 도시에 해로운 존재들로 묘사되던 '집시'들이었다. 우르르 몰려다니며 소매치기를 일삼거나 한눈을 판 사이에 팔찌 따위의 잡동사니를 강매하는

집시 무리에 대한 경고는 유럽을 여행하는 한국인 관광객이라면 한번쯤 들어보았을 도시 괴담이다. 괴담이 먼 이국까지 전해질 정도로 경계의 대상이자 공공공간에 있으면 부정적인 존재로 규정되어 공공공간을 누리고 타자와 마주칠 기회를 박탈당해왔던 집시들이 레스토랑 데이에 도시 심장부의 공원을 공공연하게 점유한 것은 고무적인 일이었다. 도시의 공적 공간 어디에서도 환대받지 못하는 신체인 집시들에게 노골적으로 가해지던 검열적 시선이 레스토랑 데이의 먹고 마시는 향연을 통해 제거된 것이다. 이 같은 균열 속에서 집시들은 자신의 정체성이 담긴 깃발과 음식, 춤과 노래를 위화감 없이 드러냈다.

먹는 행위의 향연을 통해 매개를 해체시키고, 대안적 공공공간의 가능성을 보여준 집합적 행위로서 레스토랑 데이가 공공공간에서만 일어난 것이 아니라는 점도 생각해볼 만하다. 레스토랑 데이에 어떤 일이 어디서 일어날지는 기획되거나 연출되는 것이 아니었다. 레스토랑 데이에는 주체와 영토의 경계가 없었다. 그래서인지 레스토랑 데이는 공원과 거리를 벗어나 평소 가장 강력한 경계를 지닌 사유 공간까지 범하면서 일어나기도 한다. 가령 레스토랑 데이는 개인 소유의 주차장, 사유 주택의 주방이나 테라스에서도 벌어진다. 심지어 우리가 상상할 수 있는 가장 강력하고 삼엄한 경계를 지닌 공간 중 하나인 '공항'에서도 일어난다.[18] 낯선 타인들은 공원뿐 아니라 주방 창문에 늘어뜨린 밧줄과 바구니를 통해서 혹은 테라스 울타리를 넘어서, 먹고 마시는 향연을 통해 일상적인 경계를 늦추고 서로를 마주하게 된다. 이는 평소 영토로서 존재하는 도시공간의 경계와 타자의 구분이 만들어내는 일상적 긴장감을 내재하고 있었던 공공공간이라면 담아내지 못했을 마주침들이다.

레스토랑 데이의 향연은 평상시 도시의 공공공간에서 보이지 않는 것으로 취급받거나 감추어졌던 낯선 이들, 그리고 검열을 통해 공적 공간에서 여과되던 이질적 타자를 가리지 않고 환대한다. 레스토랑 데이에 이들이 드디어 인지할 수 있는, 눈에 보이는 주체로 등장하는 것은 공공공간에 허용되는 공중의 신체와 행위의 폭이 먹는 행위의 축제를 통해 극단적으로 넓어졌기 때문이다. 이는 공적 공간에서 항시 작동하던 선별과 배제의 기제가 일시적으로 무력화된 것이라고 해석할 수도 있을 것이다. 공공공간에서 상호 전시되는 공중의 폭을 확장시키고, 일상으로 도시공간과 그곳에서의 마주침의 방식에 관여하던 규율을 일시적으로 무효하게 만든 것은 바로 집합적 행위에 주체로서 가담한 도시민들이었다. 자신의 존재를 숨김없이 드러내면서 먹고 마시는 행위가 도모한 낯선 이들 간의 마주침이 도시공간 곳곳을 낯선 환대의 공간으로 만들었다.

A: 아시아   C: 아프리카   E: 유럽   F: 핀란드   L: 라틴 아메리카

[그림 7-3] 에스플라나디 일일 노점의 구성, 판매 음식 기준(2014.8.17.)

레스토랑 데이는 1년에 4회, 하루 동안 지속되는 향연이다. 하지만 이 날들은 나머지 오랜 시간 동안 도시에 작용해오던 매개가 과연 당연한 것인지 질문을 던진다. 레스토랑 데이에 참여하는 일일 노점들은 자신이 원하는 공간, 그곳이 땅과 건물의 소유권을 기준으로 볼 때 사유지이든 시유지이든 다른 어떤 형태이든 도시의 한쪽을 차지하며 땅 주인이나 경찰은 이를 못 본 체하곤 한다. 레스토랑 데이는 일상의 도시공간과 그곳에서의 사회적 삶을 조밀하게 통제하는 시선과 제도를 파고드는 것이다.

레스토랑 데이를 통해 하루쯤, 마치 규율 따위는 없었던 것처럼 도시를 온전히 가지고 노는 날에 대한 상상은 즐거운 상상이기도 했지만 현실적으로 헬싱키 시정부의 음식점 및 노점 규제가 24시간 이상 지속되는 노점 행위에만 적용되는 점을 이용한 것이기도 했다. 이 기준에 의하면 도시 곳곳에서 벌어지는 음식과 음료의 가판대들은 규범적으로는 규제의 대상이지만, 동시에 아직 규제할 수 있는 법적 근거는 없는 '회색 지대'에 놓여 있다.[19] 현실적으로도 수백 개의 소규모 노점들이 하루 중 무작위한 시간대에 동시다발적이고 즉흥적으로 복수의 도시공간을 점유한 채 벌이는 노점 행위를 단속하거나 '절제의 미덕으로 훈육'하기란 불가능에 가깝다. 이런 법적 틈새와 통제의 불가능성은 실제로도 공권력으로 하여금 레스토랑 데이에 일어나는 일들을 방관할 수밖에 없게 만들었다. 레스토랑 데이에 헬싱키의 경찰력은 특정인의 신고가 접수되는 경우가 아니라면 노점 행위들을 통제하지 않고 있다.[20]

레스토랑 데이의 모호한 법적 지위와 현실적인 통제의 어려움은 헬싱키 시정부로 하여금 규제가 아닌 묵인으로, 심지어 최근에는 은

근한 장려로 대응하게 만들었다.[21] 이쯤에서 우리는 레스토랑 데이가 어떻게 시작되었는지 다시 떠올려볼 만하다. 처음에 레스토랑 데이는 도시공간과 일상적 신체와 행위에 가해지는 규율에 문제를 제기하기 위한 평화로운 시위로 시작했다. 혹자는 저항의 의미로 시작한 레스토랑 데이가 '평화롭게 확산'되면서 공공공간 질서의 급진적 재편이나 배제된 타자의 해방으로 이어지지 못하고 일시적 유희에 그치게 되었다고 평하기도 한다. 그럼에도 필자는 이 사례를 실천적 공공공간 전략으로 위치시키고자 한다. 레스토랑 데이가 일상적 규율의 부재에 대한 상상으로 출발해 다층의 이질적 도시민을 점진적으로 포함함으로써 단지 규율이 잠깐 부재하는 것을 넘어서서 도시공간의 생산 방식을 참여자의 구체적 행위로 구성해나갈 수 있음을 보여주고 있기 때문이다.

매체에서는 레스토랑 데이에 거리로 나온 부엌, 열려 있는 축제, 평화로운 시위 등 다양한 이름을 붙인다. 어떤 방식으로 명명하건, 레스토랑 데이는 공공공간에서 선별·배제되어온 이질적 도시민들, 일상적 도시공간에서는 있을 법하지 않았던 마주침을 가능하게 한다. 대안적 공공공간의 한 가능태를 보여주는 것이다. 대안적 공공공간을 만드는 실천으로서 레스토랑 데이 사례가 지니는 특이점은 이 향연이 집단적인 문제 제기로 시작하여 도시민들 사이에서 공감대를 얻은 동시에 누구나 참여하는 축제로서 저변을 확대해나갔다는 데 있다. 이 점에서 문제의식을 직설적으로 드러내는 전통적 방식의 사회운동 대신 긍정적 대안은 어떤 것인지 느슨하게 보여주려 했던 레스토랑 데이의 시도는 꽤 풍성한 수확을 거둔 것으로 보인다.

레스토랑 데이가 도시 곳곳에 가져오는 집합적 공공공간은 일시적인 영토 해체나 대안적 가능성을 보여주는 것에만 그치지 않는다. 한 걸음 더 나아가 우리 도시에서 무엇이 공공이고 비공공이며, 누가 공중으로 받아들여지는지 경계를 짓는 울타리마저 재구성한다. 또한 대도시를 살아가는 우리가 도시공간이 통제되는 방식을 상상하고, 나아가 스스로 만들어갈 수 있는지 보여준다. 레스토랑 데이를 통해 '도시민들이 향유함으로써 비로소 만들어지는 공공공간'의 실험을 처음으로 구상한 티모 산탈라는 "도시가 사람들에게 속한다는 새로운 감각을 불러일으킨 것"이라는 나름의 평가를 내린다. 그것은 "우리가 살아가는 곳을 바꿀 권력을 우리가 가지고 있다는 자각"이며 현재의 도시와 공공공간, 도시적 삶의 형태에서는 드러나지 않은 "또 다른 세상이 가능하다는 자각"이기도 하다.

V. 소비하는 레스토랑과 레스토랑 데이

'레스토랑'은 오늘날 도시에 범람하고 있는 소비 공간을 대변한다. 레스토랑, 카페, 바, 노래방, 쇼핑몰, 영화관은 어느 도시에서든 우리의 일상 공간을 대체하고 있다. 현재의 도시 형태에서 이런 공간들을 거치지 않고 누군가를 만나는 것을 떠올리기는 쉽지 않다. 또 이들 연출된 공간에 어떤 형태로든 입장료를 내고 들어가서, 그곳에 어울릴 것으로 기대되는 언어와 몸짓을 구사할 것을 요구받는다. 그나마도 레스토랑에서는 음식 값을 지불함으로써 그곳에 기획되어 있는 음식, 분위기, 만남을 살 수 있다. 그렇지만 도시에는 '입장료'가 아니라 차별적인 시선 또는 노골적인 법제로 그곳에 적합한 신체나 행위를 규정하는 은근한 배제의 공간들도 많다. 여러 다양한 코드가 이들 공간 곳곳에 배치되어 도시민들의 존재와 마주침을 규율하고 있다. 오늘날 도시에서 이 같은 규율의 범위와 영토는 점차 확장되고 있으며, 그런 규율에서 자유로워야 할 공공공간은 끊임없이 축소되고 있다.

공공공간의 침식은 경우에 따라 신자유주의적 도시공간 재편이라 불리거나 자본의 공간 포섭, 침범받지 말아야 할 집합적 영역의 축소, 공간의 상품화, 영토화, 감시사회로도 불린다.[22] 그것이 어떻게 명명되건 간에 도시공간과 그곳에서의 사회적 삶은 부지불식간에, 때로는 쉽게 알아차리기 어려운 방식으로 선별과 배제의 공간에 점차 빠르고 강력하게 침식당하고 있다. 우리가 공공공간의 침식을 경계함과 동시에 대안적 공공공간을 기획할 수 있는 실천 전략을 모색해야 할 필요가 여기에 있다. 이 장에서 소개한 레스토랑 데이는 그중 가능한 실천 전략의 한 가지 형태를 보여준다.

오늘날 여러 도시들의 공간 구조가 재편되어가는 과정에서 우리는 심심치 않게 공공공간, 열린 공간(안타깝게도 많은 경우, 이는 문자 그대로의 지붕 없이 물리적으로 열려 있는 공간을 지칭한다), 열린 공공공간public open space에 대한 도시계획적 · 미학적 강조를 찾아볼 수 있다. 도심부의 공원 확충 계획, 플라자 건설 계획, 기개발지 재생의 청사진에서 열린 공공공간은 여가 생활을 풍부하게 하고 지역사회의 공동체적 삶을 가능케 하며 삶의 질을 향상시킬 수 있는 도구적 · 물리적 공간으로 묘사된다. 공공공간이 그곳에 물리적으로 존재한다는 사실이 필연적으로 공공성을 담지할 것인지도 의문스러운 일이지만, 현재 형태에서 제기해야 할 더 큰 의문은 그러한 공공공간을 그곳에서 살아가는 우리의 것으로 향유하고 있는가에 관한 것이다. 이는 공공공간에 존재하기에 적합하다고 여겨지는 공중으로서 세심하게 기획된 공공공간 위에서 부여받은 수동적 지위를 벗어나 공간을 능동적으로 재구성하는 주체로 행동할 수 있는가에 관한 것이기도 하다.

이 장의 '레스토랑 데이' 사례가 보여주는 실천 전략인 드러내놓고 먹고 마시는 향연은 평상시의 공적 공간에서는 '숨김' 처리되어 있던 이질적 타자들을 점진적으로 포함시킴으로써 공공공간을 광범위한 해체와 재구성의 장으로 이끌어내는 전략이다. 레스토랑 데이가 향연으로서 지니는 유희성과 낮은 진입 장벽은 평소 내재화된 타인의 시선이나 자기 검열로 공공공간에 나서지 못했던 이들을 즉흥적이고 개방적인 방식으로 끌어들인다. 이는 조심스럽게 선별된 공중에게만 허락되었던 상호작용을 증폭시키고, 도시민들 서로가 타자를 지각하고 인정할 수 있게 하며, 공간에 스며들어 있는 헤게모니를 일시적으로 뒤엎는다.[23]

내놓고 먹는 행위의 향연은 공간의 물리적 경계를 변화시키지도, 참여자들에게 어떤 통일된 반란의 지향점을 지닐 것을 강요하지도 않는다. 향연은 다수자 중심의 질서를 내재한 공간을 급진적으로 뒤엎기 위한 어떤 거대 인프라나 비용도 요구하지 않기에 크고 작은 도시민들의 참여를 쉽게 동원할 수 있다. 그렇기 때문에 레스토랑 데이에 거리로 나서는 도시민들의 행위는 '작지만 거대한 공공공간smaller yet grander public space'을 창조해낸다.[24] 레스토랑 데이의 사례는 얼핏 동질한 존재로 상상되기 쉬운 '공중'과 종종 중립적인 공간으로 상정되는 '공공공간' 개념에 도전하고 도시공간에 새로운 기능과 의미를 부여하는 실천 전략으로 먹는 행위의 향연을 제안한다. 향연을 구성하는 도시민들의 전유 행위는 도시공간에 '대안적인 집합의 영역'[25]을 제시한다. 그 성과는 일시적 유희에 그치지 않고 어떤 대안적 도시를 만들어갈 수 있을지에 대한 끊임없는 상상을 불러일으킨다.

공공공간에서 먹는 혹은 먹지 않는 행위는 종종 그 자체로서 영향력 있는 사회운동이 되기도 한다. 얼마 전 광화문광장에서 먹지 않거나 먹는 행위를 통해 의견을 표출한 방식이 큰 사회적 논란을 불러일으킨 것은 공간을 매개로 하는 다양한 사회 세력 간의 경합이 치열해지고 있음을 보여준다.[26] 그 갈등이 반드시 공공공간의 수면 위에서 극단적인 방식으로 표출되지 않더라도, 공공공간은 기본적으로 공간을 권력화하는 세력과 이에 대한 대응에 의해 끊임없이 매개되고 해체되며 재구성된다. 레스토랑 데이에서 소개한 핀란드의 공간들은 공공공간이 겉으로 내보이는 평화가 이미 공간에 장착되어 있는 여러 장치를 통해 부적절하다고 여겨지는 신체와 행위는 철저하게 보이지 않는 것으로 여과시키고 남은 동질화된 공중을 내보임으로써 연출된 평화임을 보여준다. 그곳에 존재할 수 있게 허용된 공중은 도시의 다수자로서 그 질서를 더욱 공고히 함으로써 이방인을 배제하며, 이에 가시적인 또는 은근한 기호와 차별적 시선, 극단적인 경우 배타적 규제까지도 동원한다. 그런 의미에서 레스토랑 데이는 공공공간에 작용하는 그런 매개된 장치를 탈착하는 움직임이다. 레스토랑 데이의 향연이 도시 곳곳에서 불러일으킨 혼돈 혹은 새로운 공적 삶의 가능성은 하루아침의 유희로 휘발되는 것도 아니다. 이것은 도시민으로 하여금 더 포괄적이고 민주적인 공공공간을 점진적으로 상상케 하는 촉매로 남아 증폭된다.

대안적 공공공간에 대한 상상은 최근 긴장감이 고조되는 한국의 광장과 이질적 타자들이 공존하는 도시공간의 모색에서도 생각해봄

직하다. 법제, 기호, 여러 형태의 여과기와 정화 의식을 동원한 공적 영역의 축소는 핀란드의 헬싱키라는 한 도시 특유의 것이 아니기 때문이다. 그것이 신자유주의에서의 강력한 사유화의 추세이건 공동체의 축소이건 약자를 내몰아내는 약탈적인 도시화이건, 타자들이 서 있을 수 있는 공공의 지대는 끊임없이 축소되고 있다. 그 틈새에서 대안적 공공공간을 가시화한 움직임이 나타났다는 점은 희망적이다. 이 움직임이 유사한 과정을 겪고 있는 한국 공공공간의 정치에 대해 지니는 실천적 함의는 적지 않다. 소통과 마주침이 있는 '진짜' 공공공간을 만들어내는 과정은 도시를 살아가는 이들의 실천 속에서 구체화된다. 그것이 먹는 행위의 향연이건 행진이건 끊임없이 대안적인 공공공간을 상상하고 실험을 지속함으로써 도시가 우리에게 속한다는 감각을 잃어버리지 않을 수 있을 것이다.

8장 2008년 촛불집회시위를 사례로 살펴본 공공공간의 (탈-)영역화

황진태

I. 서론

2000년대 들어서 서울시청 앞 광장은 공공공간의 다양한 의미와 역할을 담아내고 있다. 2002년과 2006년, 2010년에는 월드컵 응원장소로, 매년 국경일에는 보수와 진보 간 이념의 충돌공간으로, 2008년 광우병 정국에는 촛불집회의 공간으로 그리고 2009년 노무현, 김대중 전前대통령의 추모공간 등으로 대표되는 역동적인 공간으로서 주목받고 있다. 특히 2008년 촛불집회는 기존 한국 사회운동 연구에서 간과되었던 공공공간의 역할을 조명하는 계기가 되었다는 점에서 주목된다([그림 8-2] 참조). 촛불집회가 발생했던 광장은 단순히 시민들을 위한 배경막이 아니라 광장을 통해 시민들을 모이게 하고, 운동의 동력을 심화시키거나 약화시키는 대본 없는 배우였다.[1] 사회운동은 지표상의 어느 지점을 차지하여 공간성spatiality을 띤다는 점에서 장소 특수적place-specific인 사건이다. 철거민들의 골리앗 투쟁이나 노동자들의 작업장 점거처럼 특정한 이해관계와 목적을 실현하기 위해 사회 세력들은 어떤 장소를 점유하려 들고, 점유한 장소를 지키는 과정에서 상징(예컨대, 깃발을 통한 결집)을 이용하여 외부(그들)와 차별적인 모습으로 내부(우리)를 동질화시키는 영역화領域化, territorializing를 시도한다. 즉, 전통적으로 사회운동에서는 특정 장소를 점유하고, 장소 내부의 차이를 줄이고 통제하려는 영역화 전략이 중요했다.

2008년 촛불집회를 시발로 전통 노동자계급 중심의 단일한 구성과는 대립되는, 이른바 다중multitude으로 호명되는 다양한 정체성들이 어우러지는 탈계급적 운동의 출현을 목격한 진보적 지식인들은 그동안 운동공간에서 소외되었던 청소년과 여성을 각각 "탈물질적인 2.0세대"[2]와 "새로운 정치적 주체성"[3]으로 변화시켰고, 이들의 주도로 진행된 촛불집회는 "새로운 주체들의 부상",[4] "세계사적으로 선진적인 아름다운 사건"[5]으로 평가했다. 이러한 평가는 기존의 영역화 전략을 "단일한 목적과 방향, 단일한 조직, 단일한 투쟁방식에 대한 거부"[6]와 대응시키면서 촛불집회와 전통 사회운동 간의 차이와 단절을 강조하고 있다.

이러한 촛불집회 공간에서 표출된 탈영역성의 부각은 반反영토적인 공간 실천을 통해 기존의 사회지배 세력의 자기장磁氣場에 포섭된 공공공간을 '날것'으로 바꿔놓은 것이다.[7] 다시 말해, '날것'으로서 공공공간을 바라보는 것은 기존의 공공공간의 공공성公共性이 국가 혹은 자본에 의해 교묘히 선택적으로 건조되었음을 드러내고, 나아가 지배와 피지배 구도를 교란하는 다양한 사회 세력들 간의 갈등, 경쟁, 경합의 과정 속에서 새로운 공공공간으로 재구성될 수 있는 틈들을 탐색할 수 있다.

이 장에서는 '날것'으로서의 공공공간에 대한 문제의식을 바탕으로 2008년 촛불집회 사건을 재독해하면서 국가와 자본이 지배하는 공공공간이었던 서울시청 앞 광장 및 광화문 거리가 어떻게 전통 사회운동 세력뿐만 아니라 이들과 다른 빛깔의 정체성을 띠는 탈계급적 세력들에 의해 새로운 문법의 공공성이 만들어지는 공간으로 변화하는지를 살펴보고자 한다. '날것'으로서의 공공공간에서는 하나의 문법만이 존재하지 않는다. 전통 사회운동 세력과 탈계급적 세력들 간에도 갈등과 경합은 존재한다. 여기서 갈등은 지양될 것이 아니라 '날것'이기에 비로소 존재 가능한 갈등들이며, 새로운 공공공간을 만들기 위한 신선한 재료들이다. 이러한 '날것'의 시선이 이론적·실천적으로 설득력을 갖기 위해서는 영역화와 탈영역화에 대한 지리학적 이해와 공공공간에서 펼쳐지는 사회운동 세력들의 (탈-)영역적 실천들을 예리하게 살펴볼 필요가 있다.

본 연구의 구체적인 초점은 다음과 같다. 첫째, 일각에서 2008년 촛불집회공간을 새로운 유형의 탈계급적·탈영역적인 사회운동으로 평가한 것과 달리 공간을 매개로 영역화와 탈영역화가 작동했음을 밝힌다. 둘째, 다중이라 불리는 다양한 정체성들은 집회공간을 매개로 한 장소의 영역화와 탈영역화 과정과 맞물리면서 유동적인 정체성이 형성될 수 있음을 밝히고자 한다. 일부 논자들은 촛불집회를 탈계급적·탈영역적으로 보이는 새로운 사회운동으로 간주하면서 그것이 계급을 지양하고 정체성을 지향하는 자기실현적 예언self-fulfilling prophecy이라는 식의 낭만적 기대를 표하기도 한다. 그러나 이 장에서 강조한 공간성에 기반한 사회운동 분석은 이 같은 기대를 거두고, 사회운동공간에서 실제 작동하고 있는 단일한 계급성과 단일한 조직화를 지향하는 영역화와 단일성을 거부하는 다양한 정체성들의 탈영역화 간의 변증법적 상호작용에 주목한다. 이를 통해 기존 사회운동 연구에서 간과되었던 공간성의 인식이 사회운동의 역동성을 보다 충분히 설명할 수 있음을 확인하고자 한다.

앞선 문제제기에 대한 답을 구하기 위해 이 장은 다음과 같이 구성된다. 2절에서는 사회운동공간에서 발생하는 영역화와 탈영역화의 작동 메커니즘을 이해하기 위해 현대 인문지리학에서의 영역성 개념을 검토한다. 3절은 기존 촛불집회 관련 문헌들에서의 분석 초점(참여 주체, 사회구조, 사이버 공간 등)을 검토하면서, 기존 연구에서 공간에 대한 이해가 부족했음을 지적한다. 4절에서는 3절에서 검토한 영역성의 이해를 바탕으로 2008년 촛불집회에서 영역화와 탈영역화 과정이 발생했음을 확인한다. 결론에서는 문제제기에 대한 답을 확인하고, 본 연구의 의의 그리고 향후 과제를 제시한다.

II. 사회운동공간에서의 영역화와 탈영역화

실제 사회운동이 발생하는 장소에서 공간성이 발현되는 구체적인 메커니즘은 무엇인가? 필자는 지리학의 영역성territoriality 개념을 통해 이러한 메커니즘을 설명할 수 있다고 보고, 이하에서 영역성 개념을 검토하고자 한다.

1. 영역화와 탈영역화 개념의 검토

영역성의 간단한 예로는 짐승이 자신의 분비물을 특정 장소에 묻혀서 자신의 영역임을 표시하여 다른 짐승들의 침입을 막는 것을 들 수 있다.[8] 하지만 인간의 영역성human territoriality은 뚜렷한 경계를 가진 공간에 대한 통제를 시도함으로써 사람과 사물에 영향을 주고 통제하는 전략이라는 점에서 짐승의 영역성과는 명백히 구분된다.[9] 영역화의 구체적인 작동방식은 다음과 같다. 특정 공간의 영역화는 다른 공간과 구분 짓는 경계가 형성되면서 "이곳here"과 "저곳there", "우리us"와 "그들them"로의 단절성이 강화된다. "이곳" 내부에 존재하던 젠더, 계급, 계층 등의 차이들differences은 "우리"라는 범주로 하나가 되면서 줄어든다.[10] 영역화가 심화되는 과정에서 영역적 이데올로기(깃발과 같은 상징이나 지역주의 담론)는 차이들을 "우리"로 통일시키는 촉매 역할을 한다.[11]

인간의 영역성이 발현되는 대표적인 사례는 근대국가의 영토이다. 일찍이 막스 베버Max Weber가 근대국가를 "주어진 영토 안에서 합법화된 무력을 독점적으로 사용하는 인간 공동체"[12]라고 정의했듯이 1648년 베스트팔렌 조약 체결 이후 국경을 사이에 두고 각 국가들은 군대, 정부 등의 물리적 기구와 국가주의nationalism에 바탕한 애국가, 국기 등의 상징을 통해 국민에게 국가는 불변하는 강력한 존재이며, 영토는 국가를 유지할 수 있게 만드는 필수적인 물적 토대로 인식시켜왔다.[13] 베네딕트 앤더슨Benedict Anderson의 분석에서 보듯이 20세기 동안 근대국가는 국가주의(국가 간 전쟁부터 월드컵과 같은 스포츠까지)를 활용하여 각 국가의 국민들을 단일하게 결집시키는 영역화 전략을 성공시켰다.[14] 이에 따라 일반인을 비롯한 사회과학자들은 영역territory을 영토領土와 동일시했고,[15] 인간의 영역성의 발현이 국가 스케일scale에서만 나타나는 것으로 인식하는 방법론적 국가주의methodological statism[16]에 빠지게 되었다.[17] 그러나 영역화는 국가 스케일뿐만 아니라 도시 스케일, 몸의 스케일 등 다양한 지리적 스케일에서 발생할 수 있다.[18]

장소에서 영역화만 발생하는 것은 아니다. 영역화와 상반되는 탈영역화가 작동할 수도 있다. [표 8-1]에서 보듯 영역화는 경계의 뚜렷한 형성, 단일화된 정체성(가령, 국민 혹은 지역주민이라는 이름으로)과

[표 8-1] 영역화와 탈영역화의 특성 비교

영역화	속성	탈영역화
뚜렷함	경계	모호함
단수	정체성	복수
단절성	상태	연결성

경계 밖과의 단절성이 강조된다. 반면에 탈영역화는 경계가 모호하고, 복수의 정체성들(젠더, 계급 등)이 존재하며, 경계 밖과의 연결성이 강조되는 특징을 갖고 있다. 많은 경우 탈영역화는 영역화와 대립되는 현상이다. 예컨대, 19세기 말부터 시작된 국제사회주의운동인 인터내셔널international은 근대국가의 영토에 갇혀 있던 상이한 국적의 노동자들이 국가주의의 덫으로부터 벗어나 국경을 넘어선 연대를 시도한 것이다. 또 다른 사례로 도시를 들 수 있다. 도시 스케일에서는 "지역개발"이라는 명분하에 영역화가 진행되면서 각 도시에 존재하던 다수의 정체성들이 하나의 "지역주민"으로 통합된다. 이 과정은 이전부터 도시의 통치 세력을 상대로 한 정치사회적 요구의 축소를 정당화하는 논리로 작동할 수 있다. 이에 대해 각 도시에서 다수의 정체성들이 도시 간 경계를 뛰어넘는 연대를 통해 지역개발 프로젝트를 막으려는 움직임이 발생할 수 있다. 이처럼 탈영역화는 다양한 지리적 스케일에서 발생하게 된다.

분석 수준에서 영역화와 탈영역화 개념을 구분하여 논하긴 했지만, 현실 공간에서 영역화와 탈영역화는 각각 독립된 개별 현상이 아니라 다양한 계기와 경합에 의해 형성되는 상호구성적인 관계인 경우가 많다. 인터내셔널을 통해 근대국가의 영역성으로부터 벗어나려는 국제사회주의운동이 실패하고 근대국가의 영역성 안에 갇힌 스탈린의 일국 사회주의로 귀결되었듯, 같은 공간에서도 영역화와 탈영역화는 과정process으로서 다양한 경로로 전개될 수 있다.

정리하면, 다양한 지리적 스케일에서 특정 세력이 특정 공간을 통제하려는 전략으로서 영역화가 발생하지만, 영역화에 반발하는 다른 세력과의 경합을 통해 탈영역화가 발생할 수도 있다. 이러한 이해를 바탕으로 사회운동공간에서의 영역화와 탈영역화 과정을 살펴보도록 한다.

2. 사회운동 공간에서의 영역화와 탈영역화

기존의 사회운동 세력들은 영역화가 주요한 운동 전략이었다. 재개발 지역 내 철거민들의 골리앗 투쟁, 노동자들의 작업장 점거, 광주민주화 투쟁에서의 전남도청 점거에서 볼 수 있듯이 운동 세력은 지배 세력에 효과적으로 맞서기 위해 특정 공간을 점유한다. 운동 세력 내부에 존재하던 차이들은 개발업자에 맞서는 "철거민", 자본에 맞서는 "노동자", 독재 세력에 맞서는 "광주시민"처럼 단수의 정체성으로 결집된다. 이 과정에서 "우리"로의 결집은 깃발, 노래, 구호 등의 상징을 통해 보다 용이하게 이뤄지며, 자본과 국가 등을 "그들"로 규정하면서 영역화가 고조된다.

하지만 앞서 다른 영역화의 사례에서 보듯 사회운동공간 내부에서는 영역화에 대한 반발로 탈영역적인 움직임이 나타나기도 한다. 여기에는 크게 두 가지 원인이 작용한다. 첫째, 특정 물리적 공간의 점유가 지배 세력의 폭력적 수단의 동원을 유인할 수 있다는 점에서 영역화 전략에 반대할 수 있다. 둘째, 공간의 점유로 인한 영역화의 진행이 단수의 정체성을 요구하는 점 때문에 탈영역적 움직임이 나타날 수 있다. 지배 세력이 있는 "저곳"과 구분되는 "이곳"의 경계 긋기를 통해 "이곳" 안에 존재하는 젠더, 장애인, 동성애자, 어린이, 노인 등 복수의 정체성들은 침묵을 강요받는다.[19] 이 과정에서 다수의 정체성을 지향하는 주체들은 단수로서의 정체성을 강요하는 영역적 이데올로기의 활용에 비판적일 수 있다. 분석 수준에서 구분한, 탈영역화를 지향하는 두 원인은 현실 공간에서는 많은 경우 상호구성적으로 발현된다.[20]

그런데 사회운동공간에서의 영역화와 탈영역화 과정에 대한 이 같은 기술記述은 각 주체들의 정체성을 선험적으로 주어진 것으로 오해하게 만들 수 있다. 가령, 계급을 우선하는 노조운동이나 학생운동권과 같은 전통 운동 세력은 영역화를 지향하며, 정체성을 강조하는 여성운동, 동성애운동 등은 탈영역적 운동을 지향하는 이분법을 전제하는 것으로 볼 수 있는 것이다([그림 8-1]의 A). 신광영은 많은 사례들에서 [그림 8-1]의 A처럼 정체성을 바탕으로 집합행동이 야기된다doing

A: 정체성 → 의식 → 집합행동
B: 집합행동 → 정체성(또는 의식)
C:

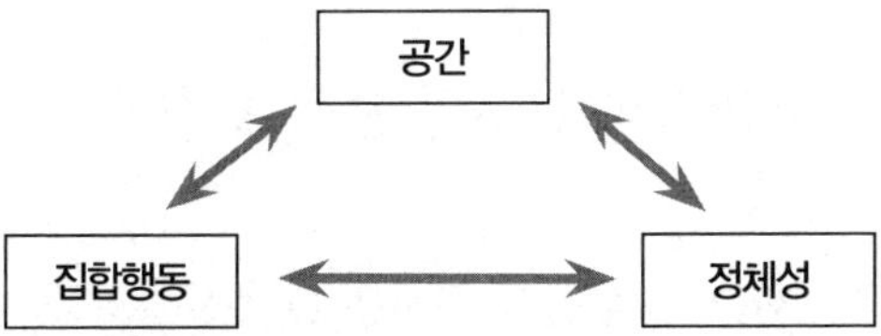

```
                    ┌──────┐
                    │  공간  │
                    └──────┘
               ↗              ↖
       ┌────────┐          ┌──────┐
       │ 집합행동 │  ←────→  │ 정체성 │
       └────────┘          └──────┘
```

[그림 8-1] 정체성의 형성 과정들

by learning고 보았다.[21] 또한 [그림 8-1]의 B처럼 행위(가령, 파업)를 통해 정체성이 형성될 수도 있음을 언급한다learning by doing.[22] 하지만 그는 행위를 통한 정체성의 형성은 정체성으로부터 집합행동이 발생하는 것에 비하면 파업과 같은 특수한 상황에서나 일어나는 "부수적인 효과"로 간주한다.[23] 이러한 분석은 정체성의 형성 과정에서 공간의 역할을 과소평가한 것으로 보인다. [그림 8-1]의 A와 B는 C처럼 공간을 매개로 도식화할 수 있다. C는 공간을 매개로 정체성이 변화할 수 있는 가능성을 밝히고 있다.[24] 영역적인 운동 주체들과 탈영역적인 운동 주체들은 특정 계기를 통해 상대방의 공간 전략에 영향을 받아서 전자는 탈영역적이고, 후자는 영역적인 정체성으로 바뀔 수 있다. 즉, 사회운동공간에서 영역화된 주체와 공간은 탈영역화된 주체와 공간으로 바뀌거나 그 역逆이 가능한 과정process으로 이해할 수 있는 것이다.

사례 연구인 4절에서는 2절에서 논의한 사회운동공간에서의 영역화와 탈영역화 과정에 대한 이해를 바탕으로 기존 촛불집회 연구에서 나타나는 공간맹점을 확인하고, 5절에서는 촛불집회에서의 몇 가지 사건에 주목하여 촛불집회 참여주체들의 영역화와 탈영역화 과정을 경험적으로 확인한다.

III. 기존 촛불집회 연구의 분석 초점

기존 촛불집회 연구의 분석 초점은 1) 촛불집회를 이끈 참여 주체, 2) 촛불집회가 발생하게 된 사회구조, 3) 촛불집회의 여론이 결집되고 증폭되었던 사이버공간, 4) 촛불집회가 발생한 현실공간으로 나눌 수 있다.

첫째, 행위자에 초점을 맞춘 연구를 살펴보자. 기존 촛불집회 논의는 누가 촛불집회에 참가하고 집회를 주도했는가에 대한 답을 구하기 위해 행위자들에 초점을 맞춘 연구가 다수를 차지하고 있다. 행위자 연구는, 이른바 '촛불 소녀', '배운 여자', '유모차 부대' 등의 다양한 명칭으로 불리는 다중 혹은 새로운 주체들이 계급보다는 탈물질주의적 가치관을 계기로 출현했다고 분석한다.[25] 이들 논의는 연구자 개인의 인상 분석이 주가 되면서 경험 연구가 부족하다는 한계가 있다. 조기숙과 박해윤은 촛불집회 참가자들을 직접 설문조사한 결과, 참가자들이 일반국민에 비해 경제적으로 여유가 있고, 고학력이며, 인터넷을 통해 정보를 얻는다는 점을 근거로 참여 주체들이 탈물질주의적이라고 판단했다.[26] 그러나 이러한 해석에 대한 비판도 제기되었다.[27] 김광일은 탈물질주의에 기반한 논자들이 전통 사회운동 세력은 제 기능을 하지 못했다고 보는 시각을 비판하면서 촛불집회의 전개에서 광우병대책위원회, 학생운동권, 다함께[28] 등 전통 사회운동 세력들이 중요한 역할을 했다고 강조한다.[29] 이택광과 은수미는 촛불집회는 중산층이 주도한 운동이라면서 탈물질주의와 다중 개념으로 이해하는 해석을 비판했다.[30] 하지만 이러한 분석 또한 실증 연구가 뒷받침되지 못하면서 설득력이 떨어진다는 한계가 있다. 이를 보완하기 위해 이갑윤은 촛불집회가 끝난 2008년 8월 양일간 전국 19세 이상 1,000명 성인남녀를 무작위 추출한 전화면접을 실시했다. 이갑윤은 이 조사 결과를 바탕으로, 촛불집회의 참여 주체들이 탈물질주의적이기보다는 지난 10년 동안 지속되던 지역, 세대, 이념 균열에 의해 호남, 젊은 세대, 진보 성향의 집단으로 구성되었다고 주장하면서 촛불집회 참여 주체를 탈물질적이라고 분석한 조기숙·박해윤의 연구[31]를 반박했다.[32]

정리하면, 행위자에 초점을 맞춘 연구는 [그림 8-1]의 A 유형처럼 여성, 중산층, 운동권, 노인, 청소년 등 각각의 정체성에 주목하여 기존 사회운동에서 볼 수 없었던 새로운 운동 주체들을 파악할 수 있다는 점에서 의의가 있다. 하지만 이러한 연구는 행위자를 감싸고 있는 공간과의 상호작용([그림 8-1]의 C)을 통한 행위자의 주체성 변화를 간과하고 있다. 예외적으로 김형주의 연구[33]는 광주 촛불집회를 사례로 기존의 전통 사회운동 조직이 촛불집회를 경험하면서 탈영역적인 특성을 띠게 되는 주체의 변화를 포착했다는 점에서 진전된 측면이 있다. 하지만 공간에 대한 고려는 여전히 부족하다. 뒤에서 확인하겠지만 공간의 영역화와 탈영역화 간의 역동적인 상호작용으로 인해 여성으로서의 정체성은 운동권으로 변화하기도 하고, 때로는 복수의 정체성이 공존하기도 한다. 앞서 보았듯이 기존 행위자에 초점을 맞춘 연구들에서는 "다중 대 전통 사회운동 세력", "물질주의 대 탈물질주의"처럼 다소 경직된 이분법적 구도 안에서 운동 주체들을 분석하면서 공간을 매개로 한 정체성의 역동적인 변화는 포착하지 못하고 있다.

둘째, 촛불집회를 추동한 사회구조에 초점을 맞춘 연구를 살펴보자.[34] 촛불집회를 야기하게 된 사회구조를 밝혀내는 작업은 촛불집회가 발생한 장소 스케일을 넘어 거시적 수준에서 사회운동이 발생하게 된 사회경제적 맥락을 파악할 수 있다는 점에서 의의가 있다.[35] 그러나 이러한 의의에도 불구하고, 구조를 바라보는 망원경은 행위자와 공간 간의 관계를 볼 수 있는 현미경의 역할까지는 할 수 없다는 맹점이 있다. 예컨대 정태석은 산업사회에서의 연대의 조건은 공간적 집중과 동일성이라는 영역화로, 소비사회·위험사회·서비스사회의 연대의 조건은 공간적 분산과 다양성이라는 탈영역화로 구분한다.[36] 하지만 실제 사회운동공간에서는 산업사회에서의 연대의 조건으로서 탈영역화가 발생할 수 있으며, 소비사회에서도 그 역逆이 가능할 수 있다. 물론 "노동자-소비자-시민들의 소통과 연대"를 강조[37]한다는 점에서 봤을 때 정태석이 경직된 이분법적 구도로 산업사회와 소비사회를 재단하는 것은 아니다. 하지만 특정 사회에서 두드러지는 특정한 공간의 양상을 선험적으로 전제하는 것은 도리어 연대의 장애물로 작용될 소지가 있다. 사회구조가 행위자들의 행동 일부를 설명하는 필요조건이 될 수 있지만 현상의 전부를 설명하는 충분조건은 아니

[그림 8-2] 광화문, 청계천 일대 촛불집회 시위

다. 이런 점에서 사회구조에 초점을 둔 연구가 장소 스케일에서 발생하는 행위자와 공간 간의 상호작용을 연계하여 바라본다면 사회구조가 사회운동공간에 미치는 영향에 대한 보다 높은 설명력을 얻을 수 있을 것이다.

셋째, 사이버공간을 살펴보자. 촛불집회는 고등학생이었던 누리꾼 안단테의 제안으로 시작되었다. 인터넷 포털 다음 〈아고라〉와 〈한겨레 토론방〉은 광우병 사태에 대한 공론장으로 기능하면서 활발한 담론 형성과 누리꾼들의 광장 참여를 이끌어냈다. 진보적 대안매체인 〈칼라TV〉, 〈오마이TV〉와 1인 미디어들의 인터넷 생중계는 집회에 참가하지 못한 누리꾼들과 현실집회공간의 시민들을 연결했다. 이를 통해 촛불집회에서 사이버공간의 역할이 주목받게 되었다.[38] 〈소울 드레서〉, 〈레몬 테라스〉, 〈82cook〉과 같은 인터넷 모임에서는 여성 간의 긴밀한 유대를 바탕으로 실제 집회공간에 음식과 같은 물품을 전달하기도 했다. 이 같은 예는 다수의 기존 연구가 촛불집회에서 사이버공간의 역할이 상당했다는 평가를 내리는 데 결정적인 역할을 했다.[39] 그러나 일각에서는 실제 광장에서 사이버공간이 얼마나 효과적이었고 결정적인 역할을 했는가에 대해 의문을 제기하기도 한다. 김광일은 사이버공간과 현실공간의 논쟁 지형이 일치하는 것은 아니며, 주도자가 없는 민주적 공간이라는 점에서 인터넷이 현실공간에서의 투쟁을 강화시키는 훌륭한 무기일 수 있지만 현실을 대체하기는 어렵다면서 인터넷에 대한 과대평가를 경계했다.[40] 경향적으로 사회운동에서 사이버공간의 역할이 높아지고 있다는 사실을 부정할 수는 없다. 하지만 사이버공간을 현실공간과 대립적인 관계로 설정하고 특정 공간이 다른 공간에 대해 일방적인 영향을 미쳤다는 식의 논의는 실제 현실의 운동공간과 사이버공간과의 역동적이고 구체적인 상호작용을 파악하지 못한다.

넷째, 촛불집회가 발생한 현실공간을 살펴보자. 기존 촛불집회 연구에서 공간에 초점을 맞춘 분석은 매우 드물다. 강준만은 대중들이 쉽게 모일 수 있는 장소라는 물적 토대와 억눌림을 해소할 수 있는 해방적 스펙터클을 갈구하는 심리적 토대가 절묘하게 맞물리고, 높은 인구 밀집도와 미디어 독식구조를 갖고 있는 서울의 공간 특성 덕분에 서울 도심부인 청계광장과 시청광장에서 촛불집회가 가능했다고 분석했다.[41] 당시 촛불집회의 연구가 대부분 사이버공간의 역할에 경도되었던 상황에서 서울과 지방 간의 불균등발전이라는 공간의 차이가 촛불집회를 가능하게 했다는 해석을 제기했다는 점에서 그의 관점은 주목할 만하다. 또한 이동연은 촛불집회공간에서 나타난 다양한 주체들의 모습을 세밀히 관찰한 후 "공간은 주체들의 참여에 의해 진화[42]되었다가 다시 시민들에 의해 전유된 공간의 특이점에 의해서 주체의 참여 행태를 진화시켰다"[43]고 판단했다. 공간과 주체 간의 구체적인 메커니즘을 밝히지는 못했지만 공간과 주체 간의 변증법적 상호작용에 주목한 것이다. 이러한 이동연의 연구는 본 연구의 문제의식을 담고 있다는 점에서 시선을 끈다.

지금까지 기존의 촛불집회 연구를 분석 초점인 행위자, 사회구조, 사이버공간 그리고 현실공간으로 분류해서 살펴보았다. 각각의 초점들은 촛불집회 현상을 이해하는 데 있어서 중요한 척도다. 하지만 촛불집회가 발생한 현실공간에 대한 연구는 많이 부족했다. 다음 4절에서는 촛불집회가 발생한 바로 그 장소에 대한 분석을 통해 기존 연구들의 몇 가지 문제점을 풀 수 있는 실마리를 찾고자 한다.

Ⅳ. 촛불집회공간에서 나타난 영역화와 탈영역화

1. 국가의 영역화 전략

2008년 6월 10일 시민사회단체들은 6·10 민주화항쟁 21주년에 맞춰 이명박 정부가 추진하던 한미 쇠고기 협상 내용에 대한 반대를 목표로 광화문 앞 세종로 사거리를 중심으로 100만 명 규모의 시위를 계획했다. 이에 맞서 정부는 시위대의 청와대 진입을 막기 위해 10일 새벽 1시부터 인천에서 공수한 가로 20미터, 높이 2.7미터, 무게 4톤에 이르는 컨테이너 20개를 광화문 사거리 이순신 동상 앞에 2층으로 쌓았고, 청와대 진입로인 안국동 한국일보사 앞에는 가로 6미터, 높이 2.7미터짜리 컨테이너 24개를, 적선동에는 같은 크기의 컨테이너 16개를 쌓았다. 총 60개의 컨테이너 장벽이었다.[44] 민주화 이후의 민주주의 사회[45]에서 수도 서울 광화문에 컨테이너 장벽을 쌓는 공간 전략은 단순히 어청수 경찰청장 개인의 아이디어로 환원되지 않는다. 이명박 정부가 집권한 후부터 광우병 쇠고기 문제와 더불어 교육 자율화, 대운하 건설, 공기업 민영화, 물 사유화, 공영방송 장악 기도에 속도를 내면서 국민의 반대와 저항이 고조되던 상황에 대한 반작용으로 이해할 수 있다.[46] 이처럼 정권을 향한 국민들의 비난 여론이 증폭되자 정부는 국가의 정치 중심지로서 상징화된 청와대와 광화문 앞 거리를 지키기 위해 컨테이너를 이용한 영역화 전략을 취하게 된 것이다.

2. 촛불집회 세력의 영역화와 탈영역화

국가의 영역화 전략은 촛불집회 참여 주체들(이하 참여 주체)과의 긴장을 고조시킨다. 참여 주체들은 컨테이너 장벽을 실질적이고 상징적으로 넘어서기 위한 전략으로서 스티로폼 산성을 쌓는 대항영역화 전략을 시도한다. 스티로폼 산성 쌓기 대항영역화는 경찰과 참여 주체 간에 발생할 수 있는 폭력 사태와 안전 문제를 이유로 참여 주체 내부의 찬반 논쟁을 불러오기도 했다. 하지만 결국 쌓는 것으로 결정됐고, 11일 새벽 5시경 스티로폼 산성을 이용하여 컨테이너 장벽에 올라간 학생단체들과 운동단체들은 깃발을 흔들었다. 이러한 현상을 통해 자율적이고 탈영역적으로 보이는 촛불집회 세력 안에서 특정 장소의 점거를 통해 경계를 확정하는 영역화가 발생했음을 확인할 수 있다. 즉, 촛불집회 초기에는 문화제의 형태로 탈영역화된 촛불집회가 광화문 거리를 지키기 위한 정부의 영역화를 초래했고, 이는 다시 참여 주체들의 대항영역화를 추동한 것이다. 참여 주체들의 영역화 전략은 물리적 공간의 점유와 더불어 집회 세력 내부의 보다 견고한 결집을 위한 영역적 이데올로기를 수반하게 된다. 기존의 많은 촛불집회 연구에서는 참여 주체들에 대해 "단일한 목적과 방향, 단일한 조직, 단일한 투쟁방식에 대한 거부"[47]를 내세운 탈영역적·탈계급적·자율적 연대라고 평가한다. 하지만 실제 촛불집회공간에서는 참여 주체들 내부의 동질화를 높이기 위해 이명박 정부라는 타자를 설정하고, 스티로폼 산성 쌓기 대항영역화와 같은 영역적 이데올로기를 만들어 작동시키기도 했다. 이는 탈영역화를 지향하는 다른 참여 주체들과 충돌하게 된다.

그리하여 이 시위는 민주주의를 요구하는, 가장 반-민주적인 시위가 되었다. 왜 민주주의가 아니었던가? …… 그것은 바로 '나'가 민주주의 사회의 개별적 주권자인 **분열된 자아가 아닌, 어떤 '거대한 나'였기 때문이다.** 그 이질적인 수많은 사람들은 우리에게 하나로 표상했고, 그 바깥에 이명박이 있었다. 5월 31일의 현장에서 내가 유심히 들은 말은 "이명박을 오사카로!"라는 구호였다. 현 대통령의 고향을 비꼬는 이 함축적인 구호는, **우리의 '적'을 '외래인 군주'로 지칭하고 있었다. 거리에 존재했던 주권은 자신의 적대자를 외국인으로밖에 이해하지 못하는 폐쇄적이고 통합적인 나였다.**[48]

한 촛불집회 참가자의 발언을 통해 촛불집회 참여 주체 일부가 외부("적", "외래군주")와 경계를 긋고 촛불집회 내부의 영역화("거대한 나", "폐쇄적이고 통합적인 나")를 시도하는 것에 대한 다른 참여 주체의 반감을 확인할 수 있다. 이명박 정부라는 적에 대항하고 결집하기 위해 "거대하고, 통합적인 나"가 되어야 했던 다양한 정체성들은 그러한 영역화에 반발한 것이다. 이처럼 자율적이고, 탈계급적, 탈영역적일 것으로 보였던 촛불집회 세력도 실제 내부에서는 이 같은 영역화의 논리가 작동하고 있었다. 반면 참여 주체들 내부에는 이 같은 영역화에 반발하는 탈영역적인 움직임도 존재했다.

이렇게 밤마다 모여 앉아 도란도란 얘기하면서 촛불을 밝히는 것도 힘이고, 중요합니다. 말 그대로 오합지졸 아무 대책 없는 일반인이 촛불집회의 힘이에요. …… 0살의 아가부터 80세의 노인분들까지 모일 수 있는 촛불의 아름다움을 뜻이 이루어지는 그날까지 유지할 수 있었으면 좋겠습니다.[49]

더군다나 마지막에 깃발 올라갈 때, 그 깃발은 대부분 총학생회 깃발이나 노조 깃발이었습니다. **조직화되기를 거부하는 시민의 자유 운동에서 구 운동권 깃발들이 마치 권위인 양 올라가는 모습도 보기 싫었습니다. 조직에 소속되어 있는 시민만 시민입니까? …… 가르치려 들지 마십시오. …… 완전히 가르치려는 언사입니다.**[50]

위 인용문들은 촛불집회 세력 내부에 컨테이너 장벽이라는 국가기구에 의한 영역화 전략에 맞서서 산성 쌓기나 깃발 세우기 등을 통한 대항영역화 전략을 취하는 움직임뿐만 아니라, 스티로폼 산성 쌓기에 반대하며 광화문 거리를 다양한 정체성들이 공존할 수 있는 공간으로 만들려는 탈영역적인 움직임도 있었음을 보여준다. 이를 통해서 촛불집회의 참여 주체들이 새로운 유형의 탈영역적·탈계급적 연대였다는 일부 논자들의 평가는 실제 모습과 달랐음을 알 수 있다. 촛불집회 세력 내부에는 공간성을 매개로 영역화와 탈영역화 과정이 역동적으로 나타났고 있었던 것이다.

3. "영역화"된 다중과 "탈영역화"된 전통 사회운동 세력

앞선 사례는 탈계급적·탈영역적으로 보이는 촛불집회 공간에서 영역화와 탈영역화가 공존하고 있다는 점에 초점을 맞추었다. 이는 자칫 전통 사회운동 세력은 영역화 전략을 추구하고, 다양한 정체성들은 탈영역화 전략만을 추구하는 이분법적인 구분으로 보일 수 있다. 그러나 사회운동과 공간 간의 상호작용 속에서 정체성은 정적으로 고정되어 있지 않고 유동적인 특성을 보일 수 있다. 다시 말해, 집회라는 상대적으로 짧은 시간 동안에도 공간을 매개한 장소의 영역화와 탈영역화 과정과 맞물리면서 단수와 복수로서의 정체성을 횡단하

는 유동적인 정체성을 띨 수 있는 것이다.[51]

본래 스티로폼 산성 쌓기에 쓰인 스티로폼들은 촛불시위를 했던 인권운동단체들이 국민과의 소통을 거부하는 청와대에 항의하기 위한 퍼포먼스로 준비한 소품이었다.[52] 퍼포먼스를 기획했던 활동가들은 스티로폼을 이용하여 실제로 명박산성을 넘어가기보다는 발언대로 활용할 계획이었다.[53] 그런데 인권운동단체들이 스티로폼을 이동시키기 전에 시위를 하던 일반시민들이 먼저 동아일보 일민미술관 앞에 쌓여 있던 스티로폼들을 발견하고 명박산성 앞으로 옮기게 된다.

> 우리는 오늘도, **이 많은 인원이 모여서도 그저 준비된 공간**(명박산성 앞 공간-인용자주)**에서 그냥 그렇게 놀다가 가야 하는 건가.** 너무 화가 치밀어서 걸어가는데 동아일보 일민미술관 앞에 잔뜩 쌓여 있는 커다란 스티로폼이 보였다. …… 그걸 본 순간 생각했다. 그래, 이걸 명박산성 앞에 쌓으면 어떨까. 컨테이너 위에 올라가자는 거 아니다. **다만 우리가 여기 못 올라가서 이러고 있는 거 아니라고, 올라갈 수는 있지만 비폭력이어야 하고 위험할 수 있기 때문에 그냥 올라가지 않는 거라고. 너희가 치졸하고 야비하게 담장을 높게 쌓았지만 우리도 쌓을 수 있다고. 그냥 그거라도 보여줘야 속이 시원할 것 같았다.**[54]

위 글에서 확인할 수 있는 것처럼 스티로폼을 옮겼던 시민 C도 처음에는 인권운동단체의 스티로폼 퍼포먼스의 취지처럼 명박산성을 넘어서기 위해 행동한 것이 아니었다. 하지만 동시에 촛불집회에 참여한 일반 시민들이 정부의 영역화 전략("준비된 공간")에 대해 불만이 있었고, 정부("너희")와 정부에 대항하는 촛불집회 주체들("우리")을 구분하는 영역화의 논리 또한 작동하고 있었다. 본래 발언대로 사용될 목적이었기 때문에 옮겨진 스티로폼들은 명박산성에서 약간 떨어진 곳에 놓였다. 하지만 스티로폼의 이동이 끝나자 참여 주체 내부에서 는 스티로폼들을 명박산성을 넘는 데 사용하자는 주장과 안전 문제를 이유로 발언대로 사용하자는 의견이 대립하게 된다.[55]

이명박 대통령이 광화문 네거리조차 막아놓으면 우리는 또 돌아가 야 하는가. …… 지금이야말로 저 장벽을 넘어 이명박 대통령에게 우 리가 원하는 바를 전달해야 한다.[56]

애당초 스티로폼 퍼포먼스를 기획한 단체들과 스티로폼을 옮겼 던 시민들에게는 상대적으로 약한 수준에서의 영역화 논리가 존재했 다. 하지만 동아일보 일민미술관에서 명박산성 앞으로 스티로폼들이 이동하면서 초래된 명박산성 앞 공간 배치의 변형은 앞선 20대 여성 의 발언에서 보듯이 강한 영역화를 부추겼다. "스티로폼이 이동하는 것을 본 순간, 명박산성을 점령하고 싶다는 대중들의 욕망은 눈을 떴 다."[57] 스티로폼산성을 통한 명박산성 위에서의 깃발시위 행렬에 전 통 사회운동 세력들만 참여한 것은 아니었다. 여러 논자들이 새로운 운동 주체로 간주한 〈아고라〉와 같은 인터넷 커뮤니티들도 자신들이 비판했던 깃발을 흔드는 영역화 전략에 동참했다([그림 8-3] 참조). 초 기 촛불집회에서 〈아고라〉는 전통 사회운동 세력들의 깃발 전략에 대 해 경계했다.[58] 하지만 스티로폼 산성이라는 공간의 생산은 아고라와 같은 다중의 일원들도 그 자신이 비판했던 깃발 전략에 동참하게 만 들었다.

결국 명박산성에 아고라 깃발뿐만 아니라 명박 퇴진에 앞장서는 모든 단체들의 깃발이 올라갔을 때 저는 눈물이 찡했습니다. 명박산성이 곧 청와대란 생각을 했기 때문입니다. …… 청와대로 돌진할 수 없다면 국민토성 위에 상징적으로 청와대를 표현하고, 그곳에 아고라 깃발을 중심으로 모든 단체의 깃발을 꽂으면 어떨까요.[59]

누리꾼 E의 글에서처럼 다음 〈아고라〉에서는 깃발 전략을 〈아고라〉의 새로운 전략으로 활용할 것을 제안하는 논의들이 증가했다. 깃발에 비판적인 누리꾼들의 글이 깃발을 옹호하는 아고리언(아고라에서 활동하는 누리꾼들을 일컫는 속어)들로부터 배척되면서, 〈아고라〉에서 깃발에 비판적인 의견들은 묵살된다. 탈영역화된 주체로 보였던 다중들이 공간과의 상호작용을 거듭하면서 "영역화된" 다중이 되었음을 확인할 수 있는 대목이다.

다음으로 영역화를 추구하는 전통 사회운동 세력에서의 탈영역성을 확인해보자. 기존 촛불집회 연구자들은 참여 주체들을 다중 혹은 새로운 주체로 상정하면서 전통 사회운동 세력과 분리해서 보려는 경향이 강했다.[60] 하지만 촛불집회에서 주도적인 역할을 했던 한 활동가의 발언[61]은 전통 사회운동 세력과 새로운 참여 주체들 간의 관계가 단절된 것이 아니라 유사했음을 확인시켜준다.

밧줄로 경찰 버스를 끌어내고, 경찰 버스를 넘기 위한 '국민토성 쌓기'도 시도해봤지만, 번번이 실패했다. …… **게다가 이런 빈번한 충돌은 시위 참가자들의 사기에도 도움이 되지 않았다.** 청와대 진출 시도가 '분노의 표현'이라고 말할 수 있겠지만, 오히려 **정부의 철벽 방어 앞에 시위대가 무**

력함과 절망감을 느낄 수도 있었기 때문이다. 역으로 정부의 물리적 강력함을 입증시키는 것이었을 뿐이다.[62]

촛불집회를 분석한 진보 성향의 한 학자는 촛불집회에서 "신자유주의에 반대를 주도한 주체가 촛불정국의 '지도부'인 대책회의가 아니라 '아고라' 등 아래로부터 구성된 대중"[63]이었다고 말한다. 전통 사회운동 세력이었던 대책회의는 "초기에는 촛불의 특징이 무엇인지 알지 못했고 촛불과의 정확한 접속의 방식을 알지 못"했던, "촛불봉기의 발전 과정을 늘 뒤쫓아 가야 했"[64]던 지진아遲進兒로 간주한다. 반면 참여 주체들은 전통 사회운동 세력과 구별되는 새로운 정치적 주체로 본다. 운동권은 급진적이고, 폭력적인 시위를 선호·선동할 것이라는 선입견이 작동하고 있는 것이다. 그런데 전통 사회운동 세력으로 분류되는 〈광우병대책위원회〉와 〈다함께〉 활동가인 김광일은 국가의 영역화 전략과의 상호작용을 거듭하면서 물리적 마찰이 오히려 촛불집회 세력에게 소모적일 수 있다는 판단하에 영역화 전략을 지양하고 탈영역적인 전략을 고민하고 있다. 전통 사회운동 세력의 탈영역화를 확인할 수 있는 대목이다.[65]

지금까지 탈계급적·탈영역적으로만 보이는 촛불집회 내부에서도 일련의 영역화가 발생했음을 확인했다. 즉, 촛불집회의 참여 주체 개인과 집단의 정체성은 공간을 매개한 영역화 과정에서의 공간의 변형(명박산성과 스티로폼 산성의 형성, 스티로폼 산성 위에서 운동권과 인터넷 커뮤니티들이 함께한 깃발 세우기 등)을 통해 단일한 계급성과 다양한 정체성들 사이를 역동적으로 횡단하고 있었던 것이다.

V. 결론

이 장은 촛불집회공간에서 사회-공간 변증법[66]의 역동적인 상황을 포착하는 것이 핵심이다. 일부 논자들은 2008년 촛불집회를 탈계급적·탈영역적인 새로운 사회운동으로 평가했다. 반면 이 장은 계급을 지양하고, 정체성을 지향하는 자기실현적 예언의 기대를 걷어냈다. 탈계급적으로 보이는 사회운동에서 실제 작동하고 있는 단일한 계급성과 단일한 조직화를 지향하는 영역화와 단일성을 거부하는 다양한 정체성들의 탈영역화 간의 변증법적 상호작용에 주목했다. 이를 기반으로 이론적으로는 사회운동 연구에서 공간성 인식의 중요성을 확인하고, 실천적으로는 사회운동공간에서의 영역화와 탈영역화에 대한 이해를 심화하고자 했다.

기존의 다중(시민)/운동권, 구/신사회운동의 경직된 이분법적 틀로는 오늘날 실제 사회운동의 생태를 설명하는 데 한계가 있다. 다음 〈아고라〉에 실린 누리꾼 J의 글은 다중/운동권이라는 틀 자체가 상당히 경직되었음을 보여준다.

폭력/비폭력, 운동권/시민의 이분법을 넘어서지 못하고 저들의 담론을 강화한다면, 운동권은 결코 시민이, 시민은 결코 운동권이 될 수 없다. …… 하지만 경직된 이분법적인 집회에서 나는 많은 소외감을 느꼈다. 더 이상 어느 깃발 밑에도 있지 않은 개인 참가자로서 그리고 그동안 변혁운동을 해왔던 운동권으로서 나는 과연 운동권/시민 어느 지점에 서 있어야 하는 걸까?[67]

이 글에서 그(녀)에게는 운동권의 정체성, 시민의 정체성이 뒤섞여 있다. 누리꾼 J는 자신을 운동권이나 다중(혹은 시민) 가운데 어느 한 부류로 규정해야 한다는 이분법에 거부감을 느끼고 있다. 이러한 거부감은 사회운동의 연대를 훼손하는 요인으로 작용할 수 있다. 따라서 앞으로의 초점은 실제 사회운동이 발생하는 공공공간에서 지배 세력뿐만 아니라 다양한 사회 세력들의 (탈-)영역적 실천들을 밝혀내고, 새로운 정치적 주체들과 전통 사회운동 세력 간의 연대가 가능한 운동 전략을 짜는 것에 맞춰져야 한다. 시청 앞 광장과 광화문 거리에서 관찰된 사회 세력들 내부의 갈등은 서두에서 밝혔듯이 '날것'이기에 비로소 존재 가능한 갈등들이며, 새로운 공공공간을 만들기 위한 신선한 재료들이다. 이러한 갈등과 경합이야말로 '날것'으로서의 공공공간을 규범, 이상理想의 범주에 방치시키지 않고, '바로, 여기'에서 실현 가능하게 만든다.

주

머리말

1 《한겨레》, 〈'아스팔트 보수' 올라탄 새누리, 촛불집회에 막말·색깔론〉, 2017. 2.9.

2 Gimm, D. W. 2013. "Fracturing hegemony: regionalism and state rescaling in South Korea, 1961~71." *International Journal of Urban and Regional Research*, Vol. 37, No. 4, pp. 1147~1167; 김낙년, 〈1960년대 한국의 경제성장과 정부의 역할〉, 《경제사학》, 제27호(단일호), 1999, 115~150쪽; Akyüz, Y. and Gore, C. 1996. "The investment-profits nexus in East Asian industrialization." *World Development*, Vol. 24, No. 3, pp. 461~70 참조.

3 박인석, 《아파트 한국사회》, 현암사, 2013.

4 Shin, H. B. and Kim, S. H. 2016. "The developmental state, speculative urbanisation and the politics of displacement in gentrifying Seoul." *Urban Studies*, Vol. 53, No. 3, pp. 540~559.

5 김동완·신혜란, 〈대항품행 그리고 성미산 스타일: 발전주의 도시화를 넘어〉, 《경제와 사회》, 111, 2016, 174~204쪽.

6 Lefebvre, Henri. 1991. *The production of space, translated by Donald Nicholson-Smith*. Oxford, UK.: Blackwell, pp. 362~363.

7 Jackson, Peter. 1998. "Domesticating the street." *Images of the street: Planning, identity and control in public space*, Londres: Routledge, pp. 176~191.

8 박해천, 《아파트 게임》, 휴머니스트, 2013, 272~273쪽.

9 오근재, 《퇴적 공간》, 민음인, 2014.

10 엄기호, 《단속사회》, 창비, 2014.

11 Howell, Philip. 1993. "Public space and the public sphere: political theory and the historical geography of modernity." *Environment and Planning D*, 11, pp. 303~303; Mitchell, Don. 1995. "The end of public space? People's park, definitions of the public, and democracy." *Annals of the Association of American Geographers*, 85(1), pp. 108~133; 김동완, 〈'날것'으로서 공공 공간과 타자의 복원: 로열 페스티벌 홀을 사례로〉, 《공간과 사회》, 24(3), 2014, 178~209쪽.

12 김동완, 〈1960년대 광주 지방의 지역개발담론과 아래로부터 지역주의〉, 《정신문화연구》, 32(4), 2009, 254쪽.

13 Lefebvre, Henri. 1991. *The production of space*, translated by Donald Nicholson-Smith. Oxford, UK.: Blackwell, p. 389.

14 사이토 준이치(齋藤純一), 윤대석·류수연·윤미란 옮김, 《민주적 공공성》, 이음, 2009, 15쪽.

15 아렌트, 한나(Arendt, Hannah), 이진우·박미애 옮김, 《전체주의의 기원 2》, 한길사, 2006, 279쪽.

16 르페브르, 앙리(Lefebvre, Henri), 양영란 옮김, 《공간의 생산》, 에코리브르, 2011, 532~533쪽.

17 1989년 개관한 지 11년 만에 패티김 데뷔 30주년 공연이 세종문화회관에서 열렸다. 그 일로 운영위원 두 명이 사퇴했다. 대중음악 공연이 회관의 품격을 떨어뜨린다는 이유에서였다. 그 뒤로도 아이돌 최초, 여자아이돌 최초 등의 기록이 이 공연장에 새겨졌다.

18 Mitchell, Don. 1995. "The end of public space? People's park, definitions of the public, and democracy." *Annals of the Association of American Geographers*, 85(1), pp. 108~133.

19 김동완, 앞의 책, 2014.

20 아렌트, 한나(Arendt, Hannah), 이진우·태정호 옮김, 《인간의 조건》, 한길사, 1996, 102~103쪽.

1장

1 Hartley, John. 1992. *The politics of pictures: The creation of the public in the age of popular media.* London; New York: Routledge, pp. 29~30.

2 아렌트, 한나(Arendt, Hannah), 이진우·태정호 옮김, 《인간의 조건》, 한길사, 1996, 39쪽.

3 위의 책, 39쪽.

4 위의 책.

5 위의 책, 55~57쪽.

6 위의 책, 102~112쪽.

7 위의 책, 104쪽.

8 위의 책, 105쪽.

9 위의 책, 105쪽.

10 위의 책, 104쪽.

11 위의 책, 115쪽.

12 위의 책, 118쪽.

13 대체로 국가로 번역하지만 근대국가와의 혼동을 피하고 그리스 폴리스의 특성을 고려해 정치공동체로 둔다. 이진우·태정호는 이것을 정치적 조직체로 번역했으나 이 글에서는 정치공동체로 고쳤다(위의 책).

14 Arendt, Hannah. 1998. *The human condition* (2nd/ed.), Chicago: University of Chicago Press, pp. 61~62.

15 "real estate, n." OED Online. Oxford University Press, December 2015. Web. 25 January 2016.

16 김홍중, 〈사회로 변신한 신과 행위자의 가면을 쓴 메시아의 전투〉, 《한국사회학》, 47(5), 2013, 1~33쪽.

17 Berman, Marshall. 1982. *All that is solid melts into air: The experience of modernity.* Penguin.

18 아렌트, 앞의 책, 90쪽.

19 푸코, 미셸(Foucault, Michel), 오트르망 옮김, 《안전, 영토, 인구》, 서울: 난장, 2011, 462~479쪽.

20 Agnew, John. 1994. "The territorial trap: the geographical assumptions

of international relations theory", *Review of international political economy*, 1(1), pp. 53~80.

21 아렌트, 앞의 책, 121~123쪽.

22 위의 책, 98쪽.

23 푸코, 앞의 책.

24 김홍중, 앞의 책, 8쪽.

25 아렌트, 앞의 책; 푸코, 앞의 책; Donzelot, Jacques. 1988. "The promotion of the social", *Economy and Society*, 17(3), pp. 395~427; Gordon, Daniel. 1994. *Citizens without sovereignty*, Princeton; New Jersey: Princeton University Press.

26 권력과 제도, 정치적인 것과 사회적인 것이 필요로 하는 공간 생산에 관해서는 르페브르의 다음 책을 참고할 것. 르페브르, 앙리(Lefèbvre, Henri), 양영란 옮김, 《공간의 생산》, 에코리브르, 2011.

27 르 코르뷔지에(Le Corbusier), 이관석 옮김, 《건축을 향하여》, 동녘, 2002, 229쪽.

28 김동완·신혜란, 〈대항품행 그리고 성미산 스타일: 발전주의 도시화를 넘어〉, 《경제와 사회》, 111, 2016, 174~204쪽.

29 사이토 준이치(齋藤純一), 윤대석·류수연·윤미란 옮김, 《민주적 공공성》, 이음, 2009, 30쪽.

30 도시 중심의 권력공간에 영토기술을 도입하고 영토통치로 진행하는 과정은 김동완의 다음 글을 참고할 것. 김동완, 〈통치성의 공간들〉, 《공간과 사회》, 44, 2013, 129~162쪽.

31 상세한 내용은 푸코(앞의 책), 김동완(앞의 책)을 참고할 것.

32 Mitchell, Don. 1995. "The end of public space? People's park, definitions of the public, and democracy." *Annals of the Association of American Geographers*, 85(1), pp. 108~133; Howell, Philip. 1993. "Public space and the public sphere: political theory and the historical geography of modernity." *Environment and Planning D*, 11, pp. 303~303 참조.

33 르페브르, 앞의 책, 87쪽.

34 김준호, 〈공공공간에 대한 소수자의 권리를 위한 시론〉, 《공간과 사회》, 36,

2011, 35~65쪽; 신지은 · 조정민, 〈공공 공간에 대한 사적 개입과 전환: 도쿄 공공 공원의 사유화와 공원 홈리스의 공간 실천을 중심으로〉, 《人文硏究》, 67, 2013, 443~482쪽.

35 고이스, 레이몬드(Geuss, Raymond), 조승래 옮김, 《공적 선(善), 사적 선(善)》, 기파랑, 2010, 36~50쪽.

36 위의 책, 36~50쪽.

37 위의 책, 36~50쪽.

38 Goss, Jon. 1993. "The "magic of the mall": an analysis of form, function, and meaning in the contemporary retail built environment." *Annals of the Association of American Geographers*, 83(1), pp. 18~47; Mitchell, 앞의 책.

39 르페브르, 앞의 책, 550~551쪽.

40 Lefebvre, Henri. 1991. *The production of space*, translated by Donald Nicholson-Smith. Oxford, UK. : Blackwell, 1991, p. 389.

41 렐프, 에드워드(Relph, Edward), 김덕현 · 김현주 · 심승희 옮김, 《장소와 장소상실》, 2005, 논형, 203쪽.

42 사이토 준이치, 앞의 책, 15쪽.

43 아렌트, 한나(Arendt, Hannah), 이진우 · 박미애 옮김, 《전체주의의 기원 2》, 한길사, 2006, 279쪽.

44 르페브르, 앞의 책, 532~533쪽.

45 Mitchell, 앞의 책, p. 120.

46 위의 책, p. 120.

47 아렌트, 앞의 책, 1996, 102~103쪽.

48 위의 책, 102~103쪽.

49 사이토 준이치, 앞의 책, 16쪽.

50 아렌트, 앞의 책, 94쪽.

51 위의 책, 57쪽.

52 Fraser, Nancy. 1990. "Rethinking the public sphere: A contribution to the critique of actually existing democracy." *Social Text*, pp. 56~80.

53 아렌트, 앞의 책, 94쪽.

2장

1 피터 볼드윈(Peter C. Baldwin)이 1999년에 출판한 책 제목에서 가져온 말이다. Baldwin, P. C. 1999. *Domesticating the street: the reform of public space in Hartford, 1850-1930*, Columbus: Ohio State University Press.

2 근대국가의 공간 통치에 대해서는 다음을 참고했다. 푸코, 미셸(Foucault, Michel), 오트르망·심세광·전혜리·조성은 옮김, 《안전, 영토, 인구》, 난장, 2011; 김동완, 〈통치성의 공간들: 한국의 정치지리를 고려한 시론적 검토〉, 《공간과 사회》, 2013, 129~162쪽; Baldwin, 위의 책.

3 Hall, P. 2014. *Cities of tomorrow: an intellectual history of urban planning and design since 1880*, Hoboken, NJ: Wiley-Blackwell, p. 2.

4 김영미, 〈해방 이후 주민등록제도의 변천과 그 성격〉, 《한국사연구》, 136, 2007, 289쪽.

5 이방현, 〈식민지 조선에서의 정신병자에 대한 근대적 접근〉, 《의사학》, 22, 2013, 529~530쪽.

6 Richardson, B. W. 1876. *Hygeia: a city of health*, Macmillan. https://archive.org/details/b23983978 (last accessed 2017-04-20).

7 국사편찬위원회가 펴낸 《일제강점기의 사법》에는 조선에만 적용된 사항을 특별히 언급하고 있다. 국사편찬위원회, 《일제강점기의 사법》, 국사편찬위원회, 2012.

8 다음을 참고할 것. 황병주, 〈근대 미디어로서의 극장과 식민지시대 문학 장의 동학: 식민지기 공적(公的) 공간(空間)의 등장과 공회당(公會堂)〉, 《대동문화연구》, 69, 2010, 264쪽.

9 이하의 세 가지 특징은 황병주의 글을 필자가 나름대로 정리한 내용이다. 사실관계에 대한 부분은 모두 황병주의 옥고에서 가져온 것이다. 황병주, 위의 책.

10 황병주가 소개한 기사를 찾아 내용을 보충했다. 황병주, 위의 책. 기사는 《동아일보》, 〈영변시화, 공회당설립하라〉, 1932.8.30.

11 일제강점기 집회에 대한 억압과 강연회에 대해서는 다음을 참고할 것. 송민호, 〈일제강점기 미디어로서의 강연회의 형성과 불온한 지식의 탄생〉, 《한국학연구》, 32, 2014, 125~154쪽.

12 황병주 앞의 책, 281쪽.

13 위의 책, 282쪽.

14 조희연, 《박정희와 개발독재시대: 5·16에서 10·26까지》, 역사비평사, 2007.

15 위의 책, 175~177쪽.

16 프로크루스테스(Procrustes)는 그리스 신화에 나오는 강도로 '잡아 늘리는 자', 혹은 '두드려 펴는 자'라는 뜻의 이름이다. 프로크루스테스는 지나가는 나그네를 유인해 자신의 침대에 눕혀 살해했다. 이 침대에는 묘한 장치가 되어 있어 침대보다 큰 사람은 머리와 다리가 잘려 죽고, 침대보다 작은 사람은 몸이 침대에 맞게 늘어나 죽었다. '프로크루스테스의 침대'는 획일적인 기준을 무차별적으로 적용하는 행위를 비판하는 비유로 곧잘 쓰인다.

17 주은우, 〈금지의 명령에서 향유의 명령으로〉, 《한국사회학》, 48(5), 2014, 59~97쪽.

18 주은우의 말처럼 "금지의 명령"이 "향유의 명령"으로 바뀌기 시작한 1980년대에 통금제는 큰 걸림돌이었다. 신군부가 추진한 3S(스크린, 스포츠, 섹스) 정책과 통금 해제는 향락산업을 크게 부추겼다. 밤의 거리를 돌려받았지만, 그 자리를 채운 것은 말초적인 향락들이었다. 주은우, 위의 책.

19 오스망(Georges-Eugène Haussmann, 1809~1891)은 나폴레옹 3세가 주도한 파리개조 사업을 주도한 인물이다. 그는 좁은 골목길 투성이었던 파리 시내를 대로 중심으로 정비했다. 3차에 걸쳐 진행된 파리 정비 기간 중에 수많은 파리 가옥이 헐렸다.

20 김동완, 〈통치성의 공간들: 한국의 정치지리를 고려한 시론적 검토〉, 《공간과 사회》, 2013, 129~162쪽.

21 KBS 인물현대사, 〈불도저시장 '신기루'를 세우다: 김현옥〉, 2017년 4월 14일 방송 (http://www.kbs.co.kr/end_program/1tv/sisa/manhistory/vod/1264309_968.html; 최근 접속일, 2017년 4월 15일).

22 제솝, 밥(Jessop, Bob), 유범상·김문귀 옮김, 《전략관계적 국가이론》, 한울아카데미, 2000.

23 《동아일보》, 1956.12.27.

24 《동아일보》, 〈백사장 인파 수록에 난색〉, 1956.6.9.

25 《동아일보》, 〈단상단하〉, 1957.5.30.

26 《경향신문》, 〈기자석〉, 1957.5.30.

27 《경향신문》, 〈기자석〉, 1957.5.8.

28 《경향신문》, 〈자유 짓밟힌 야당연설회〉, 1957.5.27.

29 장경석, 〈발전국가의 공간개발〉, 《공간과 사회》, 25, 2006, 194~212쪽.

30 Harvey, D. 2003. *The new imperialism*, Oxford; New York: Oxford University Press, pp. 137~182.

31 김동완·신혜란, 〈대항품행 그리고 성미산 스타일〉, 《경제와사회》, 111, 2016, 176~177쪽.

32 '추상공간', '인지공간', '공간재현' 개념의 상세한 설명은 다음을 참고할 것. 르페브르, 앙리(Lefèbvre, Henri), 양영란 옮김, 《공간의 생산》, 에코리브르, 2011, 80~97쪽.

33 《경향신문》, 〈公園·廣場·놀이터의 확장〉, 1975.9.8.

34 《동아일보》, 〈都市再開發의 基本方向〉, 1979.9.10.

35 국내 논문과 연구기관 보고서를 검색할 수 있는 한국교육학술정보원 RISS 시스템(http://riss.kr)을 통해서 확인할 수 있다.

36 국가의 공공성을 공식성으로 이해하는 방식에 대해서는 사이토 준이치의 설명을 준용해도 무방해 보인다. 그에 따르면 일본에서 공공성은 전형적인 "관제 용어"였다. 철도·도로·발전소·항만 등 국가의 시설이나 영토에 붙는 수식어가 "공공"이었다. 사이토 준이치(齋藤純一), 윤대석·류수연·윤미란 옮김, 《민주적 공공성》, 이음, 2009, 23쪽.

3장

1 Sevilla-Buitrago, A. 2014. "Central Park against the streets: the enclosure of public space cultures in mid-nineteenth century New York," *Social & Cultural Geography*, 15(2), pp. 151~171.

2 Leitner, H., Sheppard, E., & Sziarto, K. M. 2008. "The spatialities of contentious politics," *Transactions of the Institute of British Geographers*, 33(2), pp. 157~172.

3 위의 책.

4 위의 책.

5 강현수, 〈'도시에 대한 권리' 개념 및 관련 실천 운동의 흐름〉, 《공간과 사회》, 32, 2009, 42~90쪽.

6 Purcell, M. 2002. "Excavating Lefèbvre: The right to the city and its urban politics of the inhabitant," *GeoJournal*, 58(2), pp. 99~108.

7 위의 책.

8 르페브르, 앙리(Lefèbvre, Henri), 정기헌 옮김, 《리듬분석: 공간, 시간, 그리고 도시의 일상생활》, 갈무리, 2013, 65쪽.

9 위의 책, 244쪽.

10 위의 책, 155쪽.

11 공공공간과 국공유지도 다르다. 김준호, 〈공공공간에 대한 소수자의 권리를 위한 시론: 거리노숙인의 '도시에 대한 권리'를 중심으로〉, 《공간과 사회》, 36, 2011, 35~65쪽.

12 위의 책.

13 Franck, K. & Stevens, Q. (Eds.). 2013. *Loose space: possibility and diversity in urban life*, Routledge; Hou, J. (Ed.). 2010. *Insurgent public space: guerrilla urbanism and the remaking of contemporary cities*, Routledge, p. 14; Sevilla-Buitrago, A. 2014. "Central Park against the streets: the enclosure of public space cultures in mid-nineteenth century New York," *Social & Cultural Geography*, 15(2), pp. 151~171.

14 Leitner et al., 앞의 책.

15 위의 책.

16 Springer, S. 2014. *Why a radical geography must be anarchist. Dialogues in Human Geography*, 4(3), pp. 249~270.

17 위의 책.

18 '스페이스 하이재커' 홈페이지(http://www.spacehijackers.org/).

19 *Time Out*, 2007.10.11.(http://www.timeout.com/london/things-to-do/londons-secret-scenes-3).

20 '스페이스 하이재커' 홈페이지(http://www.spacehijackers.org/).

21 Hou, 앞의 책.

22 위의 책.

23 위의 책.

24 버틀러, 주디스(Butler, Judith), 조현준 옮김, 《젠더 트러블: 페미니즘과 정체성의 전복》, 문학동네, 2008

25 조현순, 〈주디스 버틀러의 젠더 정체성 이론: 패러디, 수행성, 복종, 우울증을 중심으로〉, 《영미문학페미니즘》, 9권 1호, 2001, 186쪽.

26 들뢰즈, 질(Deleuze, G.) · 가타리, 펠릭스(Guattari, F.), 김재인 옮김, 《천 개의 고원 2: 자본주의와 분열증》, 새물결, 2003, 35쪽.

27 위의 책, 35쪽.

28 〈잡년행진 주최측 선언〉 중 일부, 2011.07.16.

29 퀴어럽션 관련 논의로는 개빈 브라운의 다음 글을 참고하라. Brown, G. 2007a. "Autonomy, Affinity and Play in the Spaces of Radical Queer Activism," in Browne, K. and Lim, J. and Brown, G. (eds.). *Geographies of Sexualities: Theory, Practices and Politics*, Ashgate, pp. 195~205; Brown, G. 2007b. "Mutinous eruptions: autonomous spaces of radical queer activism," *Environment and Planning A*, 39, pp. 2685~2698.

30 호모내셔널리즘은 푸아르가 프랑스 사회를 분석하며 사용하기 시작한 개념으로, LGBTQ 정체성에 대한 지지 및 보호를 일종의 선진국적 정체성, 유럽적 가치, 진보의 가치로 제시하면서 이를 바탕으로 오히려 인종차별, 이주민 혐오, 이슬람 혐오 등을 정당화하는 기제를 말한다. Puar, J. K. 2007. *Terrorist Assemblages: Homonationalism in Queer Times*, Duke University Press.

4장

1 Bourdieu, P. 1993a. *The Field of Cultural Production: Essays on Art and Literature*, edited/translated by Randal Johnson, Columbia University Press.

2 이론의 추상성과 경험의 모호성 사이의 괴리는 부르디외의 문화 분석에서 역시 공통적으로 발생하는 문제이기도 하다. 이후 살펴보게 될 '장', '상동성' 개념은 고도로 추상적이고 이론적인 개념이지만 부르디외가 제공하는 사례들은 그 개념들의 추상성에 상응하는 경험적 구체성을 충분히 드러낸다고

보기 어렵다. 예컨대 예술장의 존재에 관해《예술의 규칙Rules of Art》(1996)에서 그토록 장황하게 규명해놓고도, 정작 그것의 이론적 완전성에 상응하는 경험적 연구를 진행시키지 못했던 것이다. 이러한 경험적 구체성의 결여는 과학장에 대한 논의에서도 발견된다. 부르디외는《과학과 성찰성의 과학Science of Science and Reflexivity》(2004)에서 기존의 과학철학과 과학사회학, 과학사의 입장을 비판하면서 자신의 장 개념의 이상적 형태를 제기하고 있음에도 불구하고, 정작 상응하는 과학사회학의 구체적 경험 사례에 관해서는 별다른 업적을 내놓지 못한다(Kim, 2009). 부르디외는 자신의 개념이 단지 추상적 영역에 한정되는 것을 원하지 않았으며, 끊임없이 현실을 설명하는 이론적 틀로 기능하기를 희망했다. 이론적 추상성과 자신이 제공하는 경험의 모호성 사이의 괴리에 관해서는 다음과 같은 추론이 가능하다. 즉 부르디외가 제공하는 사례들은 그가 제시하는 개념과 이론을 이해하기 위한 단서이자 실마리에 불과하다는 것이다. 그만큼 그의 개념들은 일반이론이며, 따라서 소수의 사례를 통해서 완전히 설명되지 않는다. 이 장에서 다루게 될 미술관 역시 부르디외가 예술장과 사회공간의 상동성 개념을 설명하기 위해 사용한 다양한 경험적 사례들 가운데 하나다. 미술관에 대한 부르디외의 관심은 비교적 그의 초기 연구에서 시작되었으며, 이후의 저작들에서 지속적으로 다뤄지고 있다. 특히《예술에 대한 사랑L'Amour de l'art》(1991[1966])은 1964~65년 사이, 부르디외가 지휘한 유럽미술관과 대중들에 대한 체계적인 연구를 담고 있으며, 이후《구별짓기La Distinction》(1984)와 더불어 미술관에 대한 부르디외의 관점을 보여주는 대표적인 업적이다.《예술에 대한 사랑》이 미술관 전시관람 속에서 관철되는 계급적 차이와 차별화의 전략에 초점을 맞추었다면, 반대로《구별짓기》는 전반적인 사회공간 속에서의 문화적 차별화의 전략을 통한 복잡한 계급투쟁 속에서 미술관과 미술관 관람을 통해 행사되는 효과들이 다뤄지고 있다.《예술에 대한 사랑》은 대략 25,000명의 미술관 관객들을 대상으로 하는 대규모 서베이 자료를 담고 있다. 여기에는 21개의 프랑스 미술관과 그리스, 네덜란드, 스페인과 폴란드 등 유럽의 미술관들이 포함되어 있으며, 다양한 관람객 유형, 미술관 경험, 직업, 교육과 가족에 관한 인터뷰가 행해졌다. 이 서베이는 프랑스 문화부(Ministry of Cultural Affairs)의 지원을 받아 수행되었고 미술관 관람 행동과 관련된 사회적 평등, 문화와 교육의 접근에 관한 이슈들이 다뤄졌다. 이 책은 이후 문화에 대한 사회학적 분석과 미술관 연구의 핵심적인 텍스트가 되었다. 그 외 예술에 관한 단편적 사례들은 다음을 참조하라. Bourdieu, P. 1993b, "Manet and Institutionalization of Anomie," *The Field of Cultural Production: Essays on Art and Literature*, New York: Columbia University Press. pp. 238~253; Bourdieu, P. 1994. *Sociology in Question*, Sage Publication.

3   Lacy, Suzanne. 1994. *Mapping The Terrain: New Genre Public Art*, Bay Press.

4   Bourdieu, P. 1990a. *The Logic of Practice*, Cambridge: Polity Press; Bourdieu, P. 2000. *Pascalian Meditations*, Stanford: Stanford University Press.

5   Bourdieu, P. 1987. "What Makes a Social Class?: On the Theoretical and Practical Existence of Groups," *Berkeley Journal of Sociology*, 32, p. 4.

6   Bourdieu, 1990b, 앞의 책, p. 195.

7   Bourdieu, P. 1980. "The Production of Belief: Contribution to An Economy of Symbolic goods," *Media, Culture and Society*, 2, July, pp. 277~278.

8   Bourdieu, 1993a, 앞의 책, p. 38.

9   이러한 관점에서 부르노 라투르의 '이해관계번역(translation of interest)', '네트워크(network)' 개념은 부르디외의 장 이론이 갖는 난점들을 설명하는 이론적 자원을 제공해줄 수 있다는 점에서 참조할만한 이론적 자원이다. Latour, B. 1983. "Give Me a Laboratory and I Will Raise the World," Karen Knorr-Cetina and Michael Mulkay. (eds.). *Science Observed*, London: SAGE, pp. 141~170; 1986. "The Powers of Association," *Power, Action, and Belief: A New Sociology of Knowledge?*, London: Routlege and Kegan Paul, pp. 264~280; 1987. *Science in Action*, Massachusetts: MIT Press. 라투르는 사회공간에서 다양한 행위자들이 서로의 이해관계를 번역함으로써 네트워크를 형성해가는 과정을 보여준다. 라투르의 이론을 부르디외적 관점에서 재해석하면, 이해관계 번역이란 곧 행위자의 실천이라는

관점에서 장과 장들 사이의 환류를 설명하는 것으로 볼 수 있다. 부르디외의 관점에서 하부 장들과 사회공간 사이의 상동성은 '우연'이 아니라, 라루르적인 관점에서 장과 사회공간을 매개하면서 이해관계를 번역하는 치밀한 사회적 행위의 결과다. Latour, 1983, 위의 책, p. 156.

10 Grenfell, Michael and Hardy, Cheryle. 2007. *Art Rules: Pierre Bourdieu and the Visual Arts*, Oxford and New York: Berg, p. 131.

11 국립현대미술관, 리움, 대안공간이 예술장에서 사회공간 내 국가, 자본, 시민사회의 지배와 저항을 반영하는 유일한 환류점은 아니다. 예컨대 국가의 경우 국립현대미술관뿐 아니라 지자체의 문화재단 활동이 갖는 중요성에도 주목해야 한다. 마찬가지로 자본과의 환류점을 검토하는 과정에서도 기업이 운영하는 다양한 미술관들, 특히 경매시장을 운영하는 옥션들이 중요한 기능을 수행한다는 사실이 발견되었다. 시민사회의 저항의 경우, 최근 사회운동가들이 예술 활동의 직접적인 주체가 되는 경우도 많았다. 이 같은 다양한 양상에도 불구하고 국립현대미술관, 리움, 대안공간에 주목한 이유는 첫째 그것들이 적어도 국가, 자본, 시민사회의 영향을 예술장의 효과로 전환하는 가장 전형적인 제도라는 점, 둘째 다른 제도들에 관한 연구는 그것의 기능과 차별성에 적합한 차별적인 연구를 필요로 한다는 점 때문이다. 특히 국가권력의 하부에서 정치적 의도의 예술적 변용을 수행하는 문화체육관광부 조직 및 산하 예술단체들의 활동, 그리고 시장과 예술장의 접점에서 경제자본과 상징자본의 변환을 유발하는 옥션에 관해서는 시급한 연구가 필요해 보인다.

12 미술관에 관한 일반이론은 다음을 참조하라. Karp, I. 1991. "Culture and Representation," I. Karp and D. Lavine. (eds.). *Exhibiting Cultures: The Poetics and Politics of Museum Display*, Washington and London: Smithonian Institution Press, pp. 11~24; Hooper-Greenhil, E. 2000. *Museums and the Interpretation of Visual Culture*, NY.: Routledge; 김형숙, 〈전시에 있어서 재현의 의미〉,《西洋美術史學會論文集》, 14, 서양미술사학회, 2000, 121~147쪽. 사회적 행위자로서 미술관의 기능에 관해서는 다음을 참조하라. Pag?, H. 2004. "Museum as Social Actor," ICOM Canada Bulletin, November 14, pp. 1~2. 아울러 미학 예술철학에서 이른바 '예

술계(artworld)' 개념에 기반한 예술제도론(institutional approach of art)의 관점에서 미술관의 사회적 기능에 관해서는 다음을 참조하라. Dickie, G. 1974. *Art and Aethetics: An Institutional Analysis*, Ithaca, Cornell Univ. Press; Becker, Howard S. 1982. *Art Worlds*, University of California Press.

13 그런 의미에서 1994년 과천 국립현대미술관에서 개최되었던 〈민중미술 15년전〉은 국가권력에 저항했던 민중미술이 국가권력에 의해 공인되었다는 역설을 제공함으로써 미술계 내외에서 논란을 불러일으켰다. 그러한 국가의 공인은 곧 민중미술을 저항의 미술에서 순응의 미술로 바꾸었다는 비판에 직면했다. 민중미술을 국가가 공인했다는 인정과 명예가 이른바 주류 미술관에서 "80년대 민중미술의 대표작가"라는 형태로 전시회를 개최해왔던 소수의 민중미술가들에게 집중됨으로써 민중미술계의 분열이 심화, 가속되었다. 국립현대미술관이 개별 작가에게 미치는 영향력을 보여주는 대표적인 사례가 백남준이다. 12대 관장인 임영방의 다음 인터뷰 내용을 참조하라. "우리나라에서도 국제적인 수준의 작가로 판명된 사람의 작품 전시를 한 번 공식적으로 국립미술관에서 해야 되겠다는 이야기입니다. 국가적으로 우리나라 국민이 이 사람을 인정한다는 그런 뒷받침이라고 말할 수 있습니다. 그래서 백남준 씨의 전시도 그런 관점에서 한 것이고." 이경성 외, 〈국립현대미술관 역대 관장 인터뷰〉, 《현대미술관연구》, 17집, 2006, 8쪽.

14 예술이 국가의 정치적 의도가 관철되는 통로이자 지배를 위한 수단이 될 수 있다는 점은 그리 새삼스러운 것이 아니다. 근대적 의미에서 국립미술관의 전신이라 할 수 있는 조선총독부박물관은 내선일체와 일제의 지배를 정당화하기 위한 문화지배의 수단이었다. "일제에 의한 총독부 박물관의 개관은 …… 일제가 식민지 지배 이데올로기를 개발하기 위해 관변 학자들을 동원하여 일본의 역사를 미화하고 한국 역사의 정체성을 유명무실화시키는 동시에 한국에 대한 일본의 종속성을 강화시키고자 하는 의도가 있었다. 이러한 문화적 동질성과 공유를 통한 일본과 한국과의 같은 뿌리, 같은 민족으로서의 문화적 공감대를 강화하고자 했던 임나일본부설과 한나라의 낙랑 지배설 등을 입증하기 위해 우리 고대 유물 발굴에 열중했다. 또한 우리 고대 유물발굴에 치중했던 또 하나의 목적은 한국문화의 정체성에 대한 전면적인 부정이었으며 고적조사발굴사업을 통해 이룩하고자 했던 것은 허

구적 내선일체사상의 합리화였고 그리고 그 결과물은 다름 아닌 바로 조선 총독부 박물관이었다." 정준모, 〈한국 근, 현대미술관사 연구: 국립미술관에 대한 인식과 제도적 모순의 근원을 중심으로〉, 《현대미술관연구》, 14집, 2003(http://oldhome.mmca.go.kr, 검색일: 2014.1.21.).

15 이인범, 〈국립현대미술관의 형성〉, 《현대미술관연구》, 2집, 1990(http://oldhome.mmca.go.kr, 검색일: 2014.1.21.).

16 "1980년대 한국의 정치적 격랑은 한국 사회 전반에 큰 변화를 가져왔다. 권좌의 정통성을 확보하지 못했던 전두환 정부는 70년대의 경제 성장을 바탕으로 급성장한 생활환경에 따라 문화적 욕구가 증대된 국민들의 문화 향수권 신장과 정권의 정통성을 담보해 내기 위하여 문화와 스포츠에 과감한 투자를 했다. 이러한 문화에 대한 무계획적인 과시성 예산의 투자는 국립현대미술관의 과천으로의 신축 이전으로 가시화되었다. 접근성과 문화시설로서의 기능성을 도외시한 채 서울대공원 후미에 위치시킨 국립현대미술관은 당시 위정자들의 문화에 대한 식견을 그대로 드러낸다고 할 수 있을 것이다." 정준모, 위의 책.

17 장엽, 〈국립현대미술관 40년사〉, 《국립현대미술관연구논문》, 국립현대미술관, 1집, 2009, 107쪽.

18 국립현대미술관이 개최하는 전시회 역시 국가의 이해와 무관한 것은 아니었다. 당시 국전이 공인했던 양식들은 크게 세 가지였다. 물론 각각의 양식들은 곧 당대 국가의 필요를 충족하는 데 그 목적이 있었다. 첫째 이른바 '국전풍'으로 조롱받기도 했지만 그럼에도 조화와 균형이라는 절대미학의 가치를 앞세웠던 구상화는 정치적 안정성으로, 둘째 1960년대 중반 이후 국전에서 공인되기 시작한 추상미술은 군부정권의 참신성으로, 셋째 사회주의리얼리즘을 원용하여 당시 시대상을 반영한 작품들은 국가 재건을 위한 의식교화의 목적으로 변환되었다. 무엇보다 국전은 당대 예술의 최고 형식이 규정되는 상징적인 의례였고, 그 의례를 인정한 국가의 지위는 그만큼 절대적인 것이었다.

19 1969년 설립 당시 최초로 구성된 '미술관운영자문위원회'의 목적은 18회 국전 운영이었다. 여기에는 김은호, 이상범, 장우성, 도상봉, 박고석, 김경승, 김세중, 이순석, 손재형, 배기영, 이동모 등이 포함되었고, 김영주, 이준, 박서보

와 같은 추상 계열의 작가, 평론가 등이 참여했다. 당시 국전이 구상 양식 일변도에서 벗어나 추상 계열을 '비구상' 부문으로 독립시켜 양식상의 균형을 이루게 된 것 역시 위원회의 자율적 운영이 가져온 결과물이었다. 미술관을 내부 전문 학예연구 인력이 아닌 외부 인사들 중심의 비정규 위원회가 대신 운영하는 파행은 80년대 이후 이른바 '전문위원 제도'로 변형되어 상당 기간 지속되었다.

20 이러한 국가 간 문화교류는 전시뿐 아니라 국립현대미술관의 소장품 수집 정책에도 반영되었다. 당시 조성된 국제화 분위기는 소장 작품 구입 예산의 증가로 이어졌고, 이에 따라 고가의 외국작품 구입이 활발해졌다. 1980년대 중반 끌로드 비알라, 요셉 보이스, 엔디 워홀, 로버트 라우젠버그, 크리스토, 바젤리츠, 데니스 오펜하임, 임멘도르프, A. R. 팽크 등의 작품들이 구입되면서 국제적인 수준의 컬렉션을 보유할 수 있게 되었다. 장엽, 위의 글, 116쪽 참조.

21 덕수궁미술관 분관장을 지낸 최은주에 따르면, "당시 덕수궁 분관이 설치되게 된 배경에는 우리나 근대미술의 형성과 전개 과정을 체계화하고 근대미술에서 나타난 미의식과 역사관을 정립할 수 있는 미술관을 설립해야 한다는 분명한 목적의식이 있었다. 그리고 근대미술관으로서 근대미술의 조사와 연구, 근대미술작품의 수집과 보존, 기획 및 상설전시사업, 각종 교육 프로그램의 개발과 실시, 학술과 출판, 근대미술의 국제적 교류 등을 수행해야 할 업무로 설정했다." 최은주, 〈국립기관으로서의 "근대미술관" 설립 방안에 관한 연구〉, 《현대미술관연구》, 11집, 국립현대미술관, 2000(http://oldhome.mmca.go.kr, 검색일: 2014.1.23.). 이후 국립현대미술관 체제는 과천-Contemporary, 덕수궁-Modern의 형태로 완성되었다.

22 특히 현재의 국립현대미술관은 대중교육과 정보화 기능을 강화하고 있다. 여기에는 대중강연회, 일반인을 위한 미술 강좌, 청소년 단체관람 교육, 미술학 강좌, 교사 미술연수, 인턴십, 어린이미술관 교육프로그램, 음악·무용·연극 공연과 영화 상영, 지역 간 계층 간의 균등한 문화향수권 신장을 위한 〈찾아가는 미술관〉, 공공시설에 전시문화공간 시설을 마련하여 미술작품을 전시하는 〈작은 미술관〉, 국민의 미술에 대한 이해를 제고시키기 위한 〈e-미술마을〉 등이 포함된다. 이러한 교육 및 정보화 기능은 정치적 정당성

을 강화하고 지배의 효과를 제고하기 위한 국가의 문화 전략으로 볼 수 있다.

23 리움은 서울특별시 용산구 한남동에 위치해 있으며, 2400여 평의 대지에 연건평 8500평 규모다. '뮤지엄 1' '뮤지엄 2' '삼성아동교육문화센터' 3개 동으로 구성되어 있다. 건물은 세계적인 건축가들에 의해 설계되었다는 특징을 가지고 있다. '뮤지엄 1'은 한국 전통 공예, 자기, 서화 등을 소장하고 있는 고미술관으로 스위스 출신의 '마리오 보타(Mario Botta)'가 설계했다. '뮤지엄 2'는 박수근, 이중섭, 백남준, 앤디워홀, 프란시스 베이컨, 안드레아스 구르스키 등의 현대미술품을 전시하는 근현대미술관으로 프랑스 출신의 '장 누벨(Jean Nouvel)'이 설계했다. 끝으로 미술 이외에도 폭넓게 아동교육 및 문화기능을 수행하는 '삼성아동교육문화센터'는 네덜란드 출신의 '렘 쿨하스(Eem Koolhaas)'가 설계했다.

24 그러한 사적 성격은 크게 몇 가지로 나타났다. 첫째, 리움의 컬렉션은 이병철 초대 삼성그룹 회장의 고미술에 대한 취향, 그리고 서울대 미대를 졸업한 홍라희 관장의 현대미술, 특히 미니멀리즘, 팝아트와 모노크롬에 대한 취향과 박수근, 이중섭 등 현대 한국화가에 대한 선호를 반영하고 있다.《조선일보》, 〈홍라희 관장은 박수근·이중섭 작품 '최대' 컬렉터〉, 2007.10.12. 둘째, 리움의 개관 방식 또한 사적인 성격을 띠고 있다. 일례로 리움은 개관(2004년 10월) 후부터 2007년 2월까지 예약을 통해 하루 100명씩만 관람을 허용했다. 2007년 3월부터는 예약 없이 자유로운 관람이 가능해졌으나, 다른 미술관에 비해 상대적으로 비싼 입장료(일일 1만원, 청소년/경로우대/장애인/국가유공자 6000원)로 개방되었다.

25 미술관 운영과 미술품 구입에 개인의 취향이 많은 영향을 끼치는 구조이므로 전시 대상이 되는 컬렉션도 아무래도 그에 따라 제한될 수밖에 없다.

26 리움은 독자적인 브랜드를 만들기 위해 구겐하임미술관, 시카고필드미술관 등의 브랜드 아이덴티티를 개발해온 리얼 디자인 어소시에츠(RDA)의 마고 퍼먼(Margot Perman)이 디자인한 MI(Museum Identity)를 들여오기도 했다.

27 국립현대미술관의 조사 기간은 2001년부터 2011년까지 10년에 걸쳐 있으나, 리움의 조사 기간은 2004년 개관 이후 7개년의 전시를 조사 대상으로 삼

왔다. 국립현대미술관의 경우, 본관 외에 덕수궁 분관 및 지역 순회 혹은 국제 출장 전시회가 적지 않았지만, 이 장에서는 표본의 대칭성을 확보하기 위해 본관의 경우에 한정지어 표본을 수집했다.

28 호암갤러리 시절부터 따지면 이중섭, 박수근, 백남준 회고전 등 중요작가 및 한국 추상미술을 리뷰했고, 미국 포스트모던, 이태리 트랜스아방가르드, 앤디워홀 등을 전시했으며, 최근에는 전통과 현대를 혼합했던 '여백전'도 개최한 바 있다. 예를 들면 삼성미술관은 2000년 7~10월에 뉴욕 솔로몬 R. 구겐하임 미술관과 공동주최로 호암갤러리와 로댕갤러리에서 〈백남준의 세계 (The Worlds of Nam June Paik)〉전을 개최한 바 있다. 다량의 TV브라운관이 필요한 비디오아트의 특성상 백남준과 삼성은 돈독한 유대를 맺어왔고 특히 1996년 백남준이 호암갤러리를 위해 천지인(天地人)을 형상화한 레이저 프로젝트를 구상한 이후 이 둘의 관계는 더욱더 깊어졌다. 이후 삼성미술관은 백남준에 대한 물적 후원을 통해 뉴욕의 소호 구겐하임 미술관과 솔로몬 R. 구겐하임 미술관과도 교류할 수 있게 되었고, 뉴욕에서 열렸던 〈백남준의 세계〉전도 지원했다. 그리하여 이를 다시 서울에 들여와 세계적인 수준의 전시를 할 수 있게 되었던 것이다. 삼성미술관,《백남준의 세계》, 삼성미술관, 2000.

29 리움은 홍라희 관장 개인의 문화적·상징적 자본을 증대시키는 데 기여할 수 있다. 미술 전문지《아트프라이스》가 작가 및 주요 미술관의 관람객을 상대로 진행한 '한국 미술계를 움직이는 대표적인 인물'에 대한 설문조사에 따르면 홍라희는 2005년부터 2009년까지 부동의 1위를 차지했다.《조선일보》〈'미술계 움직이는 인물' 1위 홍라희씨〉, 2009.12.19. 비록 2010년에는 2위로 밀려났지만 리움 관장에 복귀한 올해는 다시 1위 등극이 예측된다. 심지어 다른 언론과 비교했을 때 상대적으로 삼성에 비판적인 언론도 홍라희 관장이 "95년 호암미술관 관장에 취임한 이래 과감한 현대미술 컬렉션과 기획전으로 삼성미술관을 전통과 현대가 공존하는 굴지의 컬렉션으로 키웠"으며 "한국 현대미술의 전시, 지형을 개선하는 데 국가 기관보다도 훨씬 큰 기여를" 했다고 인정하고 있다.《한겨레21》, 〈위태로운 미술지존 홍라희〉, 2007.12.6.

30 《시사인》, 〈홍라희씨는 그림만 사랑했다?〉, 2008.4.14.

31 초기 대안공간의 활동 및 한계에 관해서는 다음을 참조하라. 박영택, 〈유령 들의 전시, 그리고 대안공간〉, 《문화예술》, 241, 1999, 61~63쪽; 박찬경, 〈대 안공간, 공간과 대안〉, 《민족예술》, 67, 2001, 62~65쪽; 김성희, 〈한국 대안공 간의 실태와 정체성〉, 《미술평단》, 64, 2002, 23~40쪽; 김성호, 〈대안공간 네 트워크의 기대치와 한계〉, 《미술세계》, 250, 2005, 68~75쪽; 이동연, 《한국의 대안공간 실태연구》, 한국문화예술위원회, 2007; 윤선희, 〈'대안 미술' 위한 토대를 제공하다: 1999년 '루프' 시작으로 제도·상업적 권위에 맞춰 다원주 의 문화형성에 기여〉, 《주간한국》, 2253, 2008, 22~25쪽; 반이정, 〈지난 10년 간의 대안공간 및 대안적 활동 조사, 연구〉, 《Shift and Change Ⅱ: 대안공간 의 과거와 한국예술의 미래》, 쌈지스페이스, 2008년 10월 11일 심포지움 자 료집, 2010.

32 《한겨레》, 〈아듀! 쌈지스페이스 대안공간 대표주자 10년간 자리매김, 새 돌 파구 찾지 못해 내년 3월 폐관〉, 2008.9.11.

33 예컨대 쌈지와 비슷한 시기에 출범한 1세대 대안공간 루프의 경우 새로운 대안성의 가능성을 '기업과의 콜레보레이션'이나 '아트 마케팅'에서 찾고자 했다. "기획 독립권의 보장을 전제로 기업에 무형적 기여를 해줄 수 있습니 다. 홍보용 로고 노출은 물론 각종 협업과 편의제공이 가능하죠. 후원에 대 해 기업에는 크리에이티브 이미지를 제공하면서 경제적 가치와 예술적 가 치의 동행을 만들어내는 게 중요합니다. 예술가치만 강조하면 기업의 일방 적 후원이 지속되기 어렵고 기업이 원하는 커미션 워크(주문형 작업)는 예 술적 평가가 어렵거든요. 양쪽을 모두 만족시킬 새로운 모델을 만드는 게 중 요합니다. 작가 지원을 위해 '미술 시장' 발전 방안만 파고들면 답이 없습니 다. 후원 제도 활성화나 일반인 펀드레이징, 멤버십, 티케팅, 기업 컬래버레 이션 등 경제가치를 수반한 예술성 추구의 방법을 다각화해야 합니다. 미술 이 자생적인 선순환 생태계도 구축함과 동시에 기업과의 상생, 나아가 창조 경제의 실현이 가능해 지는 것이죠." 《서울경제신문》, 〈서진석 대안공간 루 프 디렉터 인터뷰, 대표기업과 컬래버레이션으로 미술-대중 새 소통공간 찾 았죠〉, 2014.8.15.

34 사회공간에서 국가와 자본이 시장과 분리될 수 없는 것처럼 국립현대미술 관이나 리움 역시 미술 시장과 정합하며, 따라서 그것들의 소장품 역시 일반

적으로 전시, 소장 가능할 뿐 아니라 미술 시장에서 상품으로 거래될 수 있는 물적 형태를 취하는 것은 이해할 만한 일이다. 예술장과 미술 시장은 상동적인 방식으로 긴밀하게 연동되어 있으며, 따라서 예술장 내에서 지배적인 위치에 있는 국립현대미술관과 리움에 소장되거나 전시된다는 것은 곧 예술장에서의 인정을 통한 상징자본의 축적뿐 아니라 그 인정이 미술 시장에서 경제자본으로 환전되는 변환율을 높이는 직접적인 요인이 된다.

35 공공미술의 현황과 한계에 관해서는 다음을 참조하라. 박찬경·양현미, 〈공공미술과 미술의 공공성〉, 《문화과학》, 53, 2008, 95~125쪽; 서희주, 〈공공미술에 대한 비평적 고찰〉, 《인간과 사상》, 18, 2006, 291~307쪽; 양효석, 〈공공미술 출연 기금의 운영 방안〉, 《미술평단》, 94, 2009, 59~69쪽. 공공미술로서의 커뮤니티아트의 가능성에 관해서는 다음을 참조하라. 김지영, 〈지방마을 활성화를 위한 공공미술프로젝트 연구〉, 《디자인 지식 논총》, 6, 2008, 21~30쪽; 주일우, 〈즐거운 나의 도시: 서울거리에 피어나는 공공미술〉, 《문화+서울》, 21, 2008, 10~13쪽; 이광준, 〈공공미술의 새로운 실험, 서울시 도시갤러리 프로젝트〉, 《미술평단》, 94, 2009, 91~106쪽; 이혜원, 〈공공미술과 보이지 않는 공동체〉, 《계간 조각》, 14, 2009, 22~27쪽.

36 흥미로운 점은 위에서 나타난 예술 점거 활동가들이 자신들을 예술가로 규정하면서도, 사회공간에서 예술의 생산수단이라 할 수 있는 창작 공간의 소유로부터 배제되었다는 점에서 '프롤레타리아'로 인식한다는 것이다. 특히 대안공간을 중심으로 활동하는 급진적 활동가들 가운데 점거[스쾃(squat)]라는 급진적 형태의 대안적 예술 개념의 수행자들은 리움이나 국립현대미술관, 비엔날레와 같은 지배적 전시공간을 거부할 뿐 아니라 권력과 자본에 저항하거나 그에 저항하는 집단과의 연대에 적극적으로 참여하고 있다. 점거는 자본주의화 과정에서 노동자 계급의 삶의 조건과 관련된다. 예술 점거가 갖는 계급적 속성에 관해서는 다음의 인용을 참고하라. "스쾃(squat)은 사전적으로는 '웅크리고 앉다'라는 뜻을 가지고 있으며, 어원적으로는 오스트레일리아의 목동들이 자신들의 초지가 아닌 곳으로 양떼를 몰고 가 풀을 먹이던 행위로부터 기인한다. 어원적으로, '허가받지 않은 땅'을 사용한다는 의미로 생겨난 이 단어는 산업혁명 이후 자본주의의 심화 과정에 따라 다의적인 의미를 지니면서 변화되어왔다. 산업혁명기의 급격한 도시화의 과정은

많은 수의 도시 빈민, 도시 빈민 노동자들을 양산했는데, 당시의 주거지 불안정 상황은 이들이 도시의 빈 공간에 '스쾃'을 만들 수밖에 없도록 했다. 이들은 생존을 위해 '허가의 유무'와 상관없이 대귀족이나 부르주아의 빈 건물 등에 스며들어가 살기 시작했다. 스쾃 안에서 그들은 자신들의 불안정한 주거 환경이나 노동 조건에 대해 집단적으로 각성하기 시작했고, 이러한 각성은 스쾃을 계급투쟁의 공간으로 변화하게 했다. 즉 당시의 스쾃은 주거지로서의 기능과 함께 집단적인 사회투쟁을 벌여가는 공간으로 기능했다." 김강, 〈도시 빈 공간의 전용〉, 16차 도시인문학포럼 발제문, 서울시립대 도시인문학연구소, 2010.

5장

1 경제기획원이나 재정경제부처럼 주류 경제학의 세례를 받은 인사가 주를 이루고 자유주의 전략을 지향하는 부서에서는 오래전부터 민영화를 꾸준히 제기해온 반면, 상공부나 산업자원부 같이 산업육성책을 전담했던 부서는 국가의 주도적 역할을 강조했다. 이와 관련한 사례로는 다음을 참고할 것. 김동완, 〈1960년대 광주 지방의 지역개발담론과 아래로부터 지역주의〉,《정신문화연구》, 32(4), 2009, 247~279쪽; 김동완·김민호, 〈울산공업단지의 서막, 정유공장 건설의 정치지리〉,《대한지리학회지》, 49(2), 2014, 139~159쪽.

2 제숍, 밥(Jessop, Bob), 유범상·김문귀 옮김,《전략관계적 국가이론》, 한울아카데미, 2000.

3 Slater, Alix. and H. J. Koo. 2010. "A new type of "Third Place"?," *Journal of Place Management and Development*, 3(2), pp. 99~112.

4 Latham, Alan. 2003. "Research, performance, and doing human geography: some reflections on the diary-photograph, diary-interview method," *Environment and Planning A*, 35, pp. 1993~2017.

5 Bloxham, Andy. 2011. "Festival of Britain 1951: 'A tonic for the nation'," *Telegraph*, 2011.1.20.

6 위의 글.

7 Jefferson, Alan. 1979. *Sir Thomas Beecham: a centenary tribute*, Macdonald and Jane's, p. 103.

8   Holmes, Rosanna. 2011. "Royal Festival Hall: a building to lift the spirits," Homes & Antiques(http://www.homesandantiques.com/feature/royal-festival-hall-building-lift-spirits. 최종접속일: 2014년 8월 14일).

9   영국문화유산재단은 "비교 불가의 가치를 가지고, 국제적으로도 중요한 건물"에 1등급(Grade I)을 부여하는 것으로 알려져 있다. 전체 등재 건축 중에서 2.5퍼센트 정도가 여기에 해당한다(출처: English Heritage 웹사이트 https://www.english-heritage.org.uk/caring/listing/listed-buildings/; 최종접속일: 2014년 8월 12일).

10 오른편 사진에서 RFH 왼편에 보이는 것이 퀸 엘리자베스 홀과 퍼셀 룸이고 오른편에 보이는 다리가 헝거포드교(Hungerford Bridge)이다.

11 영국 BBC의 클래식 채널이다.

12 당시 그는 GLC(Greater London Council)의 문화예술위원회(Arts and recreation committee) 위원장으로 취임한 직후였다.

13 Straw, Jack. 1985. "Quality plus jollity," *Times*[London, England] 27 Nov. 1985, p. 14(최종접속일: 2014년 7월 9일).

14 Bianchini, Franco. 1987. "GLC-RIP: Cultural policies in London 1981-1986," *New Formations*, 1(1), pp. 105.

15 Straw, 앞의 글; Bianchini, 앞의 글, pp. 104~106; Pitman, Joanna. 2000. "Culture's dream ticket, or night mayor?," *Times*[London, England] 10 May 2000을 참조.

16 OED Online. Oxford University Press, June 2014. Web. 19 August 2014.

17 House of Commons(UK). 2002. *Culture, Media and Sport: Third Report*(http://www.publications.parliament.uk/pa/cm200102/cmselect/cmcumeds/489/48902.htm. 최종접속일: 2014년 8월 28일). 서울 예술의전당을 예로 들어본다면, 1층 로비 외에 2층 이상 공연장 출입구가 있는 포이어에는 티켓이 있어야만 진입할 수 있다.

18 Hansard, 1984.10.29. Hansard는 영국 의회 회의록이다. 있는 그대로 옮기는 속기록이 아니라 내용을 요약해 정리하는 특징이 있다. 출처: http://hansard.millbanksystems.com/commons/1984/oct/29/south-bank-london(최종접속일 2014년 8월 26일).

19 Bianchini, 앞의 글.

20 아렌트는 공공공간의 본질을 식탁의 빈 의자에 비유한다. 물론 그녀의 비유가 빈 자리 자체를 뜻하는 것은 아니다. 빈 자리는 우리가 말하고 행위할 자유를 위한 곳이다. 그러나 의자와 테이블이 없는 공간에서 우리가 말하고 행위할 여지는 크게 줄어든다. 아렌트, 한나(Arendt, Hannah), 서유경 옮김, 《과거와 미래 사이: 정치사상에 관한 여덟 가지 철학연습》, 푸른숲, 2005, 11쪽.

21 필자가 방문해 관찰했던 기간 동안 매일 나타났던 폴란드 이주자 그룹은 음주를 하며 카드놀이를 했다. RFH를 자주 찾는 한 백인 여성이 이들에 대해 RFH 안전요원에 자주 항의했지만, 안전요원의 물리력 행사는 없었다. 이들이 단 한 번 홀 바깥으로 배제된 것은 취한 두 사람의 몸싸움이 있었을 때였다.

22 '여성의 날' 당일의 모습은 http://www.restlessbeings.org/activism/international-womens-day-marching-for-peace-and-equality을 참고할 것(최종접속일: 2017년 1월 5일).

23 2012년 WOW 프로그램과 행사 진행에 대해서는 https://womenoftheworldfestival.wordpress.com/2012/03/09/woman-of-the-world-market/를 참고할 것(최종접속일: 2017년 1월 5일).

6장

1 본 글은 필자의 논문을 재구성, 확장한 것이다. 김현철, 〈성적 반체제자와 도시공간의 공공성: 2014 신촌 퀴어퍼레이드를 중심으로〉, 《공간과사회》, 51호, 2015, 12~62쪽.

2 '불온한 당신'은 여성영상집단 〈움〉의 이영 감독이 2015년 출품한 다큐멘터리 제목을 인용한 것이다.

3 《조선일보》, 〈〈인생은 아름다워〉 보고 '게이'된 내 아들 AIDS로 죽으면 SBS 책임져라!〉(광고), 2010.9.29.

4 방심위가 〈선암여고 탐정단〉 11화, 12화에 나온 여고생간의 키스 및 포옹 장면에 대해 내린 경고조치 내용은 다음과 같다. "15세 이상 시청가 드라마에서 동성애 여고생 간의 키스 장면을 노골적으로 클로즈업 하여 방송한 것은 불건전한 내용으로 청소년들이 보기에 부적합하다고 판단되므로 심의

를 요청한다는 민원에 대해 방송내용을 확인하고 논의한 결과, …… 제11회 (2.25.)에서 연인관계가 드러나는 것을 불안해하는 은빈이 이별을 고하며 돌아서자 수연이 은빈을 돌려세우고 키스하는 장면, 제12회(3.4.)에서 수연이 탐정단에게 사건에 대해 설명하던 중 두 사람의 첫 만남을 회상하면서 수연이 은빈의 머리를 쓸어 올리고 은빈이 수연을 등 뒤에서 껴안는 장면 등을 방송한 것에 대해 '경고'로 의결함". 방심위는 〈선암여고 탐정단〉의 11화, 12화 내용이 〈방송심의에 관한 규정〉 제27조(품위 유지)제5호, 제43조(어린이 및 청소년의 정서함양) 제1항을 어긴 것이라고 판단했다. 출처: 2015년 4월 심의의결현황(종합편성채널부문), http://goo.gl/jYovwg)

5   《뉴스파워》, 〈문창극 후보자, 동성애 퍼레이드 비판〉, 2014.6.13.(http://goo.gl/FTYd7A)

6   여기서 도시를 '확장된 벽장으로 만든다'는 말은 실제로 도시가 벽장임을 의미하는 것이 아니다. 현 한국의 도시를 벽장'처럼' 보이게 하는 공간 통치가 실재인 것으로 작동됨을 의미한다. '벽장'의 실재성 논의와 그 역동성에 대한 논의는 지리학계, 여성학계, 문화학 등에서 이루어져 왔으나 이 글에서는 자세히 다루지 않기로 한다. 관심이 있다면 다음을 참고하라. Brown, P. 2000. *Closet Space: Geographies of Metaphor from the Body to the Globe*, NY: Routledge; Sedgwick, E. K. 1993, "Epistemology of the Closet," Abelove, H. al.(eds.). *The Lesbian and Gay Studies Reader*, NY: Routledge, pp. 45~61.

7   전경희, 〈마을공동체의 '공동체'성을 질문하다: 서울시 마포 · 은평 지역 비혼/퀴어 페미니스트들의 경험을 중심으로〉, 《페미니즘 연구》, 14권 1호, 2014, 75~112쪽.

8   Elwood, A. 2000. "Lesbian living spaces: Multiple meanings of home," Valentine, G.(ed.). *From Nowhere to Everywhere: Lesbian Geographies*, New York: Harrington Park, pp. 17~18.

9   이 글에서는 한국의 성적 반체제자를 위한 권리 운동 일체를 'LGBTQ/Queer 운동'으로 지칭한다. 이는 한국의 해당 권리 역사에서 큰 줄기를 차지해온 두 가지 역사적 흐름, 즉 개별 성 정체성 중심의 LGBTQ 운동 (LGBTQ는 레즈비언/게이/바이섹슈얼/트랜스젠더/퀘스쳐너리의 준말이

다. 이때 성 정체성은 단일하고 선험적인 것이 아니다. 즉 대문자의 Lesbian, Gay, Transgender, Questionary가 아닌 다층적인 의미망 내에 존재하는 lesbians, gays, bisexuals, transgenders, questionaries를 의미함을 밝힌다) 과 '퀴어'를 하나의 정체성/혹은 슬로건으로 내건 운동의 흐름이 있다는 사실에 중점을 둔 것이다. 이 두 흐름 간의 연대와 긴장관계는 현재까지도 존재하나 이 글에서는 깊이 다루지 않기로 한다.

10 이 퍼레이딩은 국내에서는 퀴어퍼레이드, 국외에서는 게이 자긍심 퍼레이드(Gay pride parade) 등의 용어로 불리나, 이 글에서는 '퀴어한 퍼레이딩'이라는 용어로 통일한다. 현재 한국의 LGBTQ/Queer운동진영과 커뮤니티, 일부 학계에서 퀴어라는 용어를 일종의 성 정체성으로, 일종의 명사로 사용하는 분위기에 비판적인 입장을 견지하기 위해서다. 북미적 맥락에서 1990년대에 '퀴어'가 "국가권력이 성적 주체들을 이름붙이는 규범적인 메커니즘(예컨대 남성 혹은 여성, 기혼 혹은 미혼, 이성애 혹은 동성애, 자연적 혹은 도착적)에 도전하기 위한 용어"[Eng, D. L., Halberstam, J. and Mu?oz, J. E. 2005. "What's Queer about Queer Studies Now?," *Social Text*, 23(3/4_84-85), p. 1]로 제기되었다는 점에서 볼 때, 퀴어는 정의되어서는 안 되는, 즉 정의된 순간 그 의의가 사라지는 개념이다[야고스, 애너매리(Jagose, A.), 박이은실 옮김, 《퀴어이론 입문》, 여이연, 2012]. 이러한 배경에도 불구하고 현재 한국 사회에서 퀴어는 "나는 퀴어야"라는 용례에서처럼 하나의 성 정체성으로 전유되는 경향을 보이고 있다. 필자는 퀴어퍼레이드가 특정한 성 정체성의 권리 획득만을 위한 '퀴어'의 퍼레이드가 될 때 그 급진적 힘을 잃는다고 보는 입장이다. 이 퍼레이딩은 명사적 의미의 '퀴어'가 아닌 형용사적 의미의 '퀴어한' 장면들이 지속적으로 형성되는 과정 속에서만, 즉 되어가는(becoming)의 상태 속에서만 그 의미가 획득된다. 그렇기에 필자는 이 퍼레이드에서 논쟁이 되었던 노출 문제와 동성애규범성하에서 언급조차 되지 않는 다양한 성적 실천(BDSM 등)과 같은 논의 역시 이 퍼레이드에서 나올 수 있고, 나와야 한다고 본다. 그렇기에 이 퍼레이딩이 퀴어한 장면, 낯설고 이질적이며 균열을 낳는 괴이한 장면들을 생산해내는 장으로 기능해야 한다는 입장에서 퀴어에 이미 형용사적 의미가 있음에도 불구하고 '퀴어한'이라는 표현을 썼다는 점을 밝힌다. '퀴어'의 용법적 사용에

관련한 논의로는 다음을 참고하라. Jakobsen J. R. 1998. "Queer is? Queer Does? Normativity and the Problem of Resistence," *GLQ: A Journal of Lesbian and Gay Studies*, 4(4), pp. 511~536; 제제, 〈자주 흔들리더라도 무너지지 않고—퀴어 & 정체성에 헌신하기〉, 《삐라: 퀴어인문잡지》 1호, 2012, 44~68쪽.

11 야고스, 애너매리(Jagose, A.), 앞의 책.

12 실제로 마포구는 2013년 무지개행동이 주도한 '커밍아웃 문화제'가 열릴 장소 대여를 불허해 이를 규탄하는 시민단체들의 기자회견이 마포구청 앞에서 열리기도 했다. 무지개행동, 〈성소수자 차별하는 마포구청 규탄: 인권시민단체 공동기자회견 기자회견문〉, 2013.11.20.

13 무지개행동 · 퀴어문화축제, 〈퀴어퍼레이드 평가회의록〉, 2014.6.17.

14 신촌번영회는 2014 퀴어문화축제에 협력하며 다음과 같은 축사를 퀴어문화축제측에 보냈다. "안녕하십니까? 신촌 번영회 협동조합 회장 이문학입니다. 2014년 퀴어문화축제 축사에 앞서 세월호 침몰과 관련한 유족들에게 심심한 위로의 말씀을 전합니다. 만물이 성장의 박차를 가하는 6월을 맞이하여 신촌에서 퀴어축제와 같은 뜻 깊은 행사를 진행하게 된 것을 신촌 상인을 대표해서 환영의 말씀을 전합니다. 신촌은 대한민국 문화의 리트머스 시험지와 같은 곳으로 새로운 문화의 실험실이 되고 더불어 지역과 상생할 수 있는 수준 있는 문화를 양산해낼 수 있는 곳이 되어야 합니다. 이러한 차원에서 2014 퀴어문화축제는 신촌이 추구하는 문화적 방향과 일치 한다고 생각합니다. 벌써 15번째를 맞이하는 퀴어축제의 발전과 건승을 기원하고, 신촌에서 이루어지는 이번 행사가 더 성황리에 진행되고 뜻 깊은 행사가 될 수 있기를 신촌 상인을 대표하여 기원합니다. 감사합니다."(출처: 서울퀴어문화축제 홈페이지)

15 서대문구 교통행정과, 〈서대문구 교통행정과-21227호〉, 2014.5.12.

16 서대문구 교통행정과, 위의 글.

17 〈동대위〉는 동성애조장반대운동의 입장에 있는 단체들의 연합체로, 여기에는 〈건강한사회를위한국민연대(이사 건사연)〉, 〈건전신앙수호연대〉, 〈교육과학교를사랑하는학부모연합〉, 〈바른성문화를위한국민연합(이하 바성연)〉, 〈선민네트워크〉, 〈중독예방시민연대〉, 〈한국장로교총연합회〉 등의 단체들

이 포함되어있다. 이들 단체는 차별금지법과 학생인권조례 등 공식적인 법/조례에 성적 지향, 성별 정체성과 관련한 내용이 들어가는 걸 반대하는 행사 및 시위에 적극적인 모습을 보인다.

18 해당 내용은 다음과 같다. "신촌은 100여 년 전 많은 선교사님들이 기독학교를 세워 민족 복음화와 각계각층의 지도자들을 배출한 교육의 요람이며 또 젊은이들의 꿈과 낭만이 있는 캠퍼스 특별지구입니다. …… (퀴어퍼레이드는) 국민적 정서에 반하는 행위이며, 시류에 맞지 않는 행태로써 국민들과 신촌지역 주민들을 무시하는 처사라고 생각합니다. 이에 맞서 신촌에 거주하는 크리스챤 청년들이 하나님의 마음을 가슴에 품고, 다윗이 골리앗을 대적한 것과 같이, 이 퇴폐적인 동성애자들의 빤스 카퍼레이드를 막아서기 위해 모이기 시작했습니다. 이 글을 읽는 여러분들도 우리와 함께 이 믿음의 대열에 동참해 주십시오~!! 여러분 한 사람 한 사람의 참여는 신촌을 살리고, 서울을 살리며, 대한민국을 살리는 일입니다. 우리 모두 한마음으로 6월 7일 오후2시, 창천교회 앞에 모여 이 동성애 집회와 빤스 카퍼레이드를 막아냅시다!!"(출처: 신촌동성애반대청년연대 페이스북, 강조는 필자)

19 해당 내용은 다음과 같다. "아시아 동성애자들이 몰려와 서울 한복판에 모여 옷을 벗고 퍼레이드를 한다고 합니다. 최근 8년 동안 우리나라 〈청소년 에이즈환자가 8배 증가〉했고, 그중 〈57%가 동성애 때문〉에 감염되었습니다 (2011 질병관리본부). …… 그럼에도 청소년 질병안전문제 무시한 채 동성 인권 운운하면서 동성애를 옹호, 조장, 확산시키는 정치인과 공무원이 있습니다. …… 〈동성애축제 허가한 서울시와 서울지방경찰청에 항의하고 철회하도록 요구합시다!〉 여러분의 항의전화, 게시판 글 올려주시길 간곡히 부탁드리며 주위 많은 분께 전달바랍니다."(출처: 바성연 홈페이지)

20 무지개행동·퀴어문화축제, 앞의 글.

21 해당 내용은 다음과 같다. "행사 승인 조건에서도 알려드린 바와 같이 현재까지도 세월호 여객선 침몰사고의 국가적 추모 분위기가 이어지고 있으며 서울시 역시 이러한 분위기를 감안하여 모든 야외행사를 취소하는 등 추모 분위기에 동참하고 있는 상황에서 귀 번영회에서 개최하고자 하는 퀴어문화축제는 현재의 사회적분위기에 적합하지 않다는 결정을 내리게 됨에 따라 불가피하게 퀴어문화축제 행사승인 취소를 알려드리니 양해하여 주시기 바랍니다." 서대문구 교통행정과, 〈서대문구 교통행정과-24050호〉,

2014.5.27.

22 해당 과정에 대해서는 다음을 참고하라. 김현철, 앞의 글.

23 Bell, D. 2007. "Fucking Geography, again," Browne, K., Lim, J. and Brown, G.(eds.). *Geographies of sexualities*, Ashgate, p. 84; Geltmaker, T. 1992. "The Queer Nation Acts Up: Health Care, Politics, and Sexual Diversity in the County of Angels," *Environment & Planning D: Society and Space*, 10, p. 609에서 재인용.

24 버틀러, 주디스(Butler, Judith), 조현준 옮김, 《젠더 트러블: 페미니즘과 정체성의 전복》, 문학동네, 2008(Butler, Judith. 2006. *Gender trouble: feminism and the subversion of identity*, Routledge).

25 버틀러, 주디스(Butler, Judith), 앞의 책, 344~345쪽. 강조는 원저자.

26 르페브르, 앙리(Lefèbvre, H.), 정기헌 옮김, 《리듬분석: 공간, 시간, 그리고 도시의 일상생활》, 갈무리, 2013(Lefèbvre, H. 1992. *Eléments de rythmanalyse: Introduction à la connaissance des rythmes*, Editions Syllepse), 85쪽.

27 위의 책, 84쪽.

28 한국레즈비언상담소(김현철, 송정윤, 이진화 공저), 《여성성소수자》, 한국여성연합 주최 〈베이징+20년: Post-2015 여성운동 미래전망 만들기-젠더관점에서 본 한국사회의 변화와 쟁점〉 토론회 자료집, 2014.

29 글에서는 트랜스젠더 운동의 흐름으로 2006년부터 2012년까지 지속되었던 〈트랜스젠더 인권활동 단체 지렁이〉와 〈트랜스젠더 삶의 조각보 만들기: 트랜스젠더 인권 지지기반 구축 프로젝트 기획단〉(2013~), 〈트랜스/젠더/퀴어연구소〉(2013~)를 언급하고 있다. 또한 바이섹슈얼 진영인 〈바이모임〉(2013~), 바이섹슈얼 웹진도 소개하고 있다.

30 한국레즈비언상담소(김현철, 송정윤, 이진화 공저), 앞의 책.

31 임미영, 〈사회운동에서의 공간의 탈영역화 전략: 마포 민중의집과 서울시 청년일자리허브를 사례로〉, 서울대학교 석사학위논문, 2015.

32 한국레즈비언상담소(김현철, 송정윤, 이진화 공저), 앞의 책.

33 《기독일보》, 〈신촌동성애반대청년연대, 퀴어 축제 반대 콘서트 개최한다〉, 2014.6.6.(http://goo.gl/wmSzrV)

34 무지개행동, 〈성소수자와 공적 공간, "물의인가, 무리인가?" 속기록〉, 11쪽, 2014.6.11.

35 위의 글, 14쪽. 강조는 필자.

36 위의 글, 14쪽. 강조는 필자.

37 위의 글, 15쪽. 강조는 필자.

38 유튜브 방송 채널 〈OPEN〉, 〈#1 빤스 게이〉, 2014.6.27.(http://youtu.be/_D8T72jp2TA)

39 Enguix, B. 2009. "Identities, Sexualities and Commemorations: Pride Parades, Public Space and Sexual Dissidence," *Anthropological Notebooks*, 15(2), pp. 15~33.

40 Weiss, M., D. 2008. "Gay Shame and BDSM Pride: Neoliberalism, Privacy, and Sexual Politics," *Radical History Review*, 100, pp. 87~101; Halperin, D. and Traub, V.(eds.). 2010. *Gay Shame*, University of Chicago Press.

41 Douglas, M. 1966. "Renegotiating Gender and Sexuality in Public and Private Spaces," p. 36, Duncan, N.(ed.). *Bodyspace*, London: Routledge; 크레스웰, 팀(Cresswell, T.), 심승희 옮김, 《장소: 짧은 지리학 개론 시리즈》, 시그마프레스, 2012(Cresswell, T. 2004. *Place: A Short Introduction*, Wiley-Blackwell), 160쪽에서 재인용.

42 크레스웰, 팀(Cresswell, T.), 위의 책, 160쪽. 강조는 원저자.

43 버틀러, 주디스(Butler, Judith), 앞의 책, 232쪽. 강조는 원저자. 이탤릭은 필자.

44 Fraser, 1990.

45 〈OhmynewsTV〉, 〈아수라장 된 서울인권헌장 공청회, "에이즈 싫어! 인권헌장 폐지!"〉, 2014.11.20.(https://goo.gl/18Y8c8); 〈HankyorehTV〉, 〈서울시별관, 혐오의 열기에 휩싸이다〉, 2014.11.26.(https://goo.gl/BahZLR) 참조.

46 강현수, 〈'도시에 대한 권리' 개념 및 관련 실천 운동의 흐름〉, 《공간과사회》, 32호, 2009, 52쪽.

47 위의 글, 52쪽.

48 위의 글, 53쪽.

49 두 헌장의 전문은 광주광역시가 운영하는 민주인권포털(http://www.gjhr.

go.kr)의 인권정보실에서 읽을 수 있다.

50 강현수, 앞의 글.

7장

1 *Helsinki Times*, "Dipping our hands in the batter for Restaurant Day!" 2013.11.14.

2 TED x Turku 영상 자료, https://www.youtube.com/watch?v= OZIT8YHk16k (최종 접속일: 2015.2.4.).

3 *Forbes*, "The Restaurant Revolution Heading Your Way," 2014.8.13.

4 레스토랑 데이 홈페이지(www.restaurantday.org).

5 Boyer, B. and Hill, D. 2012. *Helsinki Street Eats*, Sitra, Helsinki.

6 *Forbes*, "The Restaurant Revolution Heading Your Way ," 2014.8.13.

7 Paunonen, Heikki, Jani Vuolteenaho, and Terhi Ainiala. 2009. "Industrial urbanization, working-class lads and slang toponyms in early twentieth-century Helsinki," *Urban History*, 36.03, pp. 449~472; Tani, Sirpa. 2001. "Bad reputation? bad reality? The intertwining and contested images of a place," *Fennia-International Journal of Geography*, 179.2. pp. 143~157.

8 Paunonen, Heikki, Jani Vuolteenaho, and Terhi Ainiala, 위의 책.

9 Tani, 위의 책.

10 Akkila, I. 2012. *Families Residing in Kallio?A Choice?*(Doctoral dissertation).

11 EveryDaily, Newspaper for Everymancity, Spatial Design Talk 2009. http://www.mastersofarts.fi/moa2010/images/stories/everydaily.pdf (최종 접속일: 2015.2.10.).

12 Paunonen, Heikki, Jani Vuolteenaho, and Terhi Ainiala, 앞의 책.

13 Paunonen, Heikki, Jani Vuolteenaho, and Terhi Ainiala, 위의 책.

14 Brenner, Neil. 2013. "Open City or the Right to the City?—Demand for a democratisation of urban space," *Topos: European landscape magazine*, 85: 42; Harvey, David. 2006. "The political economy of public space,"

The politics of public space 17, 34, p. 75.

15 Brenner, 위의 글, pp. 22~25.

16 2014년 8월 17일 레스토랑 데이에 참여한 카르후푸이스토의 일일 노점 운영자, 소비자, 지역 주민에 따르면, 과거 이 지역에서는 노숙자나 빈민을 대상으로 음식을 무료로 나눠주었다.

17 기사에서는 일일 노점의 참여 방법과 장소가 참여자의 자율에 맡겨져 있음을 설명하고 있다. *Helsinki Times*, "Dipping our hands in the batter for Restaurant Day!", 2013.11.14. http://www.helsinkitimes.fi/eat-and-drink/8388-dipping-our-hands-in-the-batter-for-restaurant-day.html

18 연구자가 직접 답사하고 시각 자료를 남기지 못했으나 사례에서 언급한 부분은 제3자의 사진으로 대체하였다. 출처는 각주 12와 13에서 언급하는 홈페이지 및 기사이다.

19 TED x Turku 영상 자료, https://www.youtube.com/watch?v=OZIT8YHk16k (최종 접속일: 2015.2.4.).

20 *The Independent*, "Trail of the unexpected: Helsinki's Restaurant Day," 2012.8.10.; *Helsinki Times*, "Trail of the unexpected: Helsinki's Restaurant Day," 2013.11.14. http://www.independent.co.uk/travel/europe/trail-of-the-unexpected-helsinkis-restaurant-day-8027447.html

21 시정부는 일일 노점을 규제하거나 합법적인 것으로 양성화하는 법제적 변화나 공식적 입장 표명 없이 축제의 지위를 여전히 불투명한 영역에 남겨두고 있다. 그러나 이와 동시에 헬싱키 시 도서관과 문화위원회에서 2011년 레스토랑 데이에 2011년 '올해의 문화 행사 상'을 수여한 것이나 헬싱키 시정부에서 레스토랑 데이를 2012년 '최고의 행사'로 꼽은 것으로 볼 때 규제가 아닌 묵인과 장려로 대응하고 있는 것으로 보이기도 한다. 수상 실적은 레스토랑 데이 공식 홈페이지(www.restaurantday.org)를 참조하였다.

22 김용창, 〈신자유주의 도시화와 도시 인클로저 (I): 이론적 검토〉, 《대한지리학회지》, 50(4), 2015, 431~449쪽.

23 Eliade, Mircea. 1996. *Patterns in comparative religion*. U of Nebraska Press, p. 359; Low, Setha M. 2010. *On the plaza: The politics of public*

space and culture, University of Texas Press, p. 181; Newman, Simon Peter. 2000. *Parades and the politics of the street: Festive culture in the early American republic*, University of Pennsylvania Press, p. 22.

24 Hou, Jeffrey, ed. 2010. *Insurgent public space: guerrilla urbanism and the remaking of contemporary cities*. Routledge, p. 10.

25 Hou, 위의 책.

26 《한겨레》, 〈'목숨' 건 단식 조롱하며 '폭식'? "인간의 탈쓰고…"〉, 2014.8.27. http://www.hani.co.kr/arti/society/society_general/653013.html

8장

1 황진태, 〈도시권의 측면에서 바라본 광장의 정치〉, 《공간과 사회》, 제35호, 2011a, 42~70쪽.

2 김호기, 〈쌍방향 소통 2.0 세대〉, 《한겨레》, 2008.5.15.

3 김영옥, 〈여성주의 관점에서 본 촛불집회와 여성의 정치적 주체성〉, 《아시아 여성연구》, 48권 2호, 2009, 7~34쪽; 목수정, 〈촛불소녀와 배운녀자, 문화적 상상력을 운동에 풀어놓다〉, 남구현 외, 《대한민국은 민주공화국이다?》, 메이데이, 2008.

4 조정환, 《미네르바의 촛불》, 갈무리, 2009.

5 유재건, 〈서구의 68혁명을 떠올리며 촛불을 본다〉, 권지희 외, 《촛불이 민주주의다》, 해피스토리, 2008.

6 조정환, 앞의 책, 114쪽.

7 김동완, 〈'날 것'으로서 공공공간과 도시의 공공성: 반영토적 실천의 모색〉, 《공간과 사회》, 제51호, 2015, 5~11쪽.

8 옥스퍼드 영어사전에 따르면 일반적으로는 영역(territory)은 'terra(the Earth)'에서 유래한다고 보지만, 본래 의미는 '위협하여 몰아내다'라는 뜻의 'terrere(to frighten)'에서 기원한다. 이는 영역과 권력 간의 긴밀한 관계를 시사한다. Passi, A. 2003. "Territory," Agnew, J., Mitchell, K., Toal, G. (eds.). *A Companion to Political Geography*, Blackwell Publishing, p. 110.

9 Sack. R. 1983. "Human Territoriality: a theory," *Annals of the Association of American Geographers*, 73(1), pp. 55~74.

10 차이들이 줄어드는 과정은 억압의 형태로 나타날 수도 있지만, 순응의 형태로 나타날 수도 있다. 연구사례에 따라 억압과 순응의 수준은 상이하다. 또한 같은 집단 내에서도 억압과 순응이 동시에 나타날 수도 있다. 예컨대 이는 박정희 체제에 대한 해석을 둘러싼 논쟁에서도 핵심적인 지점이다. 필자는 이 글에서 연구자 개인의 규범적 입장을 드러내는 "억압", "순응"이라는 용어를 사용하기보다는 영역화가 작동하는 메커니즘에 초점을 맞추고자 한다. 또한 영역화도 "긍정적인" 영역화 혹은 "부정적인" 영역화를 판단하는 게 가능하다고 본다. 하지만 본 연구는 규범적 · 윤리적 잣대로 영역화의 성격을 판단하기보다는 탈영역적으로 보이는 사회운동 내부에서 긍정적이든, 부정적이든 영역화가 발생하고 있음을 밝히는 데 무게를 둔다.

11 Passi, A., 앞의 책; Cox, K. 1999. "Ideology and the Growth Coalition," Jonas, A. and Wilson, D., *The Urban Growth Machine: Critical Perspectives, Two Decades Later*, State University of New York Press.

12 Weber. M. 1946. *From Max Weber: essays in sociology*, Oxford University Press.

13 Agnew. J. 1994. "The territorial trap: the geographical assumptions of international relations theory." *Review of International Political Economy*, 1(1), pp. 53~80.

14 Anderson. B. 2006. *Imagined communities: reflections on the origin and spread of nationalism*, Verso, London.

15 Sidaway, J. et. al. 2004. "Translating political geographies," *Political Geography*, 23(8), pp. 1037~1049.

16 방법론적 국가주의란 근대사회과학에서 흔히 국가 스케일을 주어지고 (pre-given), 고정된(fixed) 것으로 간주하고, 사회현상의 주요 분석 단위로 상정하는 경향을 일컫는다. Brenner. N. 2004. *New State Space: Urban Governance and the Rescaling of Statehood*, Oxford University Press, Oxford.

17 Brenner. N., 위의 책.

18 여러 지리적 스케일에서 발생한 영역화의 사례들은 다음을 참조하라. 박배균, 〈장소마케팅과 장소의 영역화: 본질주의적 장소관에 대한 비판을 중심으

로〉,《한국경제지리학회지》, 제13권 제3호, 2010, 498~513쪽; 황진태 · 정현
주, 〈2008년 촛불집회시위의 공간성에 관한 고찰〉,《대한지리학회지》, 50권
1호, 2015, 123~139쪽; Hwang. J. T. 2014. "Territorialized urban mega-
projects beyond global convergence: the case of Dongdaemun Design
Plaza & Park Project, Seoul," *Cities*, 40, pp. 82~89.

19 가령, 1980년대 학생운동권의 가부장적 구조로 인해 여학생들의 의견 표출
과 활동이 제약을 받게 되었을 때 운동권 여학생들은 운동권 내부의 가부장
적 구조에 대한 비판이 민주화운동 전체에 피해를 준다는 생각 때문에 침묵
했었다.

20 후술할 사례 연구에서 확인하겠지만 특정 물리적 공간에 대한 점유를 비판
한 주체는 단수의 정체성으로 호명되는 것을 거부하는, 다수의 정체성들을
지향하는 주체들이었다.

21 신광영, 〈계급과 정체성의 정치〉,《경제와사회》, 35호, 1997, 34~50쪽.

22 위의 책, 44쪽.

23 위의 책, 45쪽.

24 Valentine. G. 2007. "Theorizing and Researching Intersectionality: A
Challenge for Feminist Geography." *Professional Geographer*, 59(1), pp.
10~21.

25 조정환, 앞의 책; 김호기, 앞의 책; 조명래, 〈초록정치의 눈으로 본 촛불의 재
해석〉,《환경과생명》, 57호, 2008, 61~80쪽; 강내희, 〈촛불정국과 신자유주
의-한국좌파의 과제와 선택〉,《문화과학》, 55호, 2008, 66~89쪽; 조기숙 ·
박혜윤, 〈광장의 정치와 문화적 충돌: 2008 촛불집회에 대한 경험적 분석〉,
《한국정치학회보》, 42권 4호, 2008, 243~268쪽; 박희봉 · 이기중 · 김명준,
〈퍼포먼스 이론에서 바라본 '2008년 촛불집회'의 과정과 파급효과〉,《한국정
책연구》, 9권 2호, 2009, 93~114쪽; 고길섶, 〈공포정치, 촛불항쟁, 그리고 다
시 민주주의는?〉,《문화과학》, 55호, 2008, 130~149쪽; 정인경, 〈새로운 주체
성에 대한 탐구: 빠올로 비르노의 '다중' 개념을 중심으로〉,《진보평론》, 37
호, 2008, 10~22쪽; 김영옥, 앞의 책; 목수정, 앞의 책; 김철규 · 김선업 · 이
철, 〈미국산 쇠고기 수입 반대 촛불집회 참여 10대의 사회적 특성〉,《경제와
사회》, 80호, 2008, 40~67쪽; 이해진, 〈촛불집회 10대 참여자들의 참여경험

과 주체형성〉,《경제와사회》, 80호, 2008, 68~108쪽.

26 조기숙·박혜윤, 위의 책.

27 김광일,《촛불항쟁과 저항의 미래》, 책갈피, 2009; 박영균, 〈촛불의 정치경제
    학적 배경과 정치학적 미래〉,《진보평론》, 37호, 2008, 41~61쪽; 사회와 철
    학 연구회 엮음,《촛불, 어떻게 볼 것인가》, 울력, 2009.

28 다함께는 자본주의 폐지를 주장한 국내 대표적인 노동운동단체로 전신(前
    身)은 민주노동당 학생그룹에서 시작됐다. 다함께가 내세운 급진적 입장과
    운동방식은 다른 사회운동단체와 충돌하기도 했다.

29 김광일, 앞의 책.

30 이택광, 〈촛불의 매혹은 우리에게 무엇을 남겼나〉, 당대비평 기획위원회 엮
    음,《그대는 왜 촛불을 끄셨나요》, 산책자, 2009; 은수미, 〈촛불과 한국 사회
    중산층의 자화상〉, 당대비평 기획위원회 엮음, 위의 책.

31 조기숙·박혜윤, 앞의 책.

32 이갑윤, 〈촛불집회 참여자의 인구, 사회학적 특성 및 정치적 정향과 태도〉,
    《한국정당학회보》, 9권 1호, 2010, 95~119쪽.

33 김형주, 〈광주촛불집회의 참여주체와 주체성 변화〉,《진보평론》, 43호, 2010,
    252~284쪽.

34 이러한 사회구조에 초점을 맞춘 논의는 다른 분석에서도 "배경"으로 언급되
    지만, 여기서는 사회구조를 중심으로 기술한 논의들에 한정해서 살펴본다.

35 정태석, 〈광우병 반대 촛불집회에서 사회구조적 변화 읽기: 불안의 연대, 위
    험사회, 시장의 정치〉,《경제와 사회》, 81호, 2009, 251~272쪽; 홍성태, 〈촛
    불집회와 민주주의〉,《경제와 사회》, 80호, 2008, 10~39쪽; 고형면, 〈사회적
    응집을 통해서 본 한국사회의 질: 2008년 촛불집회에 대한 분석을 사례로〉,
    《사회와 역사》, 82호, 2009, 393~422쪽.

36 정태석, 위의 책, 265쪽.

37 정태석, 위의 책, 266~269쪽.

38 6월 10일 광화문 촛불집회에서 사회자가 누리꾼들에게 청와대 홈페이지의
    접속을 요청하자 1분 후 청와대 홈페이지가 다운된 사건은 사이버공간과 현
    실의 운동공간이 연동되었음을 보여주는 대표적인 일화다.

39 신진욱, 〈촛불시위와 한국 민주주의의 이중적 과제〉, 홍성태 엮음,《촛불집회

와 한국사회》, 문화과학사, 2008; 송경재, 〈네크워크 시대의 시민운동 연구: 2008 촛불집회를 중심으로〉, 《현대정치연구》, 2권 1호, 2009, 55~82쪽; 백욱인, 《한국사회운동론》, 한울아카데미, 2009; 박선미, 〈그람시의 '유기적 지식인'과 '정당' 기능의 재해석: 2008 촛불집회 관련 온라인 미디어 담론 분석〉, 《사이버커뮤니케이션학보》, 26권 4호, 2009, 51~92쪽; 진중권, 〈개인방송의 현상학〉, 《문화과학》, 55호, 2008, 170~181쪽; 조희정 · 강장묵, 〈네트워크 정치와 온라인 사회운동: 2008년 '미국산 쇠고기 수입반대 촛불집회' 사례를 중심으로〉, 《한국정치학회보》, 42권 3호, 2008, 311~332쪽; 이창호 · 배애진, 〈뉴미디어를 활용한 다양한 사회운동방식에 대한 고찰: 2008년 촛불집회를 중심으로〉, 《한국언론정보학보》, 44호, 2008, 44~75쪽. 인터넷 생중계 리포터를 했던 진중권의 텍스트에서도 사이버공간에 대한 과대평가가 드러난다. "네티즌들은 방송으로 지켜 본 상황에 대한 코멘트를 넘어, 직접적으로 취재 지시를 하고, 이 명령은 휴대폰 통화나 문자를 통해 촬영 팀에 곧바로 전달된다. …… 카메라에 비친 영상을 보고, "지금 도로에 스티로폼으로 연단을 쌓는 이들이 누구인지 알아봐 달라"고 구체적으로 지시를 하는 경우도 있다. …… 방송이 게임 속의 상황을 제어하는 일종의 컨트롤 패널의 역할을 하는 것이다. 진행자는 게임 속의 캐릭터가 된다." 진중권, 위의 책, 172~173쪽.

40 김광일, 앞의 책, 155~161쪽.

41 강준만, 앞의 책.

42 진화라는 용어는 전통 사회운동 세력의 영역적인 운동 방식으로부터 촛불집회의 탈영역적인 운동 방식으로의 변화를 일컫는 것으로 보이는데, 더 발달한다는 의미를 내포한 진화를 가지고서 전통 사회운동의 운동 방식을 덜 발달한 것으로 간주하는 것은 부적절하다고 판단된다.

43 이동연, 〈촛불집회와 스타일의 정치〉, 《문화과학》, 55호, 2008, 157쪽.

44 《한겨레》, 〈5시간 '스티로폼 논쟁' 끝에 민주주의 쌓았다〉, 2008.6.11.

45 최장집, 《민주화 이후의 민주주의》, 후마니타스, 2010.

46 당시 국민대책회의에서 촛불집회가 해결해야 할 의제로 광우병 쇠고기 문제와 더불어 교육 자율화, 대운하 건설, 공기업 민영화, 물 사유화, 공영방송 장악 기도를 포함하는 '1+5의제'를 채택하게 된 것은 신자유주의에 대한 대

중적 문제제기가 이루어진 것으로 볼 수 있다. 강내희, 앞의 책, 75~76쪽.

47 조정환, 앞의 책, 114쪽.

48 한윤형, 〈왜 우리는 무력한 촛불이 되었나〉, 당대비평 기획위원회 엮음,《그대는 왜 촛불을 끄셨나요》, 산책자, 2009, 26쪽. 강조는 인용자.

49 누리꾼 A의 글, 인권운동사랑방 자유게시판, 2008.6.12. 강조는 인용자.

50 누리꾼 B의 글, 인권운동사랑방 자유게시판, 2008.6.12. 강조는 인용자.

51 Valentine, 앞의 책.

52 《오마이뉴스》, 〈'스티로폼탑'의 모든 권력은 시민에서 나온다〉, 2008.6.13.

53 위의 글.

54 스티로폼을 옮겼던 시민 C가 인터넷 블로그에 올린 글, 2008.6.11. 강조는 인용자.

55 《한겨레》, 앞의 글.

56 한 20대 여성의 발언, 《한겨레》, 위의 글.

57 당시 집회에 참석했었던 시민 D가 올린 인터넷 블로그글, 2008.6.13. 다음 아고라에도 스티로폼 산성 쌓기 전략에 대한 호의적인 글들이 올라왔다. "명박산성이 보여준 이명박의 불통에 대항하여 오랜 공성전을 벌인 끝에 '명박산성'을 점령한 것은 성공의 마침표가 되었다. 명박산성 고지에 깃발을 꽂고 이명박 정부와 경찰을 크게 꾸짖을 수 있었다는 점이 가장 큰 성과이다." 아고라에 실린 누리꾼 F의 글, 2008.6.12.

58 다음 〈아고라〉에서는 초기 촛불집회에서부터 아고라 깃발을 둘러싼 깃발 논쟁이 있었다. 〈아고라〉 내부에서의 깃발 전략에 대한 비판적인 입장은 다음과 같이 표출됐다. "이곳이 하나의 정치적 목적을 가진 정치 세력인 것인가? 아니면 정말 아고라 당인 것인가? 아고라는 단지 토론의 장이라고 생각합니다. 이런 성지에 선동의 깃발이라니요. 이건 정말 아닙니다. …… 저번에 명박산성의 아고라 깃발을 보고 섬뜩했었는데, 이제는 정식으로 권력화시키겠단 말입니까?"(누리꾼 G가 아고라에 올린 글, 2008.6.13.) "다음 아고라에 계신 분들이 촛불 문화제에서 "다함께"를 비판하면서 어떤 단체도 깃발이나 기타 단체를 나타내는 어떤 것도 사용하지 말자고 주장했던 게 어제일 같군요. …… 아무런 단체가 아니라면서 스스로 소속감을 나타내는 깃발을 내세우고 촛불 문화제나 거리 행진에서도 다음 아고라 깃발을 중심으로

"다음 아고라 모여라"를 외치고 있습니다"(누리꾼 H가 아고라에 올린 글, 2008.6.19.). "처음 중고등학생들이 모여서 촛불집회를 할 때는 깃발이라는 게 없었다. 하지만 지금 시위를 나가 보면 깃발 천지다. 깃발을 드는 게 무엇이 나쁜가 반문하는 사람이 있을 것이다. …… 스스로는 그렇게 생각하지 않거나 혹은 못했더라도, 깃발, 즉 소속이 있으면 집단이 되어 버린다. 집단은 집단의 이익을 위해서 움직이기 마련이다. 그래서 개인으로는 약하지만 집단으로 움직이기에 힘을 얻고 평소에는 조용하던 사람이 과격해지는 거다. 지금까지 촛불이 비폭력 시위의 전형이 될 수 있었던 것은 깃발, 즉 소속이 없었기 때문이다"(누리꾼 I가 아고라에 올린 글, 2008.6.28.).

59 누리꾼 E가 아고라에 올린 글, 2008.6.20.

60 대표적으로 강내희, 앞의 책; 조정환, 앞의 책.

61 김광일 씨는 2008년 광우병국민대책회의의 행진팀장을 맡은 촛불시위의 주요 활동가이며, 다함께의 활동가이기도 하다.

62 김광일, 앞의 책, 124쪽. 강조는 인용자.

63 강내희, 앞의 책, 77~78쪽.

64 조정환, 앞의 책, 137쪽.

65 강내희와 조정환이 뭉뚱그려 비판한 〈광우병대책위원회〉도 여러 단체들로 구성된 사실에서 볼 수 있듯이 단일한 조직이 아니다(강내희, 앞의 책; 조정환, 앞의 책). 대책위 내부에서는 적어도 강경파와 온건파가 존재했었고, 정부의 영역화 전략과의 상호작용 속에서 강경파와 온건파간의 경합의 결과에 따라 촛불집회전략의 방향이 결정되었다(《한겨레》, 〈경찰 때문에…대책회의 '온건파' 설자리 좁다〉, 2008.7.8.). 따라서 새로운 주체와 전통 사회운동 세력 간의 단절을 강조하기보다는 전략적으로 연대를 도모할 수 있는 유사성을 찾을 수 있다.

66 Soja. E. 1997. *Postmodern geographies: the reassertion of space in critical social theory*, Verso, London.

67 누리꾼 J가 아고라에 올린 글, 2008.8.21.

참고문헌

머리말

김낙년, 〈1960년대 한국의 경제성장과 정부의 역할〉,《경제사학》, 제27호(단일
　　호), 1999, 115~150쪽.

김동완, 〈1960년대 광주 지방의 지역개발담론과 아래로부터 지역주의〉,《정신문
　　화연구》, 32(4), 2009, 247~279쪽.

_____, 〈통치성의 공간들〉.《공간과 사회》, 44, 2013, 129~162쪽.

_____, 〈'날것'으로서 공공 공간과 타자의 복원: 로열 페스티벌 홀을 사례로〉,
　　《공간과 사회》, 24(3), 2014, 178~209쪽.

김동완 · 신혜란, 〈대항품행 그리고 성미산 스타일: 발전주의 도시화를 넘어〉,《경
　　제와 사회》, 111, 2016, 174~204쪽.

르페브르, 앙리(Lefèbvre, Henri), 양영란 옮김,《공간의 생산》, 에코리브르, 2011.

박인석,《아파트 한국사회》, 현암사, 2013.

박해천,《아파트 게임》, 휴머니스트, 2013.

사이토 준이치(齋藤純一), 윤대석 · 류수연 · 윤미란 옮김, 《민주적 공공성》, 이음,
　　2009.

아렌트, 한나(Arendt, Hannah), 이진우 · 태정호 옮김, 《인간의 조건》, 한길사,
　　1996.

_____, 이진우 · 박미애 옮김,《전체주의의 기원 2》, 한길사, 2006.

엄기호,《단속사회》, 창비, 2014.

오근재,《퇴적 공간》, 민음인, 2014.

푸코, 미셸(Foucault, Michel), 오트르망 옮김,《안전, 영토, 인구》, 난장, 2011.

Akyüz, Y. and Gore, C. 1996. "The investment-profits nexus in East Asian industrialization." *World Development*, Vol. 24, No. 3, pp. 461~70.

Hartley, John. 1992. *The politics of pictures: The creation of the public in the age of popular media*, London; New York: Routledge, 1992.

Howell, Philip. 1993. "Public space and the public sphere: political theory and the historical geography of modernity." *Environment and Planning D*, 11, pp. 303~303.

Jackson, Peter. 1998. "Domesticating the street." *Images of the street: Planning, identity and control in public space*, Londres: Routledge, pp. 176~191.

Gimm, D. W. 2013. "Fracturing hegemony: regionalism and state rescaling in South Korea, 1961~71." *International Journal of Urban and Regional Research*, Vol. 37, No. 4, pp. 1147~1167.

Lefèbvre, Henri. 1991. *The production of space*, translated by Donald Nicholson-Smith. Oxford, UK.: Blackwell.

Mitchell, Don. 1995. "The end of public space? People's park, definitions of the public, and democracy." *Annals of the Association of American Geographers*, 85(1), pp. 108~133.

Shin, H. B. and Kim, S. H. 2016. "The developmental state, speculative urbanisation and the politics of displacement in gentrifying Seoul." *Urban Studies*, Vol. 53, No. 3, pp. 540~559.

1장 공적 공간의 이상理想과 가상假象

고이스, 레이몬드(Geuss, Raymond), 조승래 옮김. 《공적 선(善), 사적 선(善)》, 기파랑, 2010.

김동완, 〈1960년대 광주 지방의 지역개발담론과 아래로부터 지역주의〉, 《정신문화연구》, 32(4), 2009, 247~279쪽.

_____, 〈통치성의 공간들〉, 《공간과 사회》, 44, 2013, 129~162쪽.

김동완 · 신혜란, 〈대항품행 그리고 성미산 스타일: 발전주의 도시화를 넘어〉, 《경제와 사회》, 111, 2016, 174~204쪽.

김준호, 〈공공공간에 대한 소수자의 권리를 위한 시론〉, 《공간과 사회》, 36, 2011, 35~65쪽.

김홍중, 〈사회로 변신한 신과 행위자의 가면을 쓴 메시아의 전투〉, 《한국사회학》, 47(5), 2013, 1~33쪽.

르 코르뷔지에(Le Corbusier), 이관석 옮김, 《건축을 향하여》, 동녘, 2002.

르페브르, 앙리(Lefèbvre, Henri), 양영란 옮김, 《공간의 생산》, 에코리브르, 2011.

렐프, 에드워드(Relph, Edward), 김덕현·김현주·심승희 옮김, 《장소와 장소상실》, 2005, 논형.

사이토 준이치(齋藤純一), 윤대석·류수연·윤미란 옮김, 《민주적 공공성》, 이음, 2009.

신지은·조정민, 〈공공 공간에 대한 사적 개입과 전환: 도쿄 공공 공원의 사유화와 공원 홈리스의 공간 실천을 중심으로〉, 《人文研究》, 67, 2013, 443~482쪽.

아렌트, 한나(Arendt, Hannah), 이진우·태정호 옮김, 《인간의 조건》, 한길사, 1996.

_____, 이진우·박미애 옮김, 《전체주의의 기원 2》, 한길사, 2006.

푸코, 미셸(Foucault, Michel), 오트르망 옮김, 《안전, 영토, 인구》, 서울: 난장, 2011.

Agnew, John. 1994. "The territorial trap: the geographical assumptions of international relations theory", *Review of international political economy*, 1(1), pp. 53~80.

Arendt, Hannah. 1998. *The human condition* (2nd/ed.), Chicago: University of Chicago Press.

Berman, Marshall. 1982. *All that is solid melts into air: The experience of modernity*. Penguin.

Donzelot, Jacques. 1988. "The promotion of the social", *Economy and Society*, 17(3), pp. 395~427.

Fraser, Nancy. 1990. "Rethinking the public sphere: A contribution to the critique of actually existing democracy." *Social Text*, pp. 56~80.

Gordon, Daniel. 1994. *Citizens without sovereignty*, Princeton; New Jersey: Princeton University Press.

Goss, Jon. 1993. "The "magic of the mall": an analysis of form, function, and meaning in the contemporary retail built environment." *Annals of the Association of American Geographers*, 83(1), pp. 18~47.

Hartley, John. 1992. *The politics of pictures: The creation of the public in the age of popular media*. London; New York: Routledge.

Howell, Philip. 1993. "Public space and the public sphere: political theory and the historical geography of modernity." *Environment and Planning D*, 11, pp. 303~303.

Lefèbvre, Henri. 1991. *The production of space*, translated by Donald Nicholson-Smith. Oxford, UK. : Blackwell, 1991.

Mitchell, Don. 1995. "The end of public space? People's park, definitions of the public, and democracy." *Annals of the Association of American Geographers*, 85(1), pp. 108~133.

2장 공적인 것의 간략한 역사

국사편찬위원회,《일제강점기의 사법》, 국사편찬위원회, 2012.

김동완, 〈통치성의 공간들: 한국의 정치지리를 고려한 시론적 검토〉,《공간과 사회》, 2013, 129~162쪽.

김동완 · 신혜란, 〈대항품행 그리고 성미산 스타일〉,《경제와사회》, 111, 2016, 174~204쪽.

김영미, 〈해방 이후 주민등록제도의 변천과 그 성격〉,《한국사연구》, 136, 2007, 287~323쪽.

르페브르, 앙리(Lefèbvre, Henri), 양영란 옮김,《공간의 생산》, 에코리브르, 2011.

사이토 준이치(齋藤純一), 윤대석 · 류수연 · 윤미란 옮김,《민주적 공공성》, 이음, 2009.

서울특별시,《서울都市計劃沿革: 關係圖集》, 서울특별시, 1977.

송민호, 〈일제강점기 미디어로서의 강연회의 형성과 불온한 지식의 탄생〉,《한국학연구》, 32, 2014, 125~154쪽.

이방현, 〈식민지 조선에서의 정신병자에 대한 근대적 접근〉,《의사학》, 22, 2013, 529~577쪽.

장경석, 〈발전국가의 공간개발〉,《공간과 사회》, 25, 2006, 194~212쪽.

제솝, 밥(Jessop, Bob), 유범상·김문귀 옮김,《전략관계적 국가이론》, 한울아카데미, 2000.

조희연,《박정희와 개발독재시대: 5·16에서 10·26까지》, 역사비평사, 2007.

주은우, 〈금지의 명령에서 향유의 명령으로〉,《한국사회학》, 48(5), 2014, 59~97쪽.

푸코, 미셸(Foucault, Michel), 오트르망·심세광·전혜리·조성은 옮김,《안전, 영토, 인구》, 난장, 2011.

황병주, 〈근대 미디어로서의 극장과 식민지시대 문학 장의 동학: 식민지기 공적(公的) 공간(空間)의 등장과 공회당(公會堂)〉,《대동문화연구》, 69, 2010, 261~307쪽.

Baldwin, P. C. 1999. *Domesticating the street: the reform of public space in Hartford, 1850-1930*, Columbus: Ohio State University Press.

Hall, P. 2014. *Cities of tomorrow: an intellectual history of urban planning and design since 1880*, Hoboken, NJ: Wiley-Blackwell.

Harvey, D. 2003. *The new imperialism*, Oxford; New York: Oxford University Press.

Richardson, B. W. 1876. *Hygeia: a city of health*, Macmillan. https://archive.org/details/b23983978 (last accessed 2017-04-20).

KBS 인물현대사, 〈불도저시장 '신기루'를 세우다: 김현옥〉, 2017년 4월 14일 방송 (http://www.kbs.co.kr/end_program/1tv/sisa/manhistory/vod/1264309_968.html; 최근 접속일, 2017년 4월 15일).

3장 반영토 기획의 실천 전략

강현수, 〈'도시에 대한 권리' 개념 및 관련 실천 운동의 흐름〉,《공간과 사회》, 32, 2009, 42~90쪽.

김동완, 〈'날것'으로서 공공공간과 타자의 복원: 로열 페스티벌 홀을 사례로〉, 《공간과 사회》, 49, 2014, 178~209쪽.

김준호, 〈공공공간에 대한 소수자의 권리를 위한 시론: 거리노숙인의 '도시에 대한 권리'를 중심으로〉, 《공간과 사회》, 36, 2011, 35~65쪽.

김준희, 〈도시공간과 노점상의 권리에 관한 연구: 1980년대 노점상 운동의 형성과정을 중심으로〉, 《공간과 사회》 36호, 2011, 66~102쪽.

들뢰즈, 질(Deleuze, G.)·가타리, 펠릭스(Guattari, F.), 김재인 옮김, 《천 개의 고원 2: 자본주의와 분열증》, 새물결, 2003(Deleuze, G., Guattari, F., *Capitalisme et Schizophrenie*, tome 2, Mille Plateaux: Minuit, 1979).

르페브르, 앙리(Lefèbvre, Henri), 정기헌 옮김, 《리듬분석: 공간, 시간, 그리고 도시의 일상생활》, 갈무리, 2013(Lefèbvre, H., *Eléments de rythmanalyse: Introduction? la connaissance des rythmes*, Editions Syllepse, 1992).

버틀러, 주디스(Butler, Judith), 조현준 옮김, 《젠더 트러블: 페미니즘과 정체성의 전복》, 문학동네, 2008(Butler, Judith, *Gender trouble: feminism and the subversion of identity*, Routledge, 2008).

조현순, 〈주디스 버틀러의 젠더 정체성 이론: 패러디, 수행성, 복종, 우울증을 중심으로〉, 《영미문학페미니즘》, 9권 1호, 2001, 179~207쪽.

Brown, G. 2007a. "Autonomy, Affinity and Play in the Spaces of Radical Queer Activism," in Browne, K. and Lim, J. and Brown, G. (eds.). *Geographies of Sexualities: Theory, Practices and Politics*, Ashgate, pp. 195~205.

_____. 2007b. "Mutinous eruptions: autonomous spaces of radical queer activism," *Environment and Planning A*, 39, pp. 2685~2698.

Franck, K. & Stevens, Q. (Eds.). 2013. *Loose space: possibility and diversity in urban life*, Routledge.

Hou, J. (Ed.). 2010. *Insurgent public space: guerrilla urbanism and the remaking of contemporary cities*, Routledge.

Leitner, H., Sheppard, E., & Sziarto, K. M. 2008. "The spatialities of contentious politics," *Transactions of the Institute of British Geographers*, 33(2), pp.

157~172.

Puar, J. K. 2007. *Terrorist Assemblages: Homonationalism in Queer Times*, Duke University Press.

Purcell, M. 2002. "Excavating Lefebvre: The right to the city and its urban politics of the inhabitant," *GeoJournal*, 58(2), pp. 99~108.

Sevilla-Buitrago, A. 2014. "Central Park against the streets: the enclosure of public space cultures in mid-nineteenth century New York," *Social & Cultural Geography*, 15(2), pp. 151~171.

_____. 2015. *Capitalist Formations of Enclosure: Space and the Extinction of the Commons*. Antipode.

Springer, S. 2014. *Why a radical geography must be anarchist. Dialogues in Human Geography*, 4(3), pp. 249~270.

웹사이트

http://post.at.moma.org/content_items/587-is-tactical-urbanism-an-alternative-to-neoliberal-urbanism

http://www.slutwalkkorea.blogspot.kr

http://www.spacehijackers.org/

http://www.spacehijackers.org/html/projects/circle5/circlelineparty5.html

http://www.timeout.com/london/things-to-do/londons-secret-scenes-3

4장 한국의 문화장과 사회공간의 환류효과에 관한 연구

국립현대미술관,《민중미술 15년 도록》, 삶과꿈, 1994.

김강, 〈도시 빈 공간의 전용〉, 16차 도시인문학포럼 발제문, 서울시립대 도시인문학연구소, 2010.

김성호, 〈대안공간 네트워크의 기대치와 한계〉,《미술세계》, 250, 2005, 68~75쪽.

김성희, 〈한국 대안공간의 실태와 정체성〉,《미술평단》, 64, 2002, 23~40쪽.

김지영, 〈지방마을 활성화를 위한 공공미술프로젝트 연구〉,《디자인 지식 논총》, 6, 2008, 21~30쪽.

김형숙, 〈전시에 있어서 재현의 의미〉,《西洋美術史學會論文集》, 14, 서양미술사학회, 2000, 121~147쪽.

박영택, 〈유령들의 전시, 그리고 대안공간〉, 《문화예술》, 241, 1999, 61~63쪽.

박찬경, 〈대안공간, 공간과 대안〉, 《민족예술》, 67, 2001, 62~65쪽.

박찬경 · 양현미, 〈공공미술과 미술의 공공성〉, 《문화과학》, 53, 2008, 95~125쪽.

반이정, 〈지난 10년간의 대안공간 및 대안적 활동 조사, 연구〉, 《Shift and Change Ⅱ: 대안공간의 과거와 한국예술의 미래》, 쌈지스페이스, 2008년 10월 11일 심포지움 자료집, 2010.

삼성미술관, 《백남준의 세계》, 삼성미술관, 2000.

서희주, 〈공공미술에 대한 비평적 고찰〉, 《인간과 사상》, 18, 2006, 291~307쪽.

양효석, 〈공공미술 출연 기금의 운영 방안〉, 《미술평단》, 94, 2009, 59~69쪽.

윤선희, 〈'대안 미술' 위한 토대를 제공하다: 1999년 '루프' 시작으로 제도 · 상업적 권위에 맞춰 다원주의 문화형성에 기여〉, 《주간한국》, 2253, 2008, 22~25쪽.

이경성 외, 〈국립현대미술관 역대 관장 인터뷰〉, 《현대미술관연구》, 17집, 2006.

이광준, 〈공공미술의 새로운 실험, 서울시 도시갤러리 프로젝트〉, 《미술평단》, 94, 2009, 91~106쪽.

이동연, 《한국의 대안공간 실태연구》, 한국문화예술위원회, 2007.

이인범, 〈국립현대미술관의 형성〉, 《현대미술관연구》, 2집, 1990(http://oldhome. mmca.go.kr, 검색일: 2014.1.21.).

이혜원, 〈공공미술과 보이지 않는 공동체〉, 《계간 조각》, 14, 2009, 22~27쪽.

장엽, 〈국립현대미술관 40년사〉, 《국립현대미술관연구논문》, 국립현대미술관, 1집, 2009.

정준모, 〈한국 근, 현대미술관사 연구: 국립미술관에 대한 인식과 제도적 모순의 근원을 중심으로〉, 《현대미술관연구》, 14집, 2003(http://oldhome.mmca. go.kr, 검색일: 2014.1.21.).

주일우, 〈즐거운 나의 도시: 서울거리에 피어나는 공공미술〉, 《문화+서울》, 21, 2008, 10~13쪽.

최은주, 〈국립기관으로서의 "근대미술관" 설립 방안에 관한 연구〉, 《현대미술관연구》, 11집, 국립현대미술관, 2000(http://oldhome.mmca.go.kr, 검색일: 2014.1.23.).

Baxandall, M. 1991. "Exhibiting Intention: Some Preconditions of the Visual Display of Culturally Purposeful Objects," I. Karp and D. Lavine. (eds.) *Exhibiting Cultures: The Poetics and Politics of Museum Display*, Washington and London: Smithonian Institution Press, pp. 33~41.

Becker, Howard S. 1982. *Art Worlds*, University of California Press.

Bourdieu, P. 1980. "The Production of Belief: Contribution to An Economy of Symbolic goods," *Media, Culture and Society*, 2, July, pp. 261~317.

_____. 1984. *Distinction: A Social Critique of the Judgement of Taste*, Cambridge: Harvard University Press.

_____. 1987. "What Makes a Social Class?: On the Theoretical and Practical Existence of Groups," *Berkeley Journal of Sociology*, 32, pp. 1~18.

_____. 1990a. *The Logic of Practice*, Cambridge: Polity Press.

_____. 1990b. *In Other Words: Essays Toward a Reflexive Sociology*, Cambridge: Polity Press.

_____. 1991b. *Language and Symbolic Power*(정일준 옮김,《상징폭력과 문화재생산》, 새물결, 1995).

_____. 1993a. *The Field of Cultural Production: Essays on Art and Literature*, edited/translated by Randal Johnson, Columbia University Press.

_____. 1993b, "Manet and Institutionalization of Anomie," *The Field of Cultural Production: Essays on Art and Literature*, New York: Columbia University Press. pp. 238~253.

_____. 1994. *Sociology in Question*, Sage Publication.

_____. 1996. *The Rules of Art: Genesis and Structure of the Literary Field*, translated by Susan Emanuel, Polity Press.

_____. 2000. *Pascalian Meditations*, Stanford: Stanford University Press.

_____. 2004. *Science of Science and Reflexivity*, University of Chicago Press.

Bourdieu, P. and Alain Darbel, Dominique Schnapper. 1991. *The Love of Art:*

European Art Museum and their Public, Polity Press(L'amour de l'art: les musée d'art europeans et leur public, 1966, Les Éditions de Minuit)

Dickie, G. 1974. *Art and Aethetics: An Institutional Analysis*, Ithaca, Cornell Univ. Press.

_____. 1984. *Art Circle*(김혜련 옮김,《예술사회》, 문학과지성사, 1998).

Grenfell, Michael and Hardy, Cheryle. 2007. *Art Rules: Pierre Bourdieu and the Visual Arts*, Oxford and New York: Berg.

Hauser, A. 1953. *The Social History of Art*(백낙청 옮김,《문학과 예술의 사회사》, 창비, 1993).

Hooper-Greenhil, E. 2000. *Museums and the Interpretation of Visual Culture*, NY.: Routledge.

Karp, I. 1991. "Culture and Representation," I. Karp and D. Lavine. (eds.). *Exhibiting Cultures: The Poetics and Politics of Museum Display*, Washington and London: Smithonian Institution Press, pp. 11~24.

Kim, Kyung-Man. 2009. "What would a Bourdieuan sociology of scientific truth look like?," *Social Science Information*, Vol. 48, No. 1, pp. 57~79.

Latour, B. 1983. "Give Me a Laboratory and I Will Raise the World," Karen Knorr-Cetina and Michael Mulkay. (eds.). *Science Observed*, London: SAGE, pp. 141~170.

_____. 1986. "The Powers of Association," *Power, Action, and Belief: A New Sociology of Knowledge?*, London: Routlege and Kegan Paul, pp. 264~280.

_____. 1987. *Science in Action*, Massachusetts: MIT Press.

Lacy, Suzanne. 1994. *Mapping The Terrain: New Genre Public Art*, Bay Press.

Pagé, H. 2004. "Museum as Social Actor," ICOM Canada Bulletin, November 14, pp. 1~2.

언론 및 웹사이트

《서울경제신문》,〈서진석 대안공간 루프 디렉터 인터뷰, 대표기업과 컬래버레이션으로 미술-대중 새 소통공간 찾았죠〉, 2014.8.15.

《매일경제신문》, 〈홍라희관장 퇴진, 미술시장 영향은?〉, 2008.4.23.

《붓다뉴스》, 〈국보급 불교미술 가득한 삼성미술관 리움〉, 2004.12.9.

《시사인》, 〈홍라희씨는 그림만 사랑했다?〉, 2008.4.14.

《조선일보》, 〈홍라희 관장은 박수근·이중섭 작품 '최대' 컬렉터〉, 2007.10.12.

_____, 〈'미술계 움직이는 인물' 1위 홍라희씨〉, 2009.12.19.

《한겨레》, 〈아듀! 쌈지스페이스 대안공간 대표주자 10년간 자리매김, 새 돌파구 찾지 못해 내년 3월 폐관〉, 2008.9.11.

《한겨레21》, 〈위태로운 미술지존 홍라희〉, 2007.12.6.

리움 삼성미술관 홈페이지(http://leeum.samsungfoundation.org/html/intro.asp).

삼성문화재단홈페이지(http://www.samsungfoundation.org/html/foundation/culture_foundation.asp).

5장 국가가 만드는 환대의 공간

김동완, 〈1960년대 광주 지방의 지역개발담론과 아래로부터 지역주의〉, 《정신문화연구》, 32(4), 2009, 247~279쪽.

김동완·김민호, 〈울산공업단지의 서막, 정유공장 건설의 정치지리〉, 《대한지리학회지》, 49(2), 2014, 139~159쪽.

아렌트, 한나(Arendt, Hannah), 서유경 옮김, 《과거와 미래 사이: 정치사상에 관한 여덟 가지 철학연습》, 푸른숲, 2005.

제숍, 밥(Jessop, Bob), 유범상·김문귀 옮김, 《전략관계적 국가이론》, 한울아카데미, 2000.

Bianchini, Franco. 1987. "GLC-RIP: Cultural policies in London 1981-1986," *New Formations*, 1(1), pp. 103~117.

Bloxham, Andy. 2011. "Festival of Britain 1951: 'A tonic for the nation'," *Telegraph*, 2011.1.20.

Holmes, Rosanna. 2011. "Royal Festival Hall: a building to lift the spirits," Homes & Antiques(http://www.homesandantiques.com/feature/royal-festival-hall-building-lift-spirits. 최종접속일: 2014년 8월 14일).

House of Commons(UK). 2002. *Culture, Media and Sport: Third Report* (http://www.publications.parliament.uk/pa/cm200102/cmselect/ cmcumeds/489/48902.htm. 최종접속일: 2014년 8월 28일).

Jefferson, Alan. 1979. *Sir Thomas Beecham: a centenary tribute*, Macdonald and Jane's.

Latham, Alan. 2003. "Research, performance, and doing human geography: some reflections on the diary-photograph, diary-interview method," *Environment and Planning A*, 35, pp. 1993~2017.

Pitman, Joanna. 2000. "Culture's dream ticket, or night mayor?," *Times* [London, England] 10 May 2000.

Slater, Alix. and H. J. Koo. 2010. "A new type of "Third Place"?,"*Journal of Place Management and Development*, 3(2), pp. 99~112.

Straw, Jack. 1985. "Quality plus jollity," *Times*[London, England] 27 Nov. 1985, p. 14(최종접속일: 2014년 7월 9일).

6장 성적 반체제자sexual dissidents와 공공공간

강현수, 〈'도시에 대한 권리' 개념 및 관련 실천 운동의 흐름〉, 《공간과사회》, 32 호, 2009, 42~90쪽.

김현철, 〈성적 반체제자와 도시공간의 공공성: 2014 신촌 퀴어퍼레이드를 중심으 로〉, 《공간과사회》, 51호, 2015, 12~62쪽.

르페브르, 앙리(Lefèbvre, H.), 정기헌 옮김, 《리듬분석: 공간, 시간, 그리고 도시 의 일상생활》, 갈무리, 2013(Lefèbvre, H. 1992. *Eléments de rythmanalyse: Introduction à la connaissance des rythmes*, Editions Syllepse).

버틀러, 주디스(Butler, Judith), 조현준 옮김, 《젠더 트러블: 페미니즘과 정체성의 전복》, 문학동네, 2008(Butler, Judith. 2006. *Gender trouble: feminism and the subversion of identity*, Routledge).

야고스, 애너매리(Jagose, A.), 박이은실 옮김, 《퀴어이론 입문》, 여이연, 2012 (Jagose, A. 1997. *Queer Theory: An Introduction*, NYU Press).

임미영, 〈사회운동에서의 공간의 탈영역화 전략: 마포 민중의집과 서울시 청년일 자리허브를 사례로〉, 서울대학교 석사학위논문, 2015.

전경희, 〈마을공동체의 '공동체'성을 질문하다: 서울시 마포·은평 지역 비혼/퀴어 페미니스트들의 경험을 중심으로〉, 《페미니즘 연구》, 14권 1호, 2014, 75~112쪽.

제제, 〈자주 흔들리더라도 무너지지 않고—퀴어 & 정체성에 헌신하기〉, 《삐라: 퀴어인문잡지》 1호, 2012, 44~68쪽.

크레스웰, 팀(Cresswell, T.), 심승희 옮김, 《장소: 짧은 지리학 개론 시리즈》, 시그마프레스, 2012(Cresswell, T. 2004. *Place: A Short Introduction*, Wiley-Blackwell).

한국레즈비언상담소(김현철, 송정윤, 이진화 공저), 《여성성소수자》, 한국여성연합 주최 〈베이징+20년: Post-2015 여성운동 미래전망 만들기-젠더관점에서 본 한국사회의 변화와 쟁점〉 토론회 자료집, 2014.

Bell, D. 2007. "Fucking Geography, again," Browne, K., Lim, J. and Brown, G.(eds.). *Geographies of sexualities*, Ashgate, pp. 81~86.

Brown, P. 2000. *Closet Space: Geographies of Metaphor from the Body to the Globe*, NY: Routledge.

Eng, D. L., Halberstam, J. and Muñoz, J. E. 2005. "What's Queer about Queer Studies Now?," *Social Text*, 23(3/4_84-85), pp. 1~17.

Douglas, M. 1966. "Renegotiating Gender and Sexuality in Public and Private Spaces," Duncan, N.(ed.). *Bodyspace*, London: Routledge, pp. 127~145.

Elwood, A. 2000. "Lesbian living spaces: Multiple meanings of home," Valentine, G.(ed.). *From Nowhere to Everywhere: Lesbian Geographies*, New York: Harrington Park, pp. 11~27.

Enguix, B. 2009. "Identities, Sexualities and Commemorations: Pride Parades, Public Space and Sexual Dissidence," *Anthropological Notebooks*, 15(2), pp. 15~33.

Geltmaker, T. 1992. "The Queer Nation Acts Up: Health Care, Politics, and Sexual Diversity in the County of Angels," *Environment & Planning D: Society and Space*, 10, pp. 609~650.

Halperin, D. and Traub, V.(eds.). 2010. *Gay Shame*, University of Chicago

Press.

Jakobsen J. R. 1998. "Queer is? Queer Does? Normativity and the Problem of Resistence," *GLQ: A Journal of Lesbian and Gay Studies*, 4(4), pp. 511~536.

Sedgwick, E. K. 1993, "Epistemology of the Closet," Abelove, H. al.(eds.). *The Lesbian and Gay Studies Reader*, NY: Routledge, pp. 45~61.

Weiss, M., D. 2008. "Gay Shame and BDSM Pride: Neoliberalism, Privacy, and Sexual Politics," *Radical History Review*, 100, pp. 87~101.

인터넷 기사 자료

《기독일보》, 〈신촌동성애반대청년연대, 퀴어 축제 반대 콘서트 개최한다〉, 2014.6.6.(http://goo.gl/wmSzrV)

《뉴스파워》, 〈문창극 후보자, 동성애 퍼레이드 비판〉, 2014.6.13.(http://goo.gl/FTYd7A)

《조선일보》, 〈《인생은 아름다워》 보고 '게이'된 내 아들 AIDS로 죽으면 SBS 책임져라!〉(광고), 2010.9.29.

《크리스천투데이》, 〈성소수자들, 서울 신촌 일대에서 퀴어문화축제 강행〉, 2014.6.7.(http://goo.gl/P0zlRw)

인터넷사이트

광주광역시 민주인권포털(http://www.gjhr.go.kr/)

바른성문화를위한국민연합 홈페이지(http://www.cfms.kr/)

서대문구청 홈페이지 자유게시판(http://goo.gl/RTSEqT)

신촌동성애반대청년연대 페이스북(http://goo.gl/SooVmU)

서울퀴어문화축제 홈페이지(http://www.kqcf.org)

방송통신심의위원회 홈페이지(http://www.kocsc.or.kr/)

영상자료

〈OhmynewsTV〉, 〈아수라장 된 서울인권헌장 공청회, "에이즈 싫어! 인권헌장 폐지!"〉, 2014.11.20.(https://goo.gl/18Y8c8)

유튜브 방송 채널 〈OPEN〉, 〈#1 빤스 게이〉, 2014.6.27.(http://youtu.be/_ D8T72jpZTA)

〈HankyorehTV〉, 〈서울시 별관, 혐오의 열기에 휩싸이다〉, 2014.11.26.(https:// goo.gl/BahZLR)

기자회견, 회의록, 공문, 자료집 등

서대문구 교통행정과, 〈서대문구 교통행정과-21227호〉, 2014.5.12.

서대문구 교통행정과, 〈서대문구 교통행정과-24050호〉, 2014.5.27.

무지개행동, 〈성소수자 차별하는 마포구청 규탄: 인권시민단체 공동기자회견 기자회견문〉, 2013.11.20.

_____, 〈성소수자와 공적 공간, "물의인가, 무리인가?" 속기록〉, 2014.6.11.

무지개행동·퀴어문화축제, 〈퀴어퍼레이드 평가회의록〉, 2014.6.17.

7장 하루만 여는 노점, 핀란드 레스토랑 데이

김용창, 〈신자유주의 도시화와 도시 인클로저 (I): 이론적 검토〉, 《대한지리학회지》, 50(4), 2015, 431~449쪽.

김준호, 〈공공공간에 대한 소수자의 권리를 위한 시론: 거리노숙인의 '도시에 대한 권리'를 중심으로〉, 《공간과 사회》, 36, 2011, 35~65쪽.

Akkila, I. 2012. *Families Residing in Kallio-A Choice?*(Doctoral dissertation).

Blackmar, E. 2006. "Appropriating the 'commons'," *The politics of public space*, New York: Routledge, pp. 49~62.

Boyer, B. and Hill, D. 2012. *Helsinki Street Eats*, Sitra, Helsinki.

Brenner, Neil. 2013. "Open City or the Right to the City?—Demand for a democratisation of urban space," *Topos: European landscape magazine*, 85: 42.

Eliade, Mircea. 1996. *Patterns in comparative religion*. U of Nebraska Press.

Harvey, David. 2006. "The political economy of public space," *The politics of public space* 17, 34.

Harvey, David. 2012. *Rebel cities: from the right to the city to the urban revolution*, Verso Books.

Hou, Jeffrey, ed. 2010. *Insurgent public space: guerrilla urbanism and the remaking of contemporary cities*. Routledge.

Low, Setha M. 2010. *On the plaza: The politics of public space and culture*, University of Texas Press.

Newman, Simon Peter. 2000. *Parades and the politics of the street: Festive culture in the early American republic*, University of Pennsylvania Press.

Paunonen, Heikki, Jani Vuolteenaho, and Terhi Ainiala. 2009. "Industrial urbanization, working-class lads and slang toponyms in early twentieth-century Helsinki," *Urban History*, 36.03, pp. 449~472.

Sennett, R. 2000. "Reflections on the public realm," Bridge, G. and Watson, S. (Eds.). *A companion to the city*, Oxford: Blackwell, pp. 380~387.

Tani, Sirpa. 2001. "Bad reputation-bad reality? The intertwining and contested images of a place," *Fennia-International Journal of Geography*, 179.2. pp. 143~157.

EveryDaily, Newspaper for Everymancity, Spatial Design Talk 2009. http://www.mastersofarts.fi/moa2010/images/stories/everydaily.pdf (최종 접속일: 2015.2.10.).

TED x Turku 영상 자료, https://www.youtube.com/watch?v=OZIT8YHk16k (최종 접속일: 2015.2.4.).

사진 자료, http://www.kasvitkaupunginvaatteet.fi/parks-esplanadi/ (최종 접속일: 2015.2.17.).

사진 자료, http://commons.wikimedia.org/wiki (최종 접속일: 2015-02-17).

사례지 지도 자료, http://maps.google.com (최종 접속일: 2015-02-20).

8장 2008년 촛불집회시위를 사례로 살펴본 공공공간의 (탈-)영역화

강내희, 〈촛불정국과 신자유주의-한국좌파의 과제와 선택〉, 《문화과학》, 55호, 2008, 66~89쪽.

강준만, 〈'스펙터클'로서의 촛불시위: '공간의 정치학'과 '시각의 정치학'〉, 《인물과 사상》, 8월호, 2008, 46~59쪽.

고길섶, 〈공포정치, 촛불항쟁, 그리고 다시 민주주의는?〉, 《문화과학》, 55호, 2008, 130~149쪽.

고형면, 〈사회적 응집을 통해서 본 한국사회의 질: 2008년 촛불집회에 대한 분석을 사례로〉, 《사회와 역사》, 82호, 2009, 393~422쪽.

김광일, 《촛불항쟁과 저항의 미래》, 책갈피, 2009.

김동완, 〈'날 것'으로서 공공공간과 도시의 공공성: 반영토적 실천의 모색〉, 《공간과 사회》, 제51호, 2015, 5~11쪽.

김영옥, 〈여성주의 관점에서 본 촛불집회와 여성의 정치적 주체성〉, 《아시아여성연구》, 48권 2호, 2009, 7~34쪽.

김철규 · 김선업 · 이철, 〈미국산 쇠고기 수입 반대 촛불집회 참여 10대의 사회적 특성〉, 《경제와 사회》, 80호, 2008, 40~67쪽.

김형주, 〈광주촛불집회의 참여주체와 주체성 변화〉, 《진보평론》, 43호, 2010, 252~284쪽.

김호기, 〈쌍방향 소통 2.0 세대〉, 《한겨레》, 2008.5.15.

당대비평 기획위원회 엮음, 《그대는 왜 촛불을 끄셨나요》, 산책자, 2009.

목수정, 〈촛불소녀와 배운녀자, 문화적 상상력을 운동에 풀어놓다〉, 남구현 외, 《대한민국은 민주공화국이다?》, 메이데이, 2008.

박배균, 〈장소마케팅과 장소의 영역화: 본질주의적 장소관에 대한 비판을 중심으로〉, 《한국경제지리학회지》, 제13권 제3호, 2010, 498~513쪽.

박선미, 〈그람시의 '유기적 지식인'과 '정당' 기능의 재해석: 2008 촛불집회 관련 온라인 미디어 담론 분석〉, 《사이버커뮤니케이션학보》, 26권 4호, 2009, 51~92쪽.

박영균, 〈촛불의 정치경제학적 배경과 정치학적 미래〉, 《진보평론》, 37호, 2008, 41~61쪽.

박희봉 · 이기중 · 김명준, 〈퍼포먼스 이론에서 바라본 '2008년 촛불집회'의 과정과 파급효과〉, 《한국정책연구》, 9권 2호, 2009, 93~114쪽.

백욱인, 《한국사회운동론》, 한울아카데미, 2009.

사회와 철학 연구회 엮음, 《촛불, 어떻게 볼 것인가》, 울력, 2009.

송경재, 〈네크워크 시대의 시민운동 연구: 2008 촛불집회를 중심으로〉, 《현대정 치연구》, 2권 1호, 2009, 55~82쪽.

신광영, 〈계급과 정체성의 정치〉, 《경제와사회》, 35호, 1997, 34~50쪽.

신진욱, 〈촛불시위와 한국 민주주의의 이중적 과제〉, 홍성태 엮음, 《촛불집회와 한국사회》, 문화과학사, 2008.

은수미, 〈촛불과 한국 사회 중산층의 자화상〉, 당대비평 기획위원회 엮음, 《그대 는 왜 촛불을 끄셨나요》, 산책자, 2009.

유재건, 〈서구의 68혁명을 떠올리며 촛불을 본다〉, 권지희 외, 《촛불이 민주주의 다》, 해피스토리, 2008.

이갑윤, 〈촛불집회 참여자의 인구, 사회학적 특성 및 정치적 정향과 태도〉, 《한국 정당학회보》, 9권 1호, 2010, 95~119쪽.

이동연, 〈촛불집회와 스타일의 정치〉, 《문화과학》, 55호, 2008, 150~167쪽.

이창호 · 배애진, 〈뉴미디어를 활용한 다양한 사회운동방식에 대한 고찰: 2008년 촛불집회를 중심으로〉, 《한국언론정보학보》, 44호, 2008, 44~75쪽.

이택광, 〈촛불의 매혹은 우리에게 무엇을 남겼나〉, 당대비평 기획위원회 엮음, 《그대는 왜 촛불을 끄셨나요》, 산책자, 2009.

이해진, 〈촛불집회 10대 참여자들의 참여경험과 주체형성〉, 《경제와사회》, 80호, 2008, 68~108쪽.

정인경, 〈새로운 주체성에 대한 탐구: 빠올로 비르노의 '다중' 개념을 중심으로〉, 《진보평론》, 37호, 2008, 10~22쪽.

정태석, 〈광우병 반대 촛불집회에서 사회구조적 변화 읽기: 불안의 연대, 위험사 회, 시장의 정치〉, 《경제와 사회》, 81호, 2009, 251~272쪽.

조기숙 · 박혜윤, 〈광장의 정치와 문화적 충돌: 2008 촛불집회에 대한 경험적 분 석〉, 《한국정치학회보》, 42권 4호, 2008, 243~268쪽.

조명래, 〈초록정치의 눈으로 본 촛불의 재해석〉, 《환경과생명》, 57호, 2008, 61~ 80쪽.

조정환, 《미네르바의 촛불》, 갈무리, 2009.

조희정 · 강장묵, 〈네트워크 정치와 온라인 사회운동: 2008년 '미국산 쇠고기 수 입반대 촛불집회' 사례를 중심으로〉, 《한국정치학회보》, 42권 3호, 2008, 311 ~332쪽.

진중권, 〈개인방송의 현상학〉, 《문화과학》, 55호, 2008, 170~181쪽.

최장집, 《민주화 이후의 민주주의》, 후마니타스, 2010.

한윤형, 〈왜 우리는 무력한 촛불이 되었나〉, 당대비평 기획위원회 엮음, 《그대는 왜 촛불을 끄셨나요》, 산책자, 2009.

황진태, 〈도시권의 측면에서 바라본 광장의 정치〉, 《공간과 사회》, 제35호, 2011a, 42~70쪽.

황진태, 〈2008년 촛불집회시위의 공간성에 관한 고찰〉, 《경제와 사회》, 90호, 2011b, 262~289쪽.

황진태 · 정현주, 〈2008년 촛불집회시위의 공간성에 관한 고찰〉, 《대한지리학회지》, 50권 1호, 2015, 123~139쪽.

홍성태, 〈촛불집회와 민주주의〉, 《경제와 사회》, 80호, 2008, 10~39쪽.

Agnew. J. 1994. "The territorial trap: the geographical assumptions of international relations theory." *Review of International Political Economy*, 1(1), pp. 53~80.

Anderson. B. 2006. *Imagined communities: reflections on the origin and spread of nationalism*, Verso, London.

Brenner. N. 2004. *New State Space: Urban Governance and the Rescaling of Statehood*, Oxford University Press, Oxford.

Cox, K. 1999. "Ideology and the Growth Coalition," Jonas, A. and Wilson, D., *The Urban Growth Machine: Critical Perspectives, Two Decades Later*, State University of New York Press.

Hwang. J. T. 2014. "Territorialized urban mega-projects beyond global convergence: the case of Dongdaemun Design Plaza & Park Project, Seoul," *Cities*, 40, pp. 82~89.

Passi, A. 2003. "Territory," Agnew, J., Mitchell, K., Toal, G. (eds.). *A Companion to Political Geography*, Blackwell Publishing.

Sack. R. 1983. "Human Territoriality: a theory," *Annals of the Association of American Geographers*, 73(1), pp. 55~74.

Sidaway, J. et. al. 2004. "Translating political geographies," *Political*

Geography, 23(8), pp. 1037~1049.

Soja. E. 1997. *Postmodern geographies: the reassertion of space in critical social theory*, Verso, London.

Valentine. G. 2007. "Theorizing and Researching Intersectionality: A Challenge for Feminist Geography." *Professional Geographer*, 59(1), pp. 10~21.

Valentine. G. 2009. "A Right to the City?: Gender & The Production of Public Space," 2009년 한국여성학회 제 25차 춘계학술대회 자료집.

Weber. M. 1946. *From Max Weber: essays in sociology*, Oxford University Press.

《오마이뉴스》, 〈'스티로폼탑'의 모든 권력은 시민에서 나온다〉, 2008.6.13.
《한겨레》, 〈5시간 '스티로폼 논쟁' 끝에 민주주의 쌓았다〉, 2008.6.11.
《한겨레》, 〈경찰 때문에…대책회의 '온건파' 설자리 좁다〉, 2008.7.8.
다음 아고라(agora.media.daum.net)
인권운동사랑방(sarangbang.or.kr)
이외 인터넷 커뮤니티와 블로그